SPOTFIRE

응용편

김성기 지음

1

한나래 아카데미

Spotfire 응용편 1

2023년 3월 24일 1판 1쇄 박음
2023년 3월 31일 1판 1쇄 펴냄

지은이 | 김성기
펴낸이 | 한기철 · 조광재

펴낸곳 | (주) 한나래플러스
등록 | 1991. 2. 25. 제2011–000139호
주소 | 서울시 마포구 토정로 222, 한국출판콘텐츠센터 309호
전화 | 02) 738–5637 · 팩스 | 02) 363–5637 · e–mail | hannarae91@naver.com
www.hannarae.net

ISBN 978–89–5566–303–7 13000

이 책은 2017년 저자가 《Spotfire 초보자 가이드》를 국내에서 처음 출간한 이후 두 번째로 집필한 Spotfire 관련 서적이다. 첫 책의 출간 이후 Spotfire를 실제 업무에서 좀 더 손쉽게 활용할 수 있도록 안내하는 일종의 응용편에 대한 출간 요청을 여러 번 받아왔다. Spotfire는 통계 분야나 IT에 대한 전문적인 지식 여부와 상관없이 데이터만 있으면 혼자서 문제를 찾아내고 인사이트를 발견할 수 있는 유용한 도구임에 틀림없다. Spotfire가 다른 유사 프로그램들에 비해 상대적으로 쉽게 사용할 수 있는 것도 사실이다. 하지만 그렇다고 하더라도 프로그램에 대한 기본 교육만 마치고 곧바로 실제 업무에서 Spotfire를 능숙하게 사용하기에는 어려움이 있을 것이다.

Spotfire에는 분석에 필요한 기본적인 기능들 외에도 통계적으로 중요하고 유용한 여러 기능들이 포함되어 있다. 단지 몇 가지 기본 기능을 익히는 것만으로 초보자가 이처럼 다양한 Spotfire의 기능들을 자신의 분야에 맞게 적재적소에 활용하기란 쉽지 않은 일이다. 기존에 출간된 《Spotfire 초보자 가이드》와 같은 기초 교재에서는 다양한 분야의 실제 사례를 일일이 다루기에 한계가 있기도 했다. 이러한 필요에 공감하여 초보 사용자들이 현업에서 Spotfire를 좀 더 원활하게 이용할 수 있도록 도와주는 세분화된 응용서를 집필하게 되었다.

Spotfire를 활용하는 분야는 공공, 금융, 대학, 제조, 유통 등 매우 폭넓고 다양하다. 그만큼 각 분야마다 주로 쓰이는 분석 기법도 각양각색일 것이다. 필자는 어떻게 하면 이처럼 다양한 분야의 사용자들이 실무에서 꼭 필요한 Spotfire 활용법을 손쉽게 익힐 수 있을지 오랫동안 고민하였다. 그렇게 고민 끝에 모든 분야를 한꺼번에 아우르기보다는 각 분야를 세분하고, 그에 적합한 데이터와 과제를 제시하여 쉽고 빠르게 활용법을 익힐 수 있도록 하는 《Spotfire 응용편》 시리즈를 구상하게 되었다.

사용자 수를 기준으로 보면, 현재 국내에서 Spotfire를 가장 많이 사용하는 분야는 제조 분야 중에서도 반도체와 디스플레이 관련 분야이다. 그중 반도체에서 널리 사용되는 Wafer map 데이터를 첫 번째 응용 교재 대상으로 선정하여 시각화를 활용한 통계 분석 업무에 적용할 수 있도록 하였다. 그리고 통계적 분석 기법을 한 가지 분야(반도체)의 데이터로만 이용할 경우, 그 이해도가 한정될 수 있기에 동일한 통계 분석 기법을 반도체 외에 다른 분야인 공공 데이터 분석에 활용해보는 과제도 함께 제시하였다.

이 책은 모두 7개의 중심 과제와 각 과제를 해결하는 과정으로 이루어져 있다. 과제 1에서 과제 3까지는 반도체 Wafer map 데이터를, 과제 4에서 과제 7까지는 공공 데이터를 활용한 분석으로 구성하였다. 각 과제의 도입부에는 과제를 수행하는 전체 과정을 step별로 제시하여 한눈에 볼 수 있도록 하였다. 이어지는 본문에서는 설령 Spotfire의 기본적인 사용법에 익숙지 않은 사용자라도 그대로 따라하면 교재와 동일한 결과가 나올 수 있도록 최대한 상세하게 step by step으로 설명하였다. 또한, 특정 분야(예를 들어, 반도체 Wafer)에 대한 사전 지식이 없어도 바로 의미를 이해할 수 있도록 기본 용어에 대한 그림과 설명을 곁들였으며, Spotfire의 사용법이나 관련 이론에 대한 더 상세한 내용은 《Spotfire 초보자 가이드》에서 찾아볼 수 있도록 해당 페이지를 연계하여 수록하였다.

이 책을 시작으로 향후 더 다양한 분야에서 다양한 분석 기법을 활용하는 《Spotfire 응용편》 시리즈들이 출간되기를 기대한다.

2023년 2월

김성기

일러두기

- 이 책의 내용은 Spotfire Analyst 11.4 버전을 기준으로 한다. 다만, 10.x~12.x 버전 사용자라도 프로그램 메뉴 화면에는 큰 차이가 없으므로 책에서 소개된 기능과 예시를 바탕으로 활용하는 데에는 문제가 없을 것이다.
- 본문의 이미지에는 독자의 이해를 돕기 위한 안내선이 표시되어 있다. 사용자가 클릭해야 하는 부분은 실선으로, 참조하여 살펴볼 부분은 점선으로 표시하였다.
- Spotfire Analyst는 현재 한글, 영어를 포함하여 총 9개 언어(메뉴 및 도움말)로 제공되며, 프로그램 내에서 사용자가 임의로 설정을 변경할 수 있다. 이 책은 한글 버전을 기준으로 작성되었으나, 독자의 이해를 돕기 위해 주요 단어들은 영문을 병기하였다.
- 이 책의 과제를 해결하는 데 필요한 더 상세한 프로그램 사용법이나 관련 이론에 대해서는 이미 출간된 《Spotfire 초보자 가이드 개정2판》(김성기, 2020)을 참조하기 바란다. 관련 내용을 바로 찾아볼 수 있도록 필요한 부분에 해당 도서의 페이지를 안내하였다.
- 이 책에 사용된 데이터 파일은 한나래출판사 홈페이지(http://www.hannarae.net) 자료실에서 내려받을 수 있다.
- Spotfire Analyst 프로그램의 테스트 버전 사용을 원하면 Spotfire의 국내 공인 파트너로서 판매 및 기술지원을 담당하는 ㈜P&D솔루션(www.pndsolution.com, 031-450-3011)으로 연락하여 지원받을 수 있다.

차 례

과제 1 라인 유사성 – 마크된 라인 기준

반도체 Wafer의 Bin 값으로 여러 Wafer map을 그려서 이들 중 특이한 패턴을 나타내는 Wafer 한 장을 지정하고, 그 Wafer와 가장 유사한 패턴을 나타내는 순서로 Wafer를 정렬해보자.

사용 데이터 : 1056. UP_RAW_data.txt

핵심 키워드 : 산점도(Scatter Plot), 라인 유사성(Line Similarity), 격자 표시(Trellis), Wafer map, Bin 값(Bin Values)

사전 지식

반도체에서 Bin 값의 의미?

반도체 후공정(Post-process)에서 전기적 특성 검사(Electrical Characteristics Test)를 통해 Chip의 양품(pass)과 불량(fail), 또는 동작 속도를 나누는 기준이다.

예) Bin 1 : 양품(pass)
Bin 13 : 기능 불량(fail)
Bin 15 : Parameter 불량(fail)

반도체에서 Die와 Chip의 의미?

Die(다이)와 Chip(칩)은 비슷한 개념이지만 약간 다른 의미를 갖고 있다. Die는 반도체 Wafer(웨이퍼)에서 회로를 집적시킨 직사각형 형태의 작은 부분으로서 전공정(Pre-process)에서 사용된다.
Chip은 후공정(Post-process)에서 Wafer를 분리(sawing) 후 개별적으로 분리한 상태에서 사용하며, Die와 유사하지만 더 큰 개념이다. Chip은 1개 이상의 Die를 포함하는 작은 전자 부품이다. 즉, Chip은 하나 이상의 Die가 조립되어 있는 반도체 패키지이다.

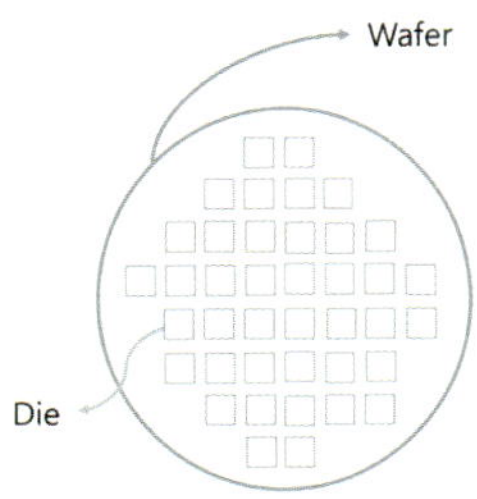

반도체 선공정

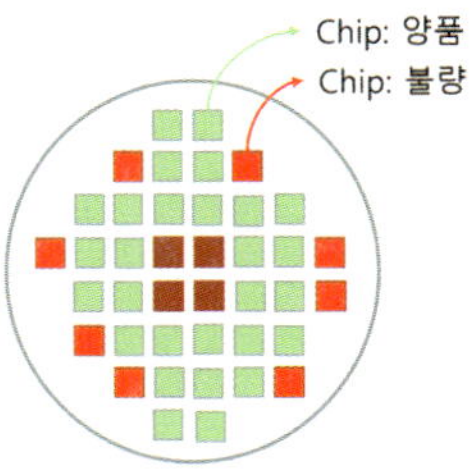

반도체 후공정

✔ 전체 step 한눈에 보기

step 1	Spotfire에 데이터를 로딩한다.
step 2	산점도를 이용하여 Wafer map을 작성한다.
step 3	여러 장의 Wafer map들 중에서 특이한 패턴을 보이는 특정 Wafer ID를 지정한다.
step 4	X, Y 좌표값을 한 번에 표시하는 새 컬럼을 만든다.
step 5	선 그래프를 작성하여 산점도에서 활용한 모든 Wafer map 정보들을 표시한다.
step 6	라인 유사성 기능을 이용하여 step 3에서 지정한 Wafer ID와의 유사도와 유사도 순서를 구한다.
step 7	산점도로 작성한 Wafer map을 step 6에서 생성한 유사도 순서로 배열한다.
step 8	사용자가 지정한 Wafer와 얼마나 유사한지 그 정도(유사도)를 순위와 함께 표시한다.

step 1 Spotfire에 데이터를 로딩한다.

다음 순서대로 Spotfire에 데이터를 로딩해보자.

먼저 Spotfifre 화면의 좌측 상단에서 첫 번째 아이콘(+ 표시)을 클릭하면 오른쪽으로 추가 메뉴 화면이 펼쳐진다. 이 중에서 [로컬 파일 찾아보기]를 선택한다.

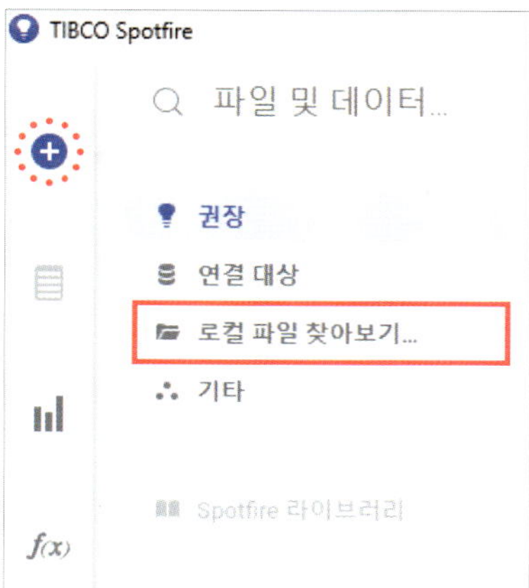

미리 한나래출판사 홈페이지(http://www.hannarae.net) 자료실에서 내려받은 파일(1056. UP_RAW_data.txt)을 선택한다.

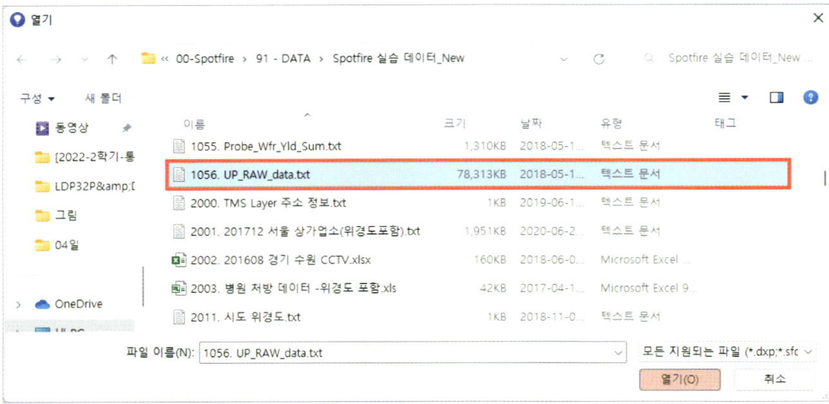

다음과 같이 데이터를 확인할 수 있는 창이 나타나면 [확인]을 클릭한다.

특별한 데이터 변환 과정이 필요 없으므로 [확인]을 누른다.

Spotfire에서 데이터를 로딩한 후 테이블 형태로 생성된 화면이다.

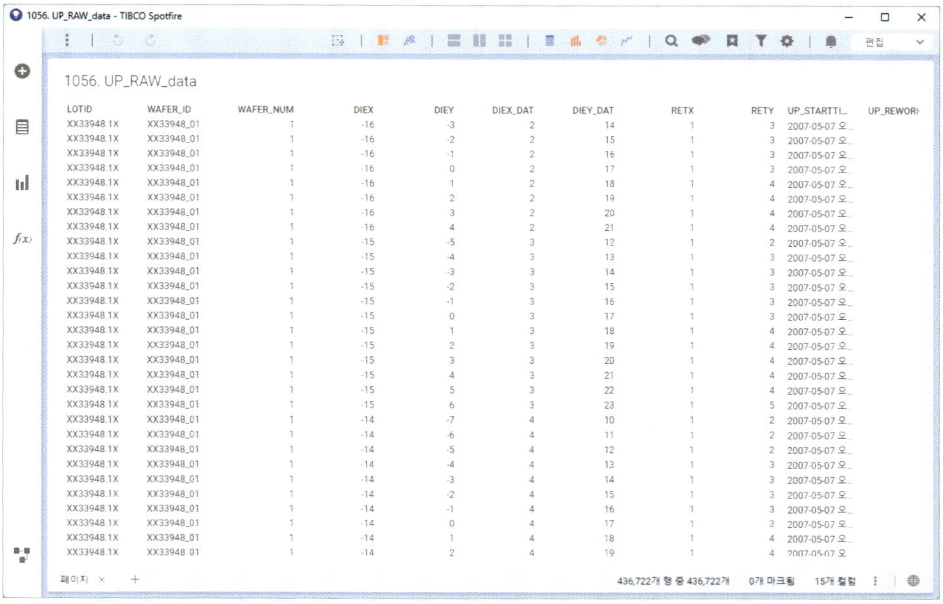

step 2 산점도를 이용하여 Wafer map을 작성한다.

새 페이지에 산점도(Scatter Plot)를 이용하여 Wafer map을 작성해보자.

먼저 새 페이지를 생성하고,

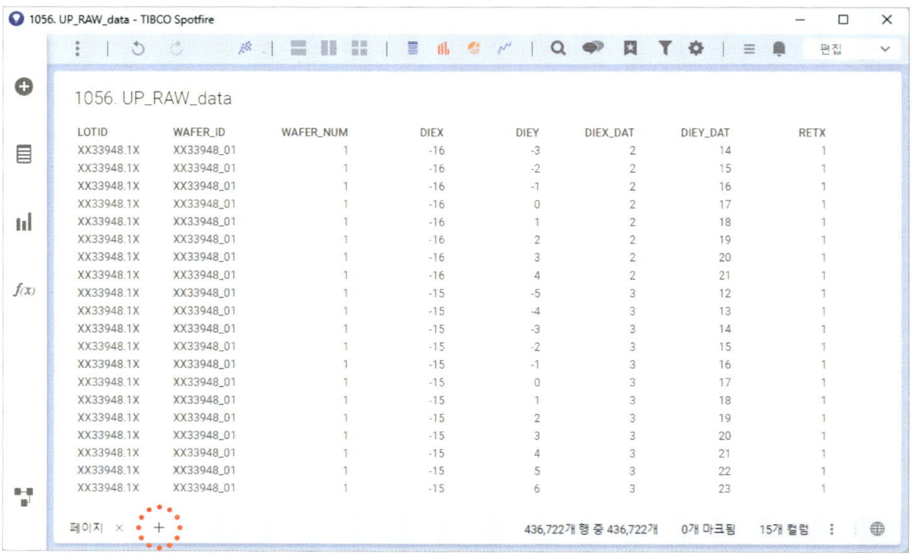

생성된 페이지에

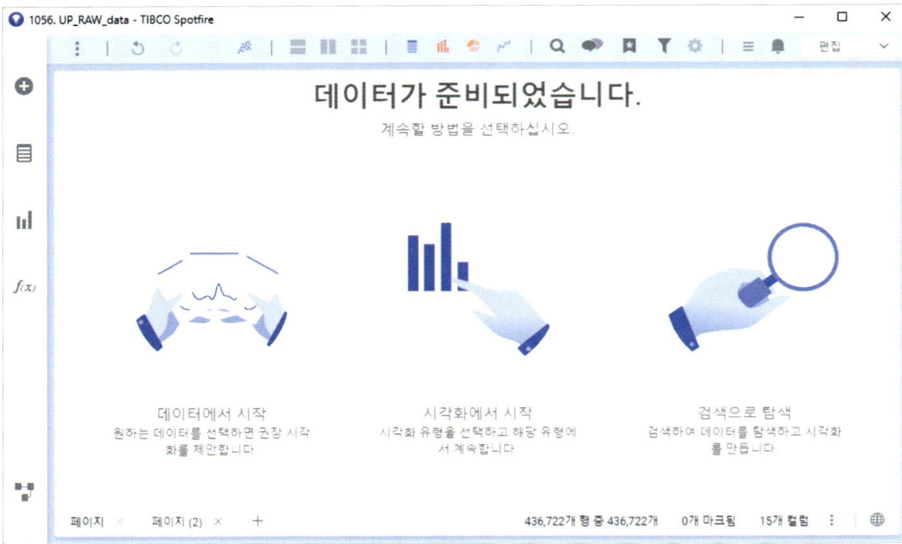

산점도를 추가한다.

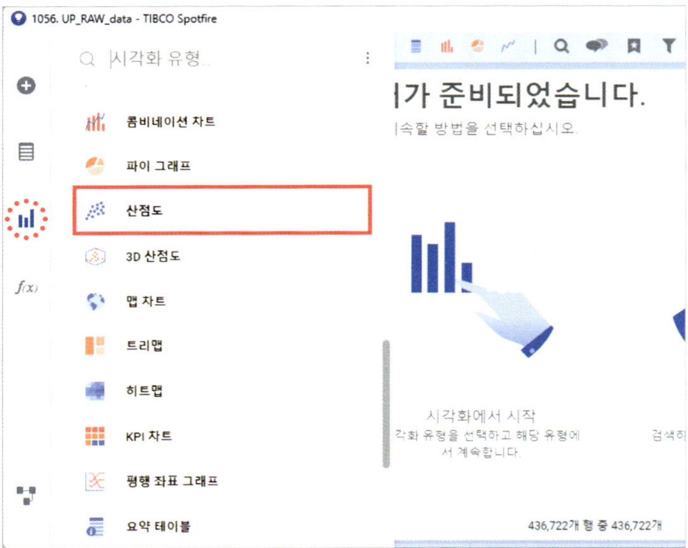

아래 그림처럼 기본(default) 설정이 적용된 산점도가 생성된다.

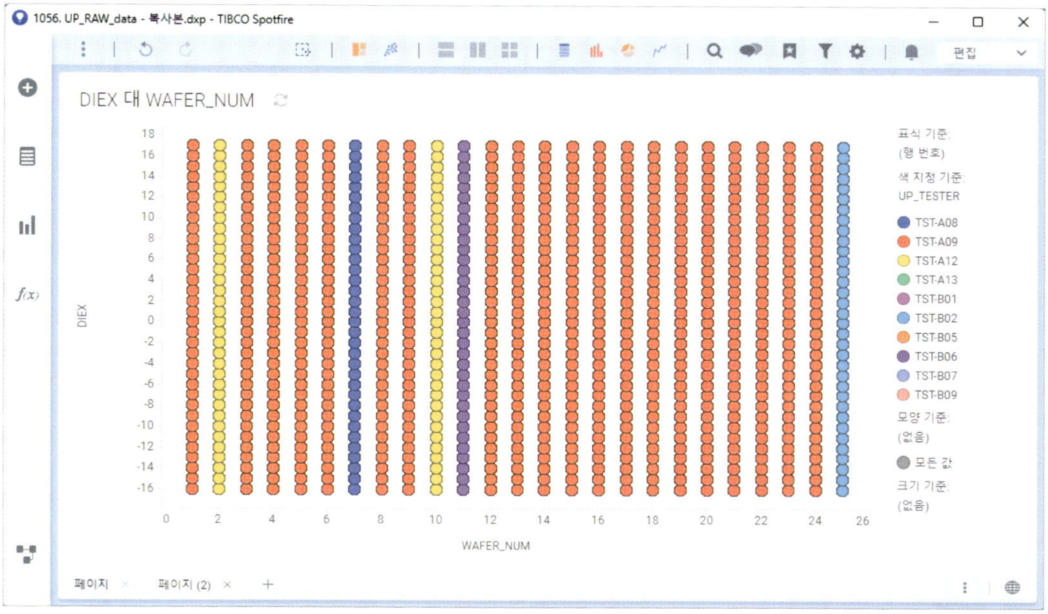

X축, Y축, 색 지정 기준(Color By)을 각각 다음과 같이 지정한다.

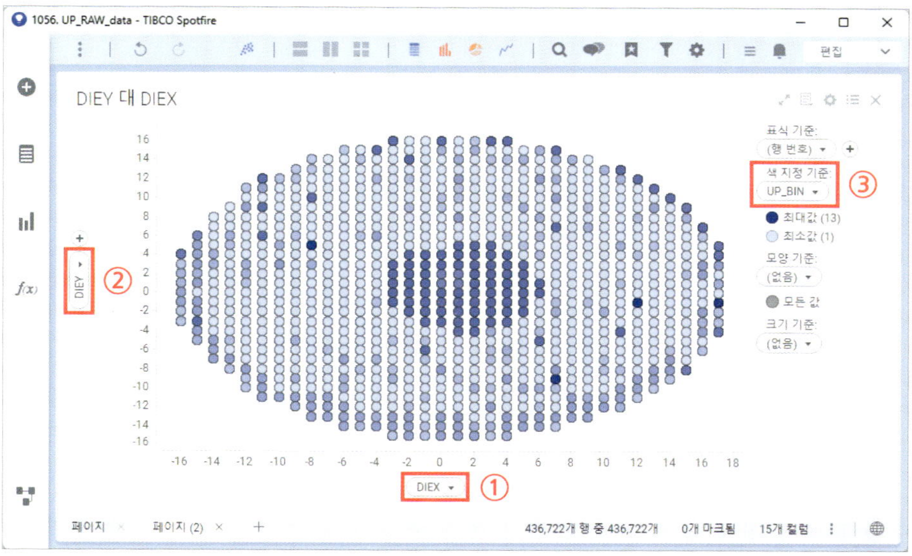

① X축 : DIEX

② Y축 : DIEY

③ 색 지정 기준(Color By) : UP_BIN

Bin 값을 정상(값이 '1')과 비정상(값이 '2' 이상)으로 표시하기 위하여, 다음과 같이 [UP_BIN] 컬럼의 값이 '1'이면 녹색으로, 그 외에는 값이 높을수록 빨간색이 되도록 설정해준다. 최대값은 빨간색으로 설정하고,

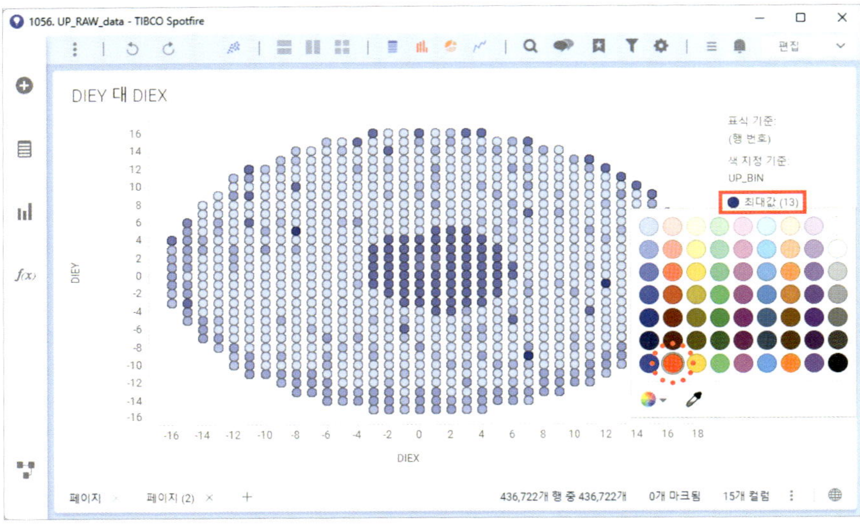

최소값은 녹색으로 설정한다.

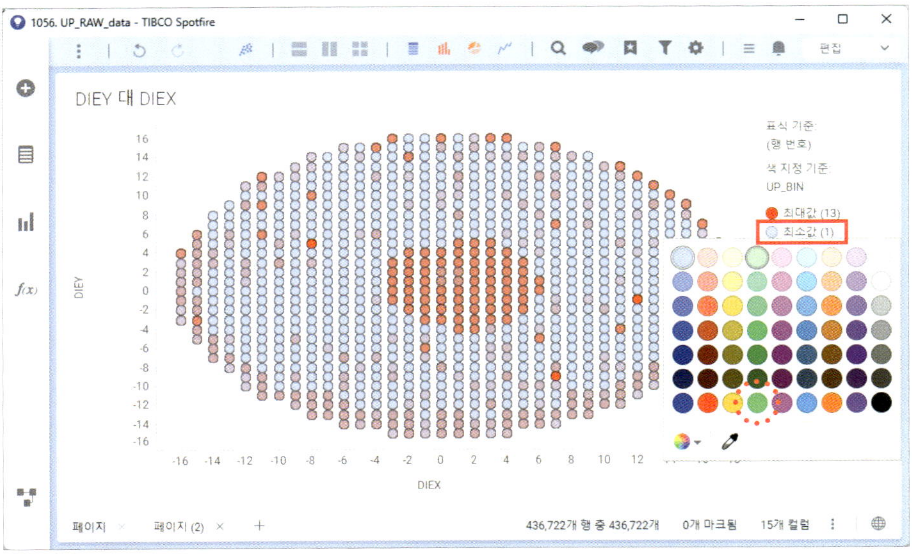

다음은 색상 설정이 완료된 화면이다.

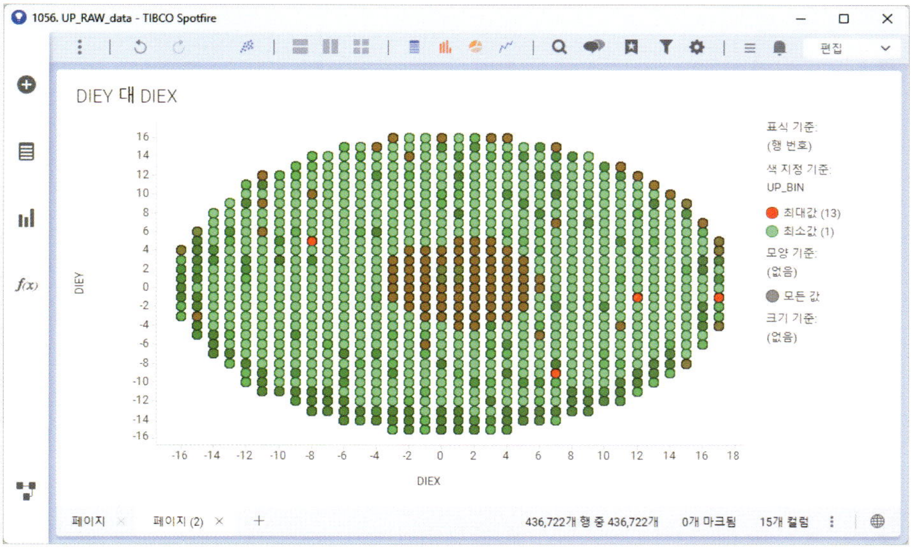

Spotfire에서 Wafer의 모양을 실제 모습처럼 나타내기 위하여 Die 모양을 바둑판 모양으로 설정한다.

산점도에서 마우스 우클릭 후 [속성] → [모양] → [바둑판식으로 배열된 표식]을 선택한 다음, [닫기] 버튼을 누른다.

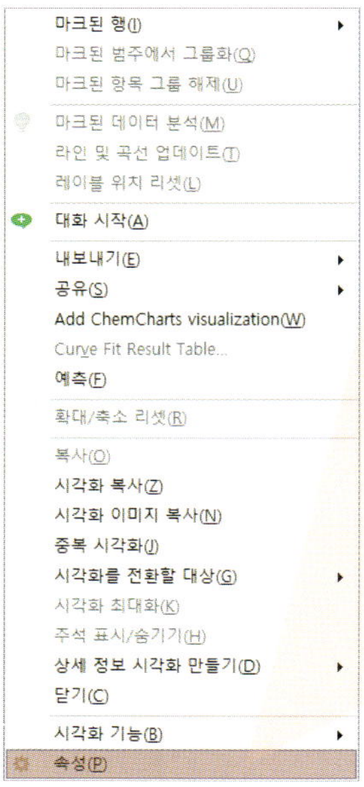

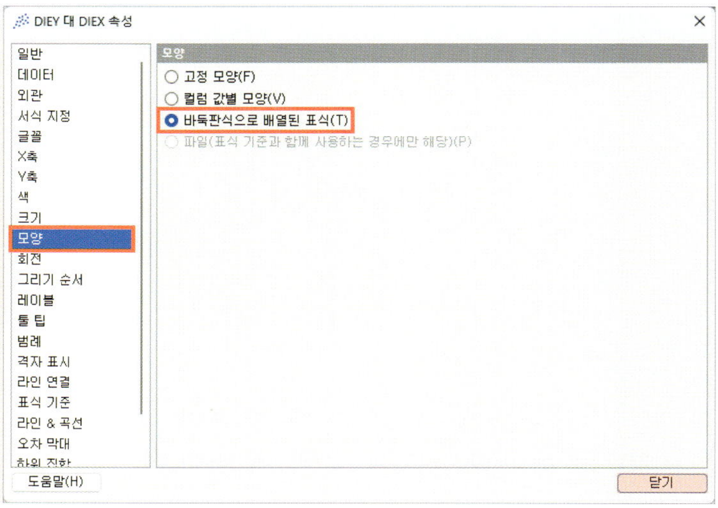

다음은 모양 설정이 최종 완료된 화면이다.

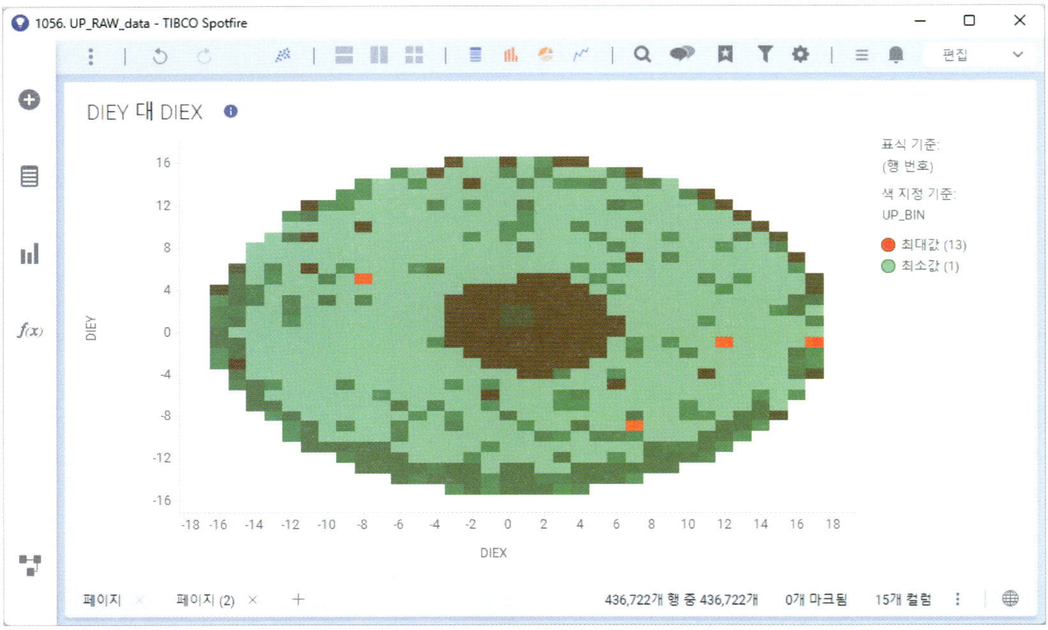

이때 화면 좌측 상단에 파란색 경고 정보가 표시되는데 이 부분을 클릭하면 다음과 같은 메시지가 표시된다.

이 메시지가 표시된 이유는, 총 509장의 Wafer ID(다음 필터 이미지 참조) 중에 가장 최종적으로 로딩된, 즉 wafer 1장에 해당하는 정보만이 현재 화면상에 표시되고 있기 때문이다. 각 Die(Wafer 안의 작은 사각형)에는 여러 장의 Wafer ID에 해당하는 정보들이 있는데 현재 설정된 화면의 산점도에서 이 정보들을 전부 표시하지 못한다는 사실을 '겹치는 표식'이라는 표현으로 경고창에서 알려주는 것이다.

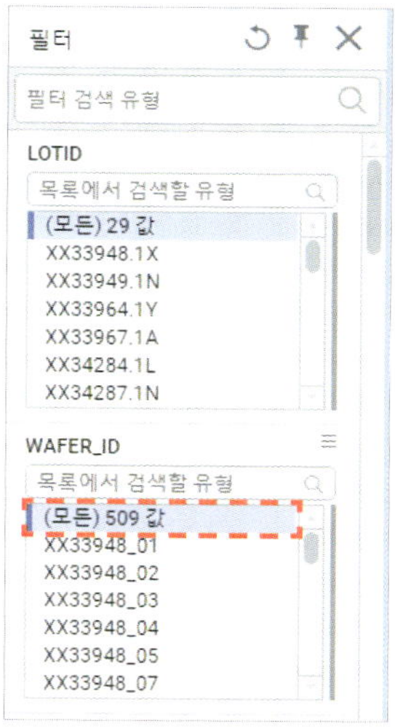

이러한 문제를 해결하기 위하여(즉, 하나의 Die에 여러 Bin 값이 겹치지 않고 하나의 Bin 값을 표시하도록) 격자 표시(Trellis) 기능을 이용하여 모든 Wafer map이 화면에 나타나도록 표시해보자. 필터를 활성화한다.

→ 격자 표시에 대한 상세 설명은 《Spotfire 초보자 가이드 개정2판》 pp. 260~268 참조

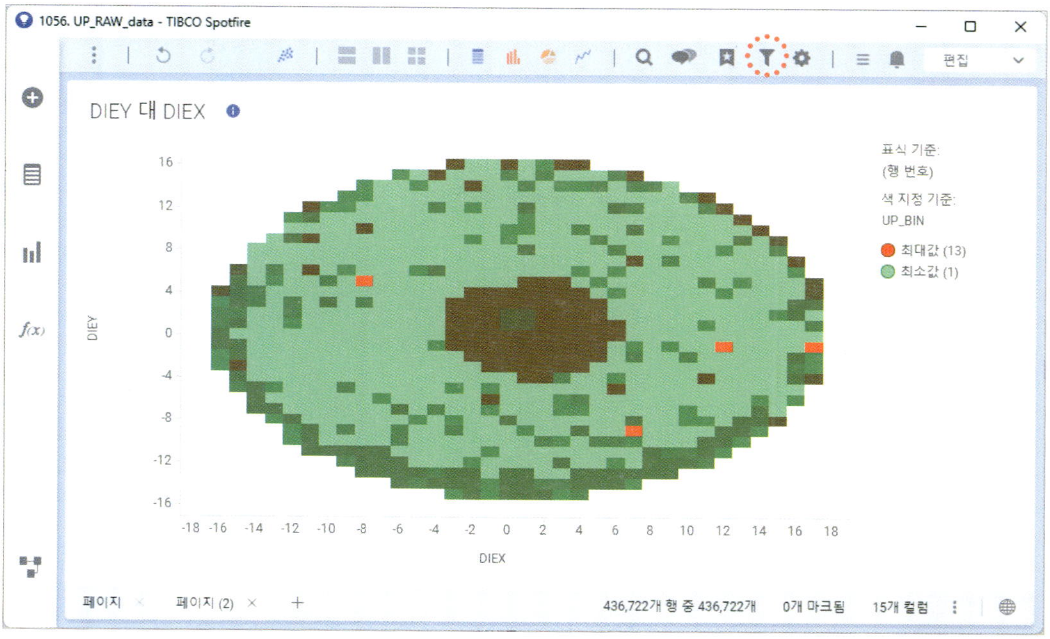

마우스 우클릭 후 [속성] → [격자 표시] → [패널]의 라디오버튼을 체크하고,

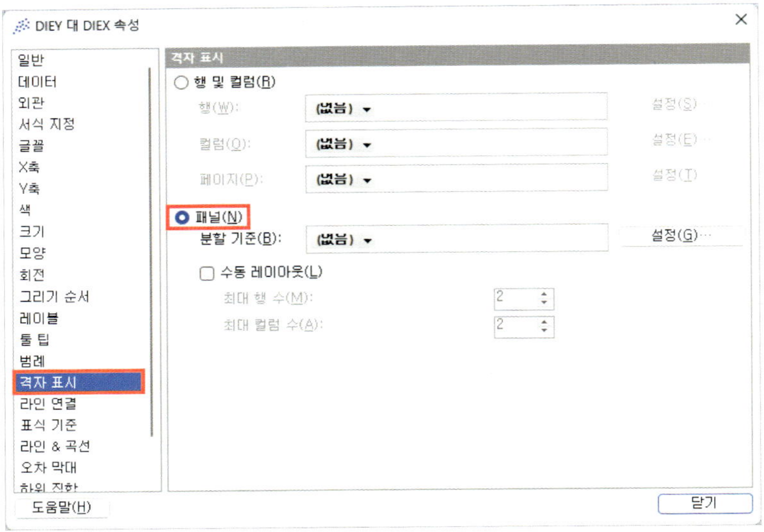

[분할 기준]을 '없음' 대신 [WAFER_ID] 컬럼으로 선택한다.

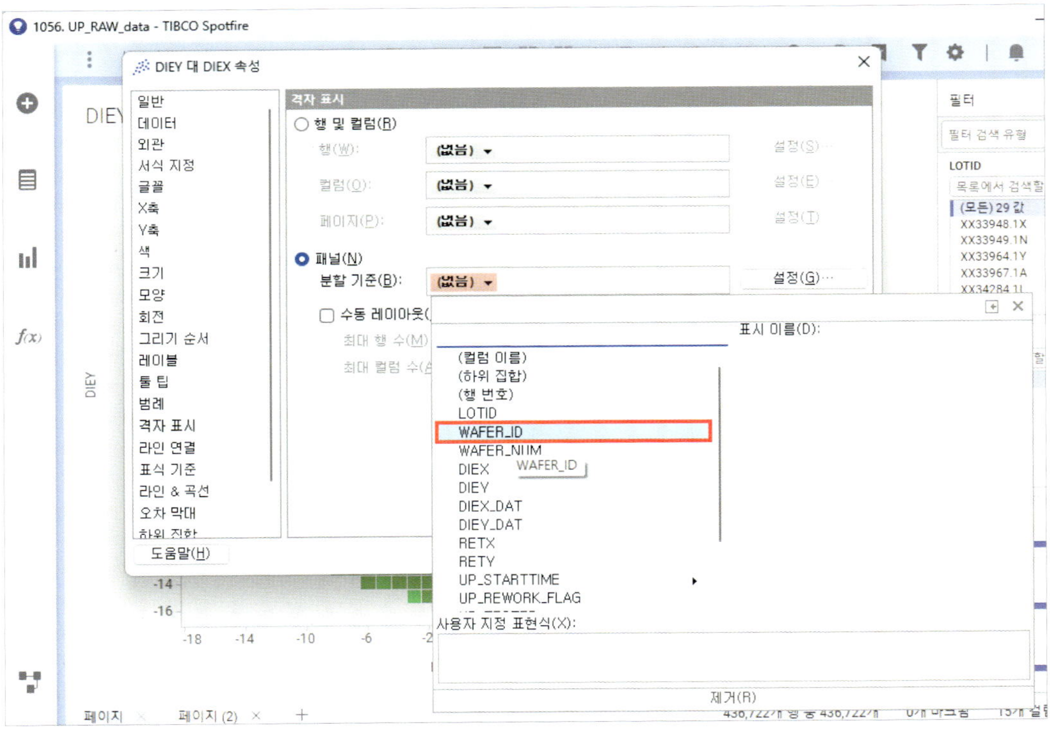

아래 그림처럼 변경되었는지 확인하고 [닫기]를 누른다.

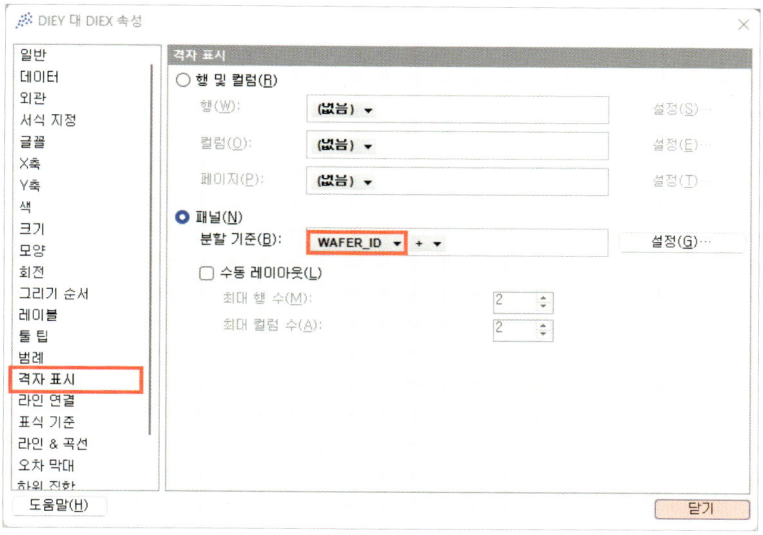

혹은, 다음 그림과 같이 필터에서 마우스로 [WAFER_ID] 컬럼을 선택한 후 잡아끌기 기능을 이용하여 화면 중앙으로 커서를 이동한 다음, 표시된 아이콘 중에서 가장 오른쪽 아이콘(패널 격자 표시축; Panel Trellis)으로 위치시켜도 된다.

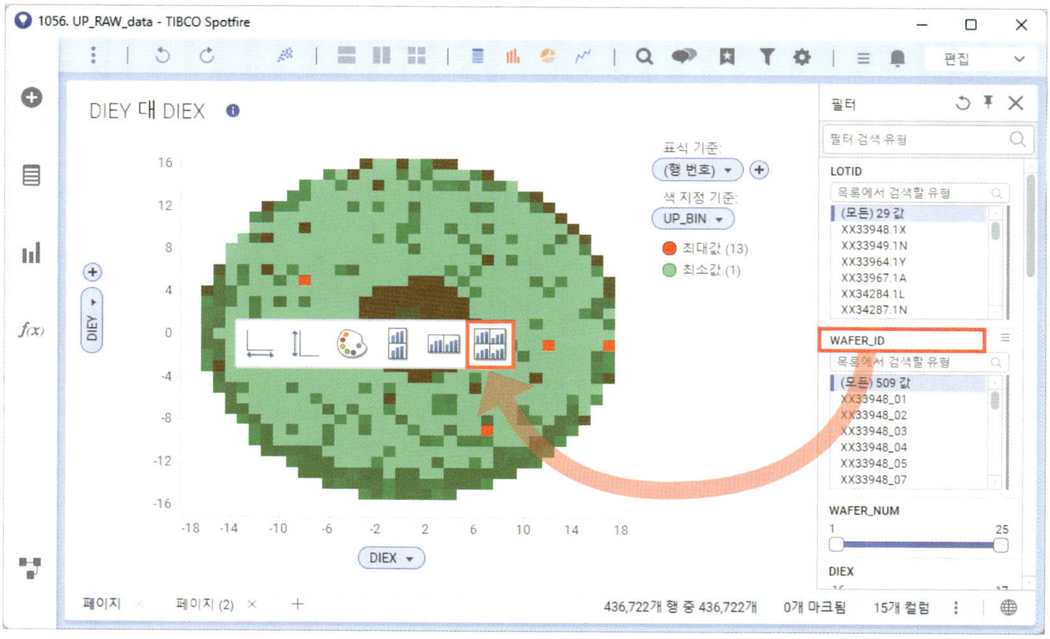

그 결과 다음과 같이 1개의 WAFER_ID당 1장의 Wafer map이 격자 표시 형태로 그려진다.

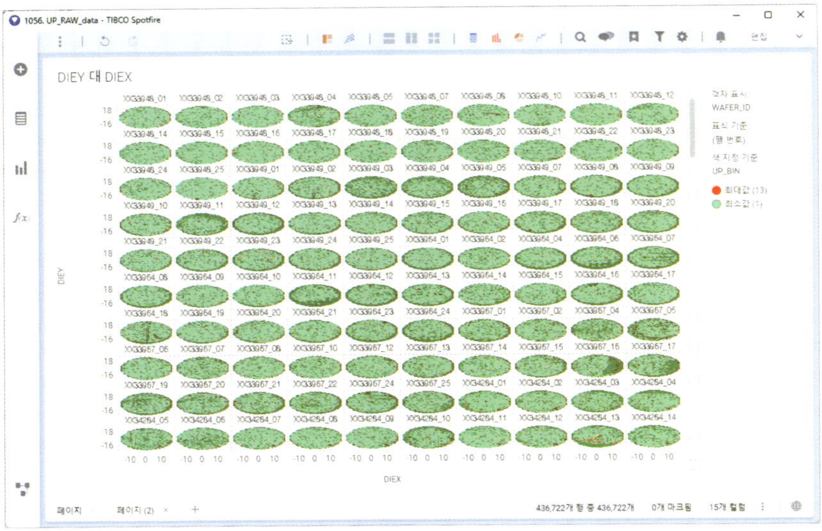

step 3 **여러 장의 Wafer map들 중에서 특이한 패턴을 보이는 특정 Wafer ID를 지정한다.**

슬라이드바를 이용해 화면을 살펴보며 여러 Wafer map들 중 패턴이 가장 눈에 띄는 특이한 Wafer ID를 지정해보자.

만일 앞의 그림처럼 격자 표시가 너무 촘촘해서 자세한 패턴을 보기가 어렵다면 임의로 격자 표시의 행(Row)과 열(Column)을 변경할 수 있다. 행과 열을 각각 '3'과 '5'로 정렬해보자.

마우스 우클릭 후 [속성]을 클릭하고,

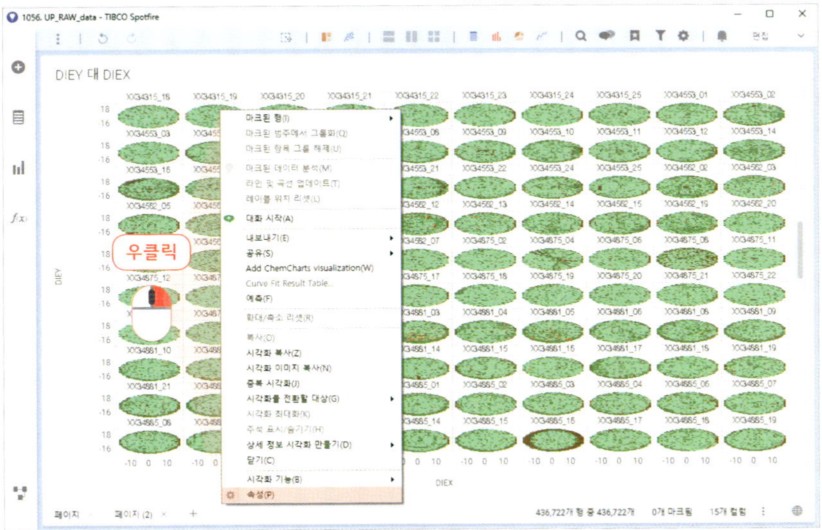

[격자 표시] → [패널]에서 [수동 레이아웃] 체크박스를 클릭한다. [최대 행 수]를 '3'으로, [최대 컬럼 수]를 '5'로 수정하고 [닫기] 버튼을 클릭한다.

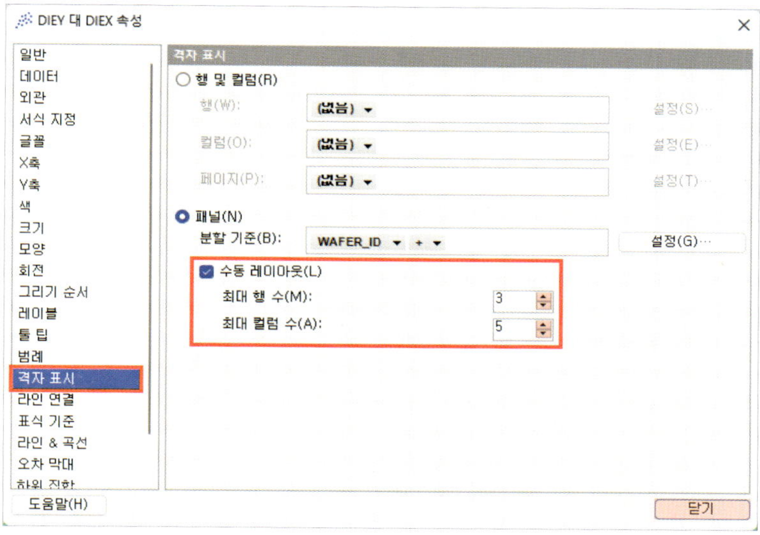

이제 원하는 대로 정렬되어 상세하게 패턴을 확인할 수 있게 되었다.

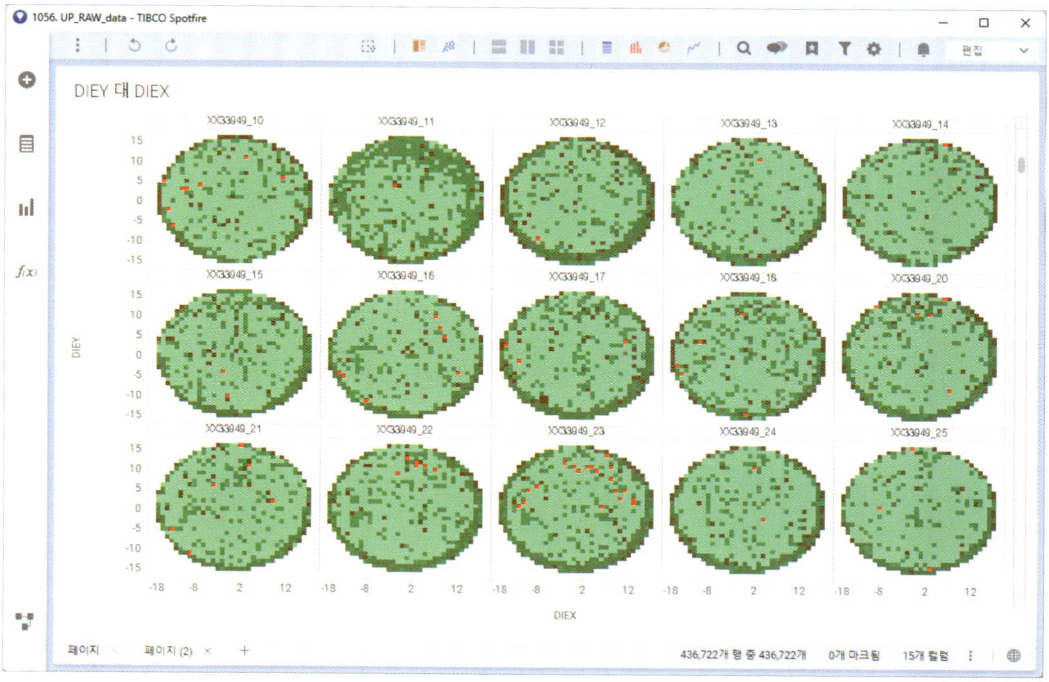

격자 표시의 머리글(헤더) 부분의 글씨 크기가 너무 작아 보인다면 글씨 크기를 변경해보자. 마우스 우클릭 후 [속성] → [글꼴] → [격자 표시 머리글]을 클릭하고, [크기]에서 원하는 글자 크기를 선택한 다음 [닫기]를 클릭한다. 여기서는 [크기]를 '12'로 선택하였다.

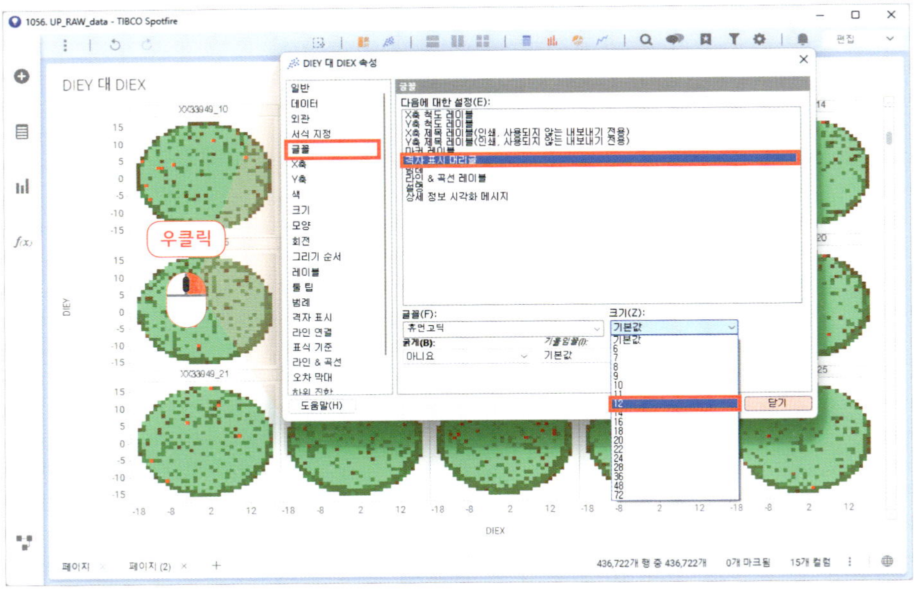

이제 격자 표시 머리글(여기에서는 각 Wafer ID)의 글씨 크기가 커졌다.

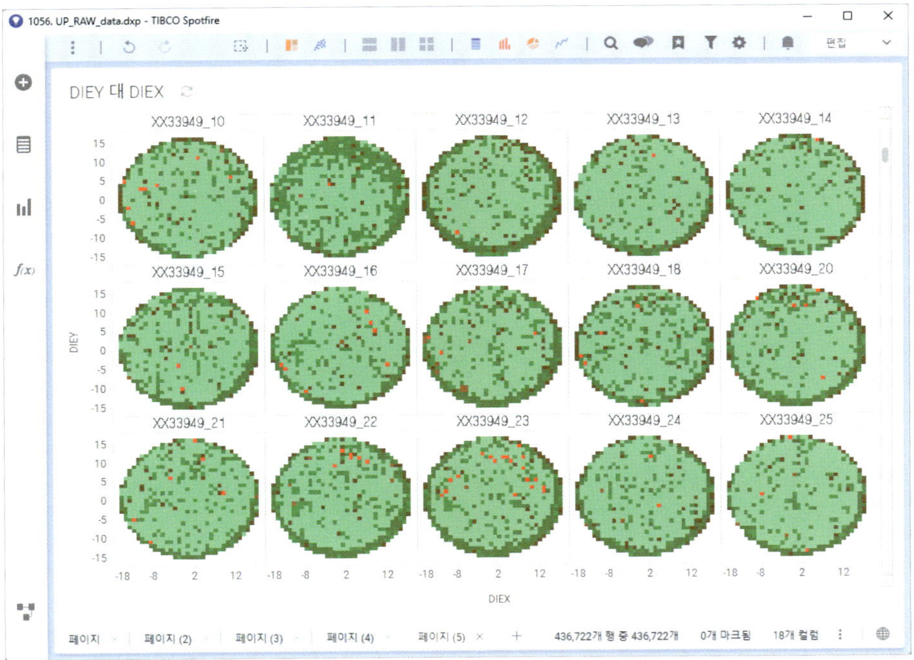

격자 표시의 우측에 있는 슬라이드를 이동하거나 마우스의 스크롤 버튼을 움직이면서 가장 흥미로운 Wafer ID를 찾아보자.

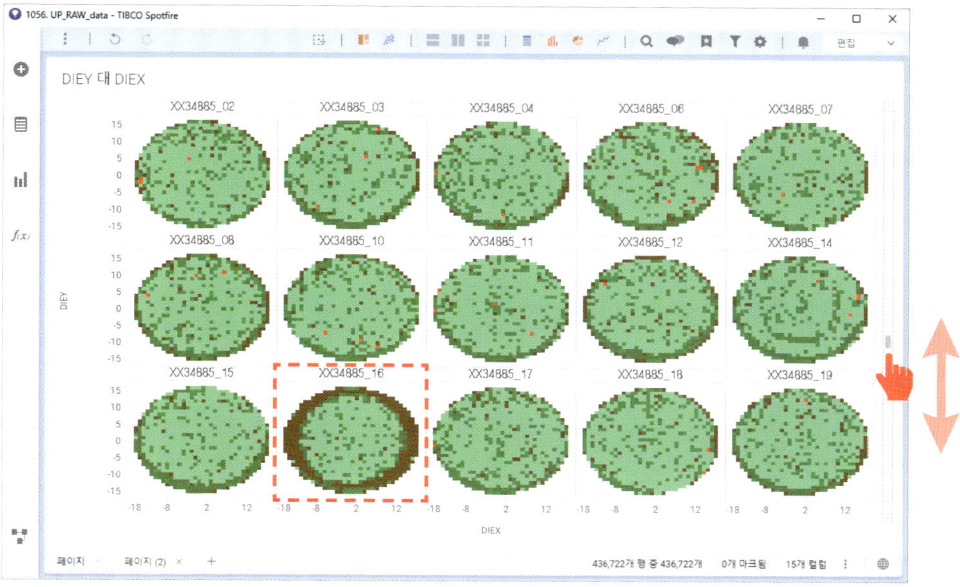

여기에서는 WAFER_ID 값이 'XX34885_16'인 Wafer map의 모양이 특이하므로 이 Wafer와 가장 유사한 패턴을 가지는 Wafer를 찾아보기로 한다.

step 4 X, Y 좌표값을 한 번에 표시하는 새 컬럼을 만든다.

하지만 Spotfire에서 그림 형태(산점도)로 유사도를 찾는 방법은 없다. Spotfire를 이용하여 유사도를 찾는 방법은 라인 차트에서 라인 유사성(Line Similarity) 기능을 이용하는 방법뿐이다.

➔ 라인 유사성 에 대한 상세 설명은 《Spotfire 초보자 가이드 개정2판》 pp.690~701 참조

만일 Spotfire의 Wafer map 차트에서 사용한 정보들을 하나도 빼지 않고 모두 라인 차트에 표시할 수 있다면 Spotfire의 라인 유사성 기능을 이용하여 특정 Wafer와 가장 유사한 Wafer map 모양을 갖는 Wafer를 찾을 수 있다. 이 부분이 본 과제에서 가장 중요한 부분이다.

먼저 Wafer map에 사용된 정보들, 즉 컬럼들을 모두 나열하면 다음과 같다.

DIEX, DIEY, UP_BIN, WAFER_ID

산점도로 Wafer map을 표현하는 데에는 이렇게 앞의 4가지 정보가 사용되었다. 이 4가지 정보(컬럼)들을 모두 포함하도록 라인 차트에 그리려면 어떻게 해야 할까?

- 먼저 하나의 라인은 하나의 WAFER_ID가 되어야 한다. 그래야 라인유사성을 이용해서 어느 Wafer가 유사도가 높은지 낮은지를 판별할 수 있기 때문이다.
- Y축은 Bin 값(여기서는 UP_BIN 컬럼)으로 표시해야 일종의 종속변수 역할을 할 수 있다.

위 2가지 사항을 반영하면, Wafer 컬럼들 중에서 DIEX와 DIEY 정보만 남는다. 그리고 라인 차트에서는 일반적으로 표시해야 할 정보들(X, Y, Color by 혹은 Line By) 중에서 아직 사용하지 않은 X축만 남는다. 결과적으로 라인 차트의 X축에는 Wafer의 DIEX와 DIEY 값들을 표시하면 된다.

Spotfire의 선 그래프에서 X축에 2개 컬럼의 정보를 모두 표시하는 방법은 'X값 & Y값' 같은 개념으로 새로운 컬럼을 만드는 것이다. 선 그래프에서 X축에 숫자 형식(Integer 혹은 Real)으로 된 컬럼은 1개밖에 사용할 수 없기 때문이다.
다음 순서대로 새로운 컬럼을 만들어보자.
메인 메뉴에서 [데이터] → [계산된 컬럼 추가]를 클릭한다.

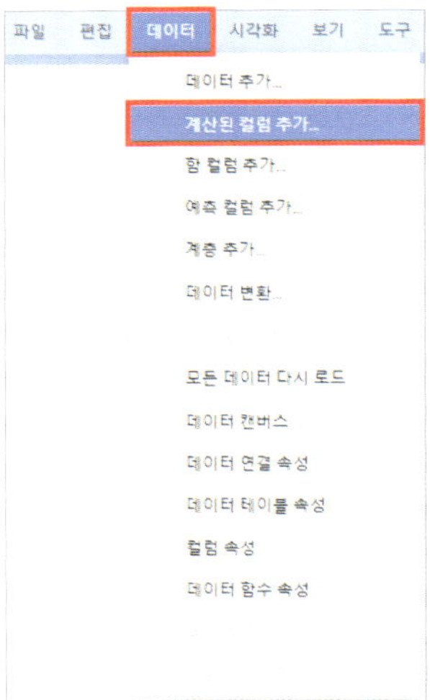

아래처럼 화면이 나타나면,

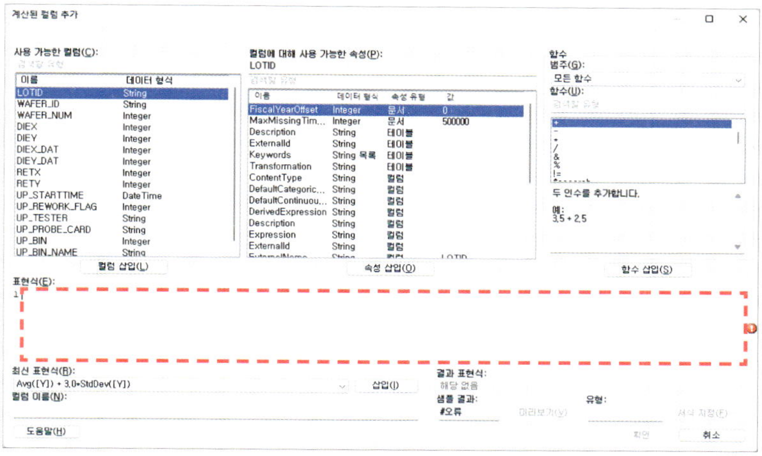

[표현식]에 다음과 같이 입력한다.

Concatenate([DIEX],'–',[DIEY])

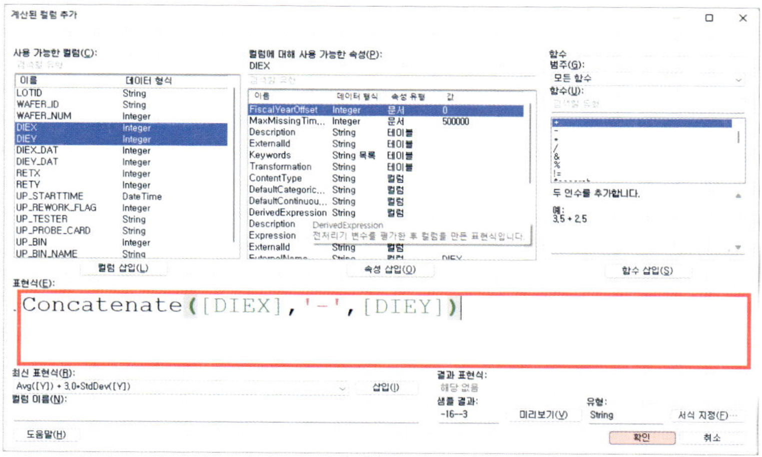

여기에서 'Concatenate'라는 함수는 두 값을 이어 붙여서 표시하는 함수이고, 수식 중간에 '–' 는 X와 Y 값을 구분하여 볼 수 있도록 구분자를 추가하기 위한 것이다.

수식 입력을 마쳤으면 [확인] 버튼을 눌러서 작업을 완료한다.

새로 생성된 'Concatenate([DIEX],'–',[DIEY])'라는 이름의 컬럼은 테이블 차트 맨 끝의 컬럼 부분에서 확인하거나, 필터 패널 맨 마지막 부분에서 확인할 수 있다.

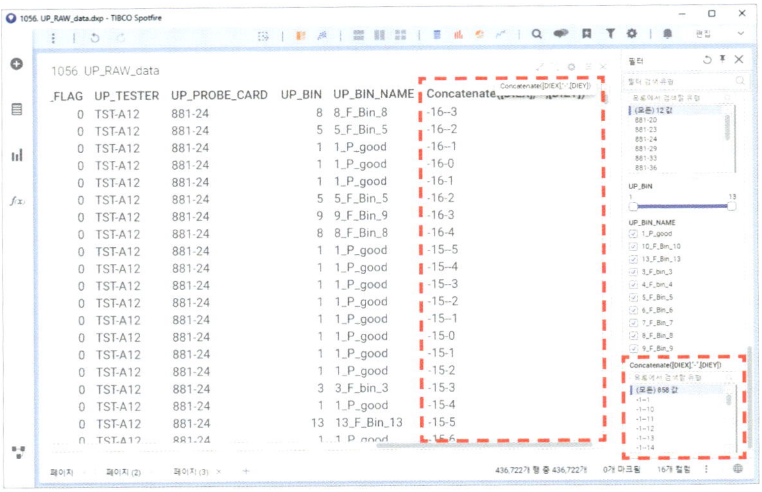

새로 만든 컬럼의 이름을 알기 쉽게 'X-Y'로 변경해보자.
마우스 커서를 필터 패널에서 새로 생성된 'Concatenate([DIEX],'–',[DIEY])'라는 이름의 컬럼으로 이동한 다음 우클릭하여 [이름 바꾸기]를 선택한다.

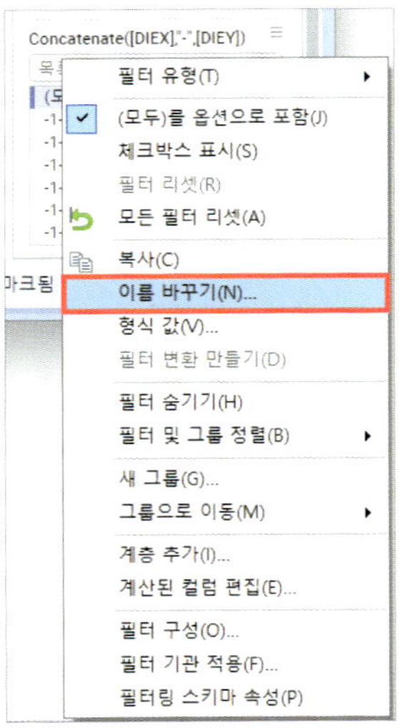

[이름]에 다음과 같이 입력하고 [확인] 버튼을 누른다.

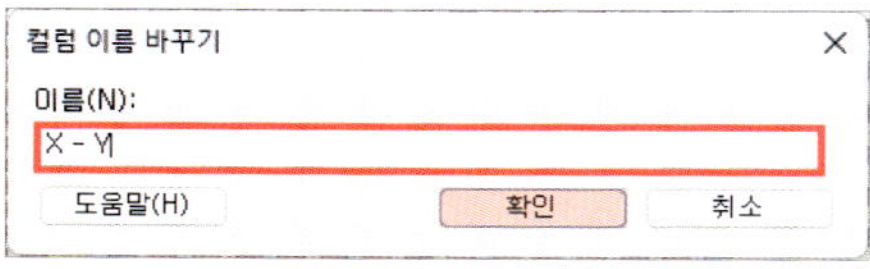

필터 패널에서 새로 변경된 이름을 확인할 수 있다.

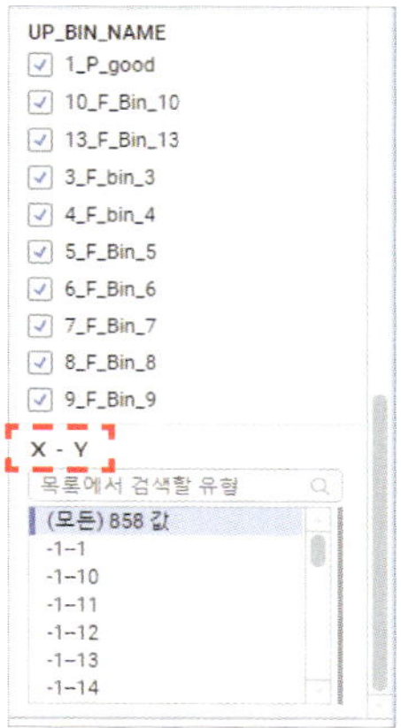

step 5 선 그래프를 작성하여 산점도에서 활용한 모든 Wafer map 정보들을 표시한다.

이제 Spotfire에 선 그래프를 작성해보자. 앞에서 산점도로 작성한 Wafer map에서 이용한 정보들을 모두 이용하여 다음과 같이 새 페이지에 라인 차트를 작성한다.

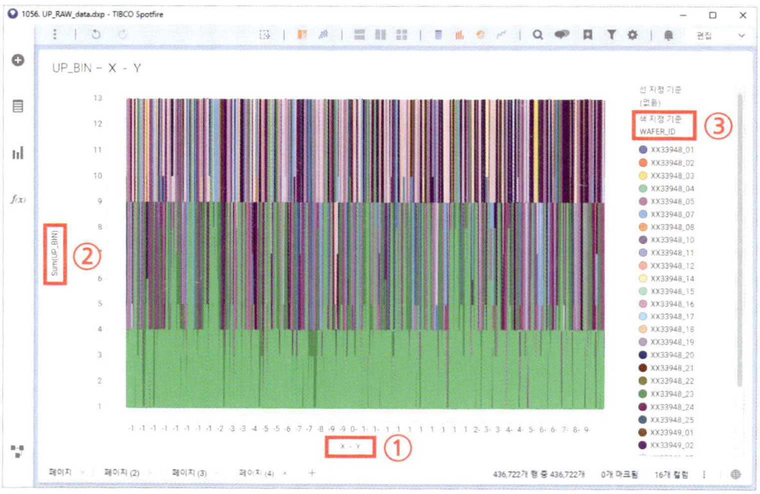

① X축 : X-Y
② Y축 : UP_BIN
③ 색 지정 기준(Color By) : WAFER_ID

위에서 설정한 색 지정 기준 대신 다음과 같이 [선 지정 기준(Line By)]을 사용해도 된다.

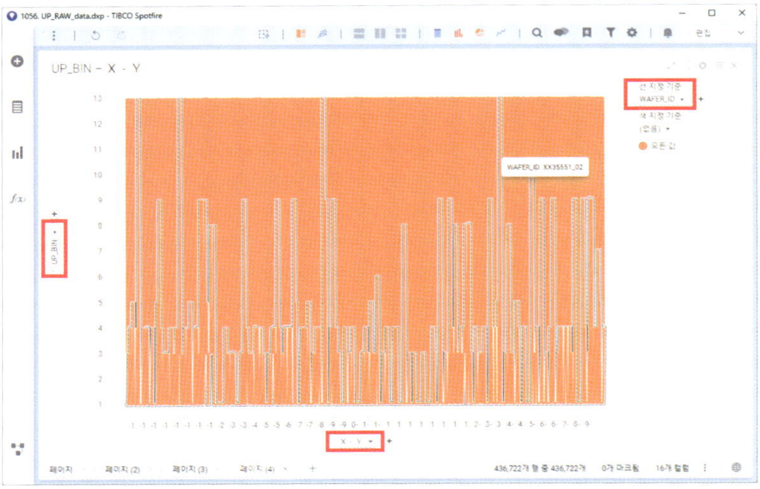

여기서 중요한 것은 라인 차트에서 하나의 라인이 하나의 Wafer ID를 나타내도록 하는 것이다. 그래야 라인 유사성을 이용하여 어느 Wafer ID(라인 차트에서는 라인)가 특정 Wafer와 가장 유사한지 골라낼 수 있다.

step 6 라인 유사성 기능을 이용하여 step 3에서 지정한 Wafer ID와의 유사도와 유사도 순서를 구한다.

step 3에서 찾은 가장 특이한 Wafer map 모양의 WAFER_ID(XX34885_16)와 가장 유사한 Bin 값 분포(여기에서는 [UP_BIN] 컬럼) 패턴을 보이는 Wafer ID를 순서대로 찾아보자. 이를 수행하기 위해서는 라인 유사성 기능에서 [마스터 라인]을 [마크된 라인 기반]으로 설정해야 한다. 이번 과제의 경우 마크된 라인을 WAFER_ID 'XX34885_16'으로 마킹하여 다음과 같은 순서로 수행한다.

먼저, 필터 패널에서 [WAFER_ID] 컬럼을 찾아서 [목록에서 검색할 유형]이라고 된 입력 부분에 마킹 대상으로 설정할 Wafer ID 'XX34885_16'을 다음과 같이 입력한다.

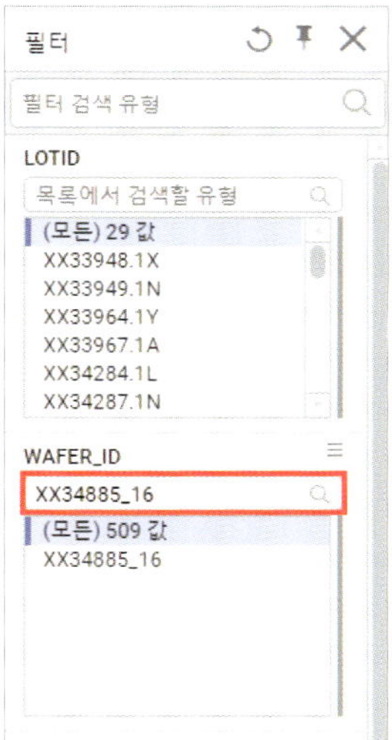

다음과 같이 표시된 부분을 클릭하여 원하는 Wafer ID만 필터링한다.

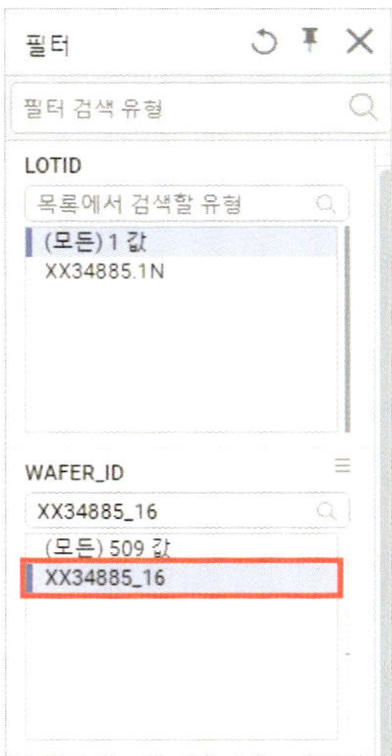

그 결과 라인 차트에 다음과 같이 Wafer ID가 'XX34885_16'인 라인만 표시된다.

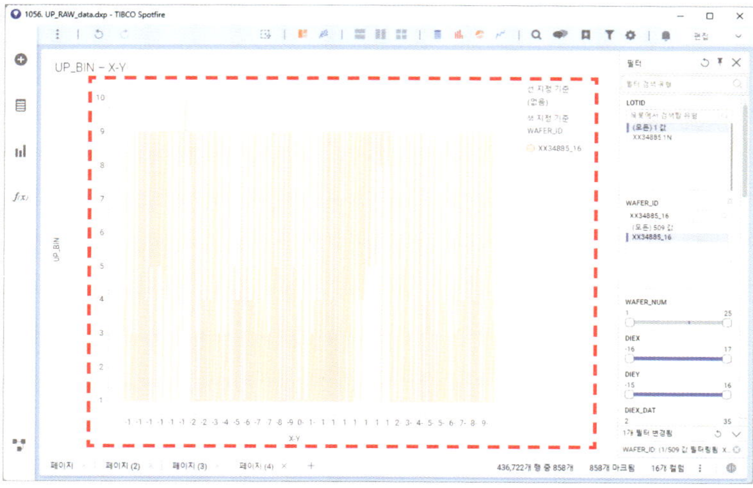

Wafer ID가 'XX34885_16'인 라인을 마킹해야 라인 유사성 기능에서 [마스터 라인]을 [마크된 라인 기반]으로 하여 수행할 수 있기 때문에 이 라인만 마킹한다. 이를 위해 선 가운데 부분을 가볍게 클릭하거나, 아래 그림처럼 '색 지정 기준'에 표시된 Wafer ID 값을 클릭한다.

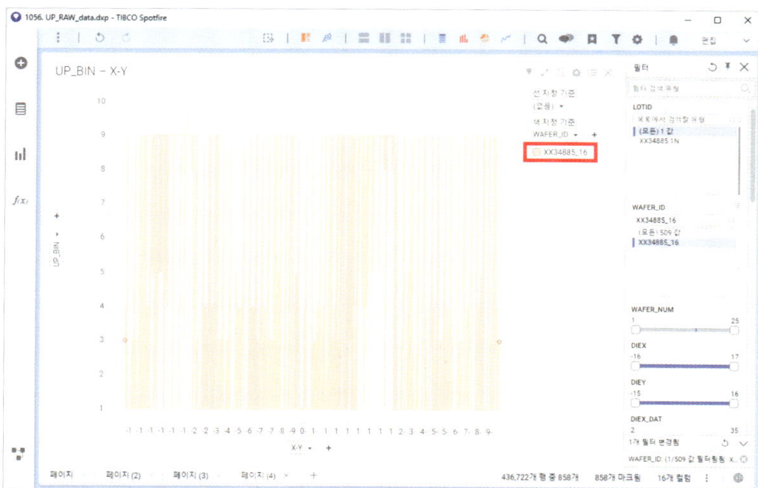

그 결과 지정한 라인만 마킹되었다. 방금 지정한 라인만 마킹되었는지 확실히 확인하기 위해 다음 항목을 체크해보자.

- 라인의 시작과 끝 점에 원형 마커가 생성되었는지 확인한다.
- 우측 하단의 상태 정보란에 '858개 마크됨'이 표시되었는지 확인한다.

만일 이 2가지가 모두 표시되지 않았다면 제대로 마킹이 되지 않은 것이므로 앞의 내용대로 다시 정확하게 마킹한다.

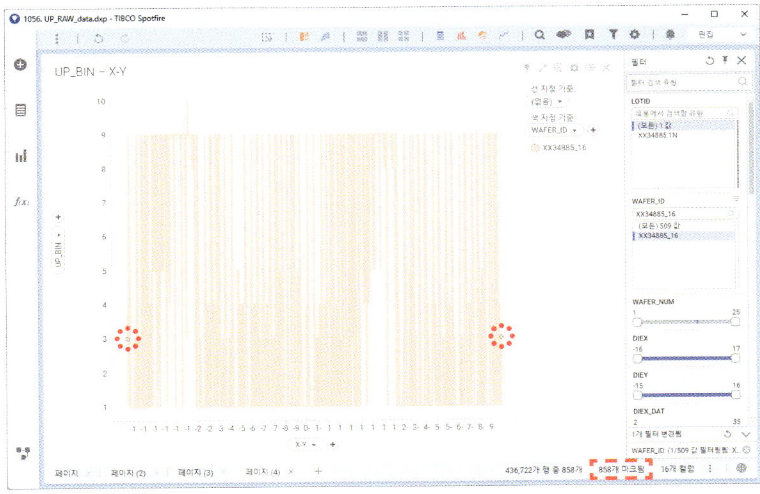

이전에 Wafer map을 격자 표시(Trellis)로 작성한 페이지[이번 예제에서는 페이지 (2)]를 확인해 보면 다음과 같이 우리가 원하는 Wafer ID만 표시된 것을 확인할 수 있다.

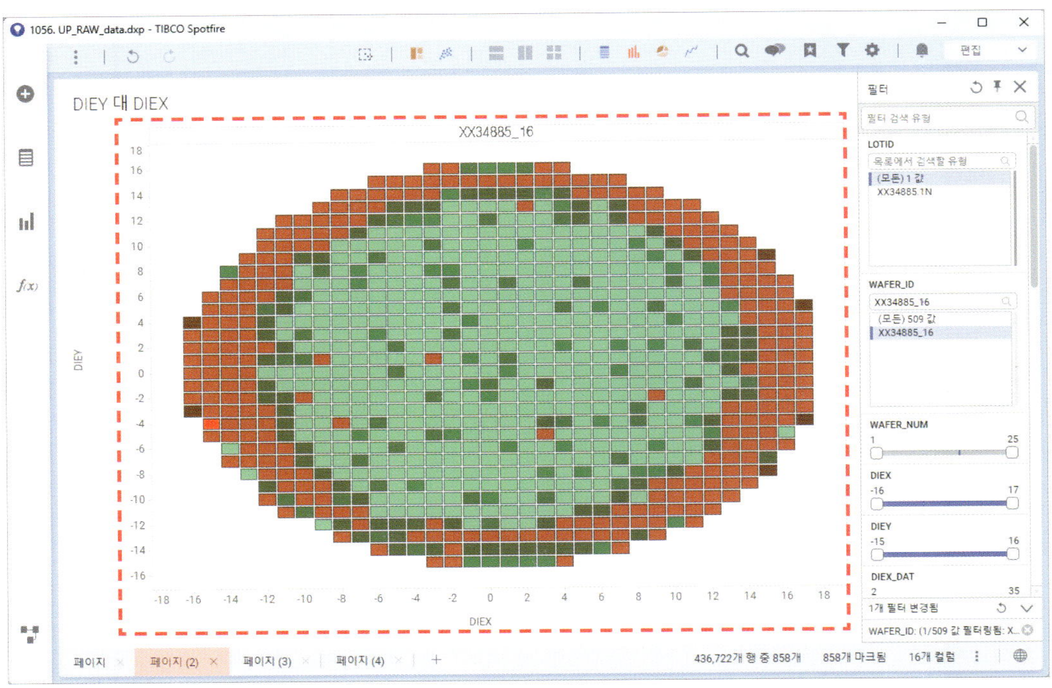

다음으로, 선택된(즉, 마킹한) 라인과 비교할 나머지 Wafer들을 모두 표시해야 한다. 그래야 라인 유사성을 정상적으로 수행할 수 있다.

라인 차트가 표시된 페이지[페이지 (4)]를 클릭하여 라인 차트로 복귀한다.

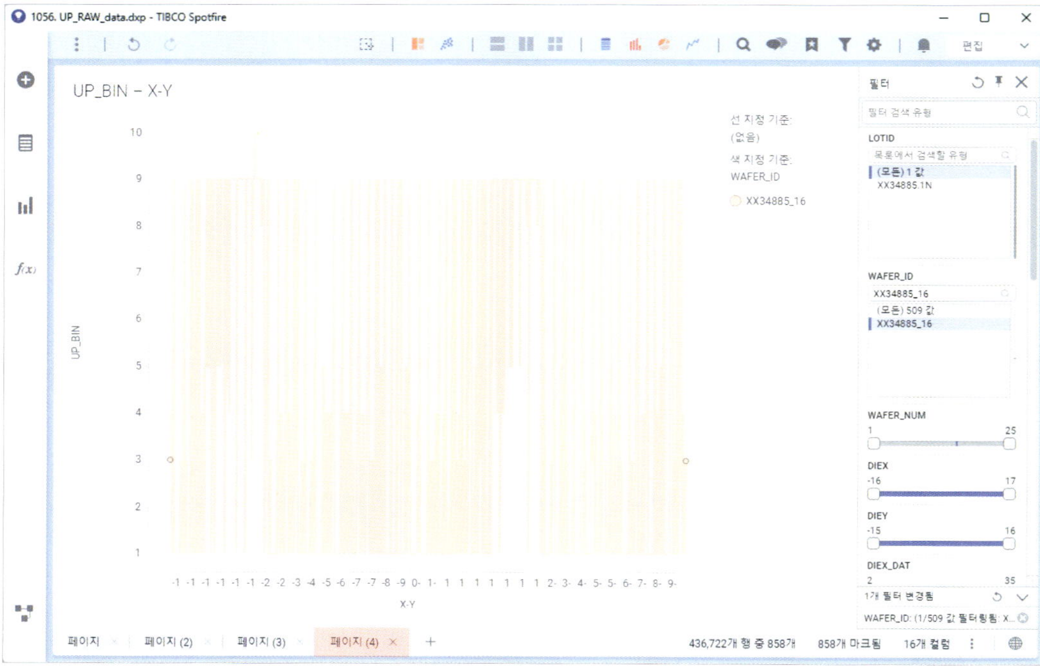

필터 패널의 [WAFER_ID] 컬럼 부분에서 '(모든) 509 값' 부분을 클릭하여 모든 Wafer 라인들이 표시되도록 한다.

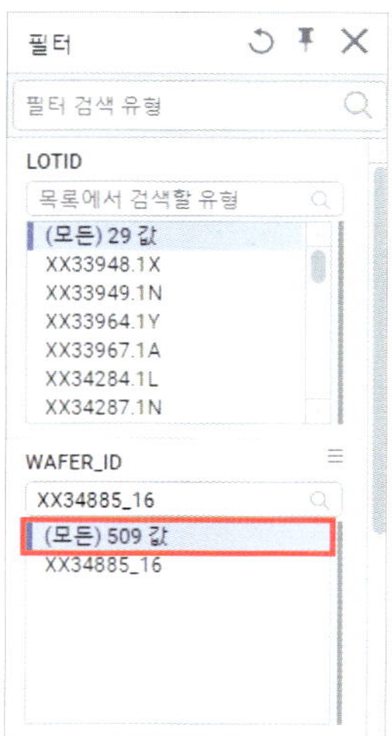

그 결과 라인 차트에 모든 Wafer들이 다음과 같이 라인 형태로 표시된다.

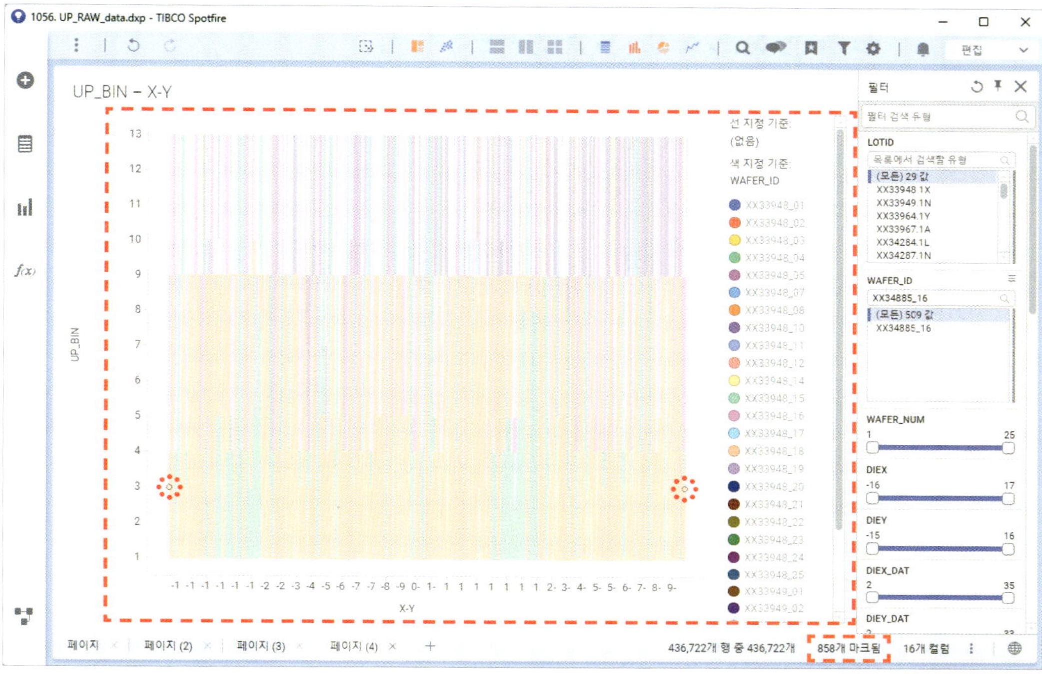

위 그림에서 주의 깊게 확인할 부분은 이전에 마킹했던 라인이 여전히 마킹 상태를 유지하고 있다는 점이다. 그림을 보면 마킹된 라인만 진하게(원래 색상대로) 표시되어 있고, 마킹되지 않은 나머지 라인들은 희미하게 처리되어 있다. 만일 위 그림처럼 되어 있지 않다면 다시 앞 부분을 수행하여 마킹한 상태를 유지하도록 해야 한다.

이제 라인 차트에서 라인 유사성을 실행하여 지정한 Wafer와 가장 유사한 순서(rank) 값을 구할 차례다.

메인 메뉴에서 [도구] → [라인 유사성]을 클릭한다.

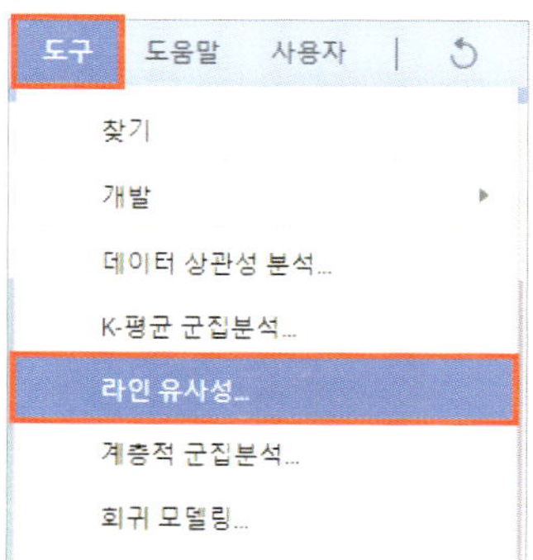

다음과 같은 설정 화면이 표시된다. 이때 [마크된 라인 기반]의 라디오버튼이 그림처럼 선택되어 있는지 확인한다.

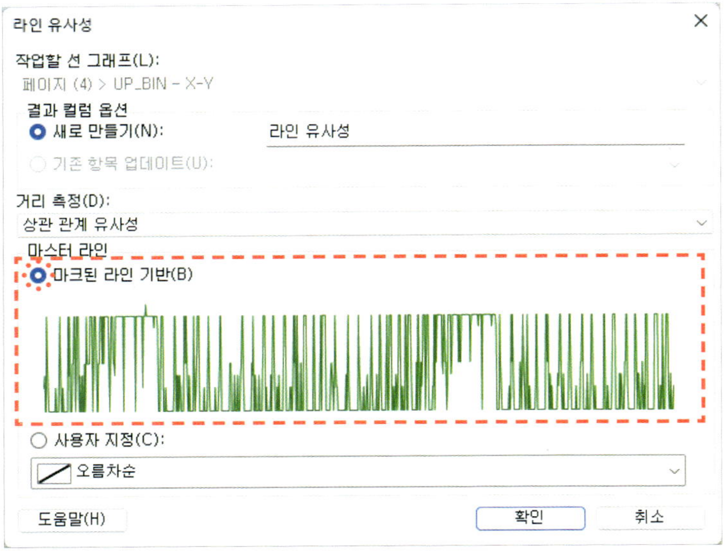

라인 유사성 결과값들이 표시될 컬럼의 이름을 나중에 확인하기 쉽도록 '라인 유사성-XX34885_16'으로 수정하여 입력한 다음 [확인]을 누른다.
참고로 [거리 측정] 옵션은 기본 설정값인 '상관관계 유사성'을 그대로 사용한다. 이 옵션은 절대값(거리)을 기준으로 하지 않고, 상대적인 유사성을 기준으로 유사도를 측정한다.

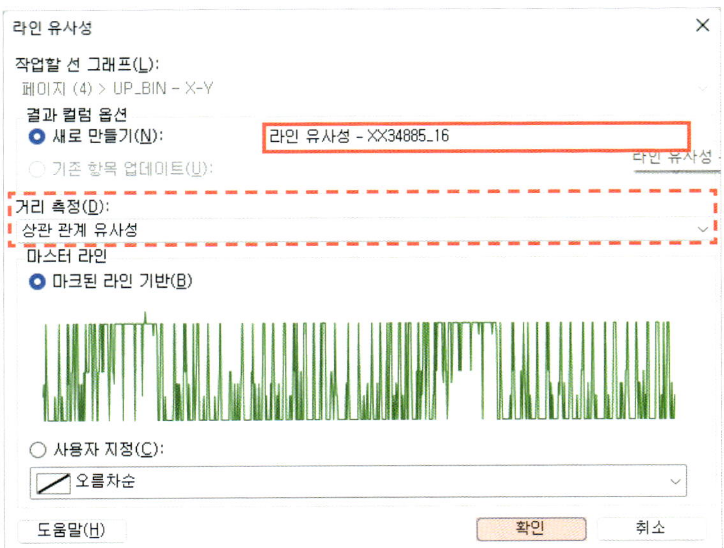

Spotfire는 즉시 이 작업을 수행하지만(실제로 매우 짧은 시간에 수행됨) 라인 차트에는 아무 결과가 표시되지 않아서 변화가 없어 보인다. 그러나 필터 패널 마지막 부분에 다음과 같이 2개의 새로운 컬럼이 생성된 것으로 수행 결과를 확인할 수 있다.

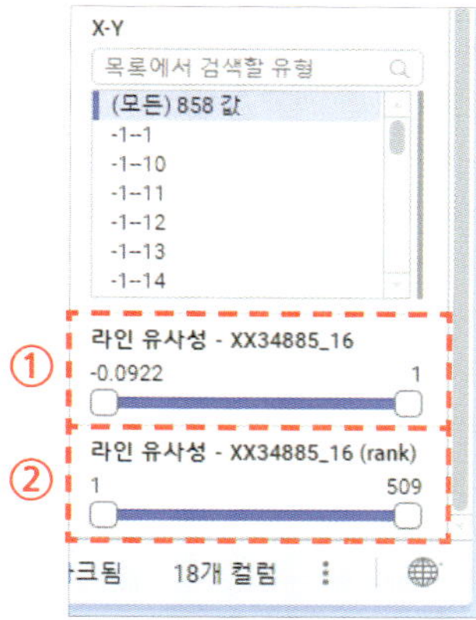

① 라인 유사성: [라인 유사성 – XX34885_16] 컬럼

사용자가 지정한 라인과 얼마나 유사한 패턴을 보이는지를 나타내는 값으로 -1 ~ 1 사이의 값으로 표시된다. 이 값이 '1'에 가까울수록 사용자가 지정한 라인과 가장 유사함을 의미하며 '-1'은 가장 반대로 유사함을 의미한다. 이 값이 '1'이라는 것은 사용자가 선택 기준으로 지정(마킹)한 라인을 의미한다.

② 라인 유사성(rank): [라인 유사성 – XX34885_16 (rank)] 컬럼

사용자가 지정한 라인과 얼마나 유사한 패턴을 보이는지 순서를 나타내는 값으로, 등수가 낮을수록(값이 작을수록) 사용자가 선택 기준으로 지정(마킹)한 라인과 패턴이 더 유사함을 의미한다. 순위(rank)가 '1'이라는 것은 사용자가 선택 기준으로 지정(마킹)한 라인을 의미한다. '라인 유사성-XX34885_16' 컬럼의 값이 1에 가까울수록 이 컬럼의 값은 1에 가깝다. 즉, 순위(rank)가 1(등)이면 라인 유사성 값이 가장 높은 값(1)이라는 것을 의미한다.

step 7 **산점도로 작성한 Wafer map을 step 6에서 생성한 유사도 순서로 배열한다.**

라인 유사성을 수행해서 얻은 결과값들을 이용하여 지정한 Wafer와 가장 유사한 순서(rank)대로 Wafer map을 그려보자.

먼저 [페이지 (2)]를 클릭하여 격자 표시된 Wafer map으로 돌아간다.

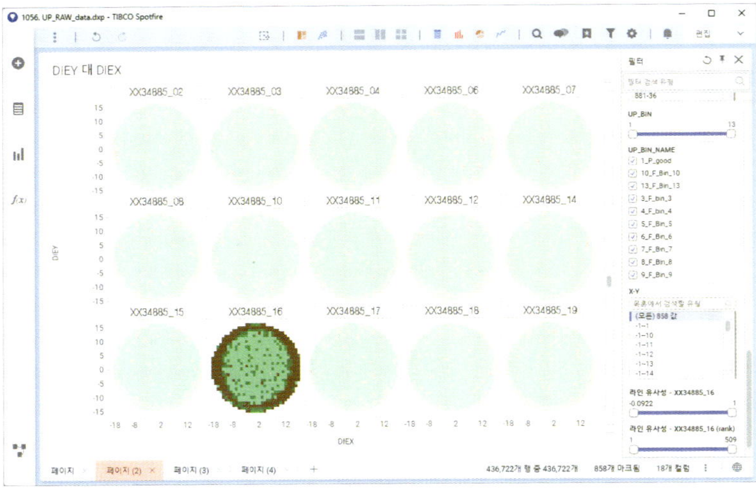

위 그림은 격자 표시 기능을 이용하여 Wafer ID 값 순서대로 나열한 Wafer map 차트이다.

이 배열을 라인 유사도(Line Similarity)가 가장 높은 순서대로 변경해보자.

먼저 범례(Legend)가 표시되도록 해야 한다. 차트의 상단에 있는 타이틀 부근으로 마우스 커서를 옮기면 우측 상단에 아이콘들이 나타난다. 그중에서 아래 그림처럼 범례 아이콘을 클릭한다.

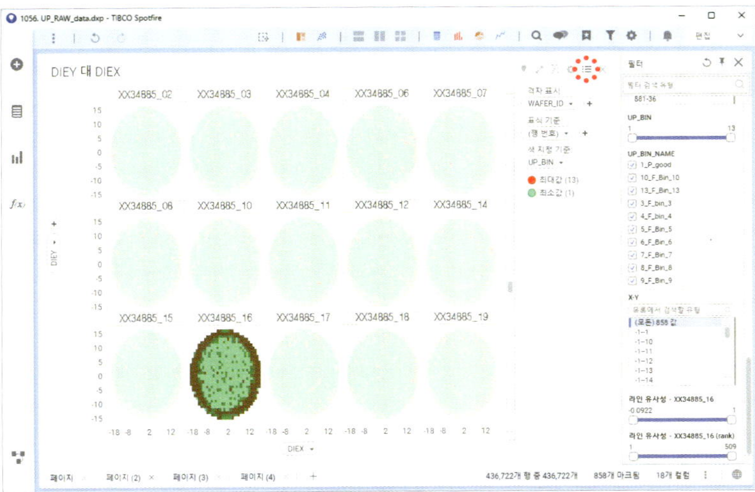

[격자 표시] 순서를 라인 유사도 순서대로 설정하기 위하여 다음과 같이 범례에서 설정을 변경한다. 기존 격자 표시 설정 부분 중 앞에 [라인 유사성-XX34885_16 (rank)] 컬럼을 추가하는 것이다.

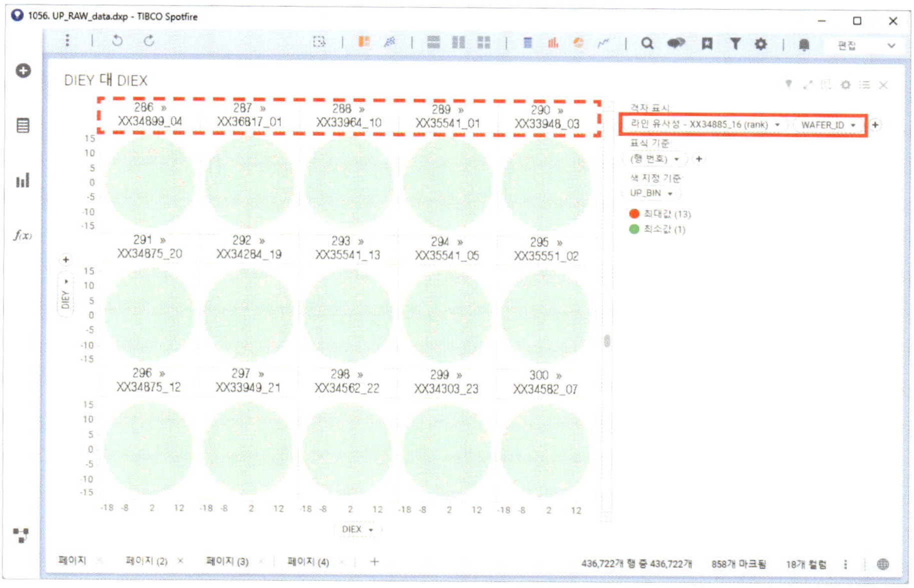

위 그림에서 좌측의 빨간색 점선 부분을 보면 격자 표시 헤더 부분이 순서대로 정렬되어 있는 것을 확인할 수 있다.

이제 rank 1(등)부터 확인하기 위하여 슬라이더를 맨 위로 이동한다. 그런 다음 슬라이더를 움직이면서 맨 마지막 부분까지 순서대로 확인한다.

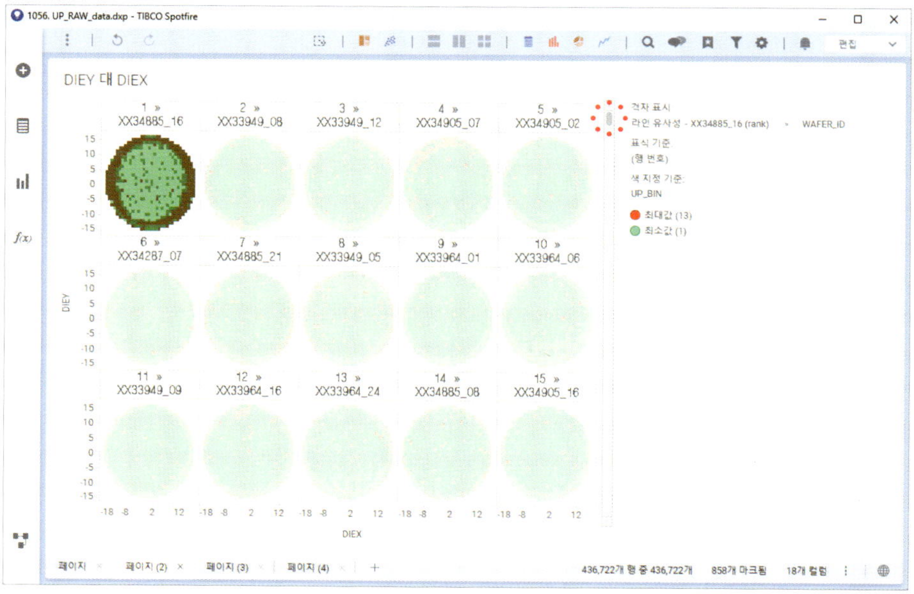

지금 1등이 마킹되어 있는 이유는 작업 수행 과정에서 처음에 비교 대상을 마킹하여 라인 유사성 수행 작업을 완료한 후에 여전히 마킹을 해제하지 않았기 때문이다. 차트의 빈 공간을 클릭하거나 마우스 우클릭하여 [마크된 행] → [마크 취소]를 눌러 마킹을 해제한다.

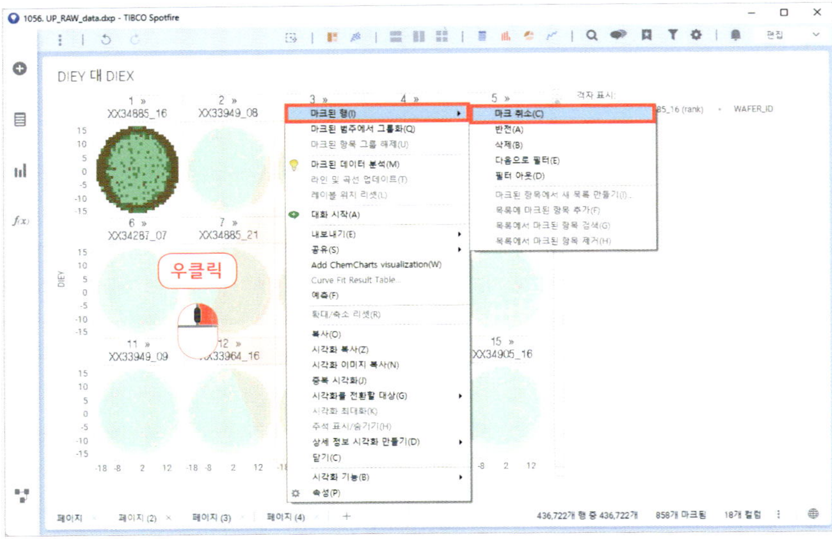

최종적으로 다음과 같이 표시된다.

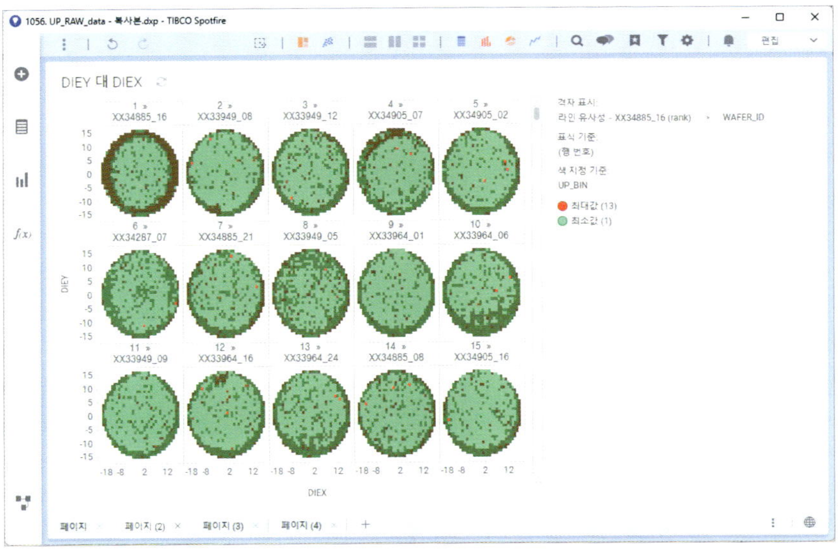

Wafer의 가장자리(edge) 부분이 빨갛게 표시된 패턴과 Wafer 안쪽에 군데군데 빨갛게 표시된 패턴을 모두 감안하여 1등과 가장 유사한 순서대로 정렬된 것이다. 일단 순위가 낮은, 즉 1등과 유사한 Wafer들은 주로 가장자리 부분이 빨간색 띠 모양을 나타내는 것을 알 수 있다.

이번에는 차트 우측의 슬라이더를 움직여서 rank가 가장 높은 값, 즉 대상으로 선택한 Wafer와 유사도가 가장 반대인 패턴을 살펴보자.

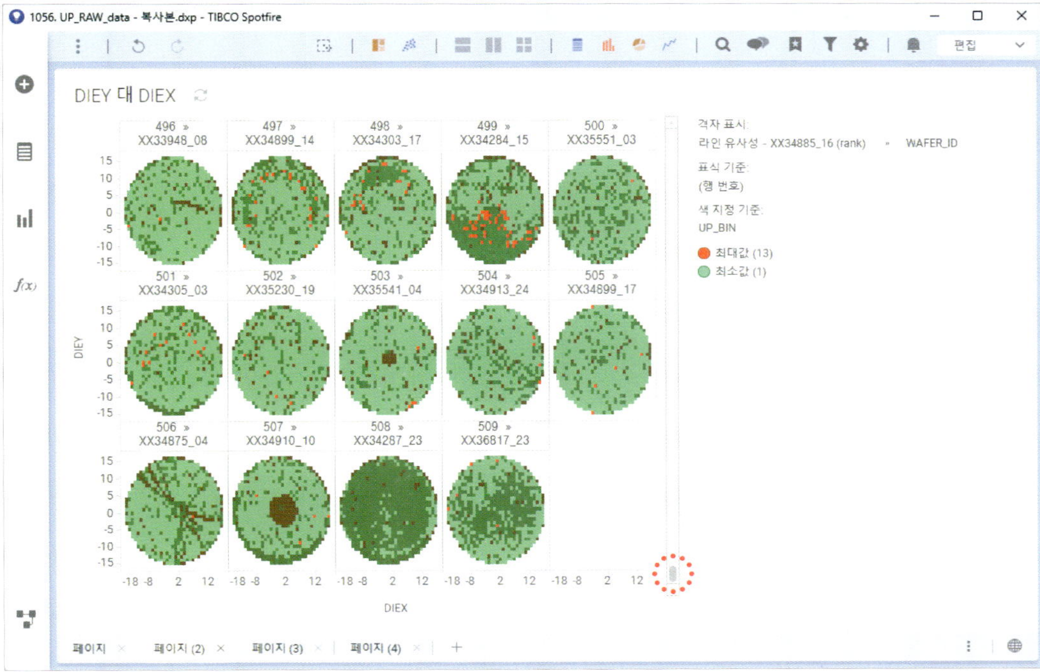

위 그림에서 유사도가 가장 반대인 패턴들은 대체로 Wafer 가운데 부분이 빨갛게 표시된 것을 볼 수 있다. 물론 Wafer 안에 빨갛게 표시된 패턴을 모두 감안하여 1등과 가장 반대로 유사한 순서대로 정렬된 것이다.

여기까지 진행하면 원하는 과제의 수행이 완료된 것이다.

step 8 사용자가 지정한 Wafer와 얼마나 유사한지 그 정도(유사도)를 순위와 함께 표시한다.

마지막으로 한 가지 더 추가하면 유용한 정보가 있는데, 라인 유사성에 관한 것이다. '라인 유사성(Line Similarity)' 컬럼은 처음에 지정한 Wafer와 얼마나 유사한지 그 정도를 수치로 표시한 것이다. 만일 유사도가 100%라면 라인 유사성은 '1'로, 유사도가 50%라면 '0.5'로 전혀 유사하지 않다면 '0'으로, 완전히 반대로(-100%) 유사하다면 '-1'로 표시된다.

이 부분은 라인 유사성 기능을 수행하면 그 결과값이 자동으로 생성되므로 차트에 이 부분([라인 유사성-XX34885_16] 컬럼)을 추가하면 된다.

다음 그림처럼 범례에서 [격자 표시] 설정을 변경한다.

[격자 표시]의 맨 마지막에 [라인 유사성-XX34885_16] 컬럼을 추가하면 된다. 격자 표시의 헤더 부분에 1등과 얼마나 유사한지를 나타내는 값들이 표시되어 있다.

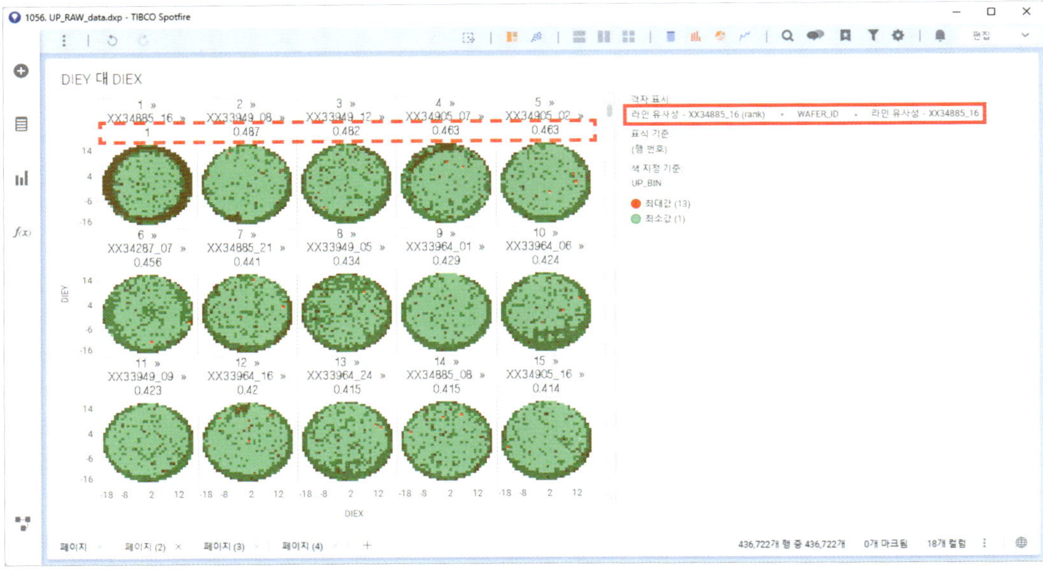

예를 들어 다음 그림의 빨간색 점선으로 표시된 것처럼 두 번째(2등)로 격자 표시된 부분의 헤더 값을 해석해보면 다음과 같은 의미를 갖는다.

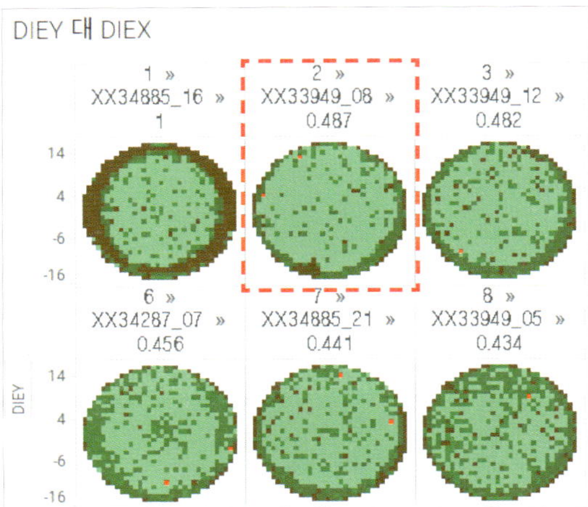

- 2: 앞의 1등과 비교할 때 나머지 Wafer들 중에서 가장 유사함(1등은 자기 자신이므로 자기 자신을 제외한 나머지 중에서 첫 번째)을 의미한다.

- XX33949_08 : 해당 Wafer ID 값을 나타낸다.
- 0.487 : 1등과 비교했을 때 48.7% 유사하다는 것을 의미한다.

다음은 범례를 제거하고 격자 표시 행과 열을 수정한 최종 완성 화면이다. 1등과 얼마나 유사한지를 수치(소수점 형태)로 확인할 수 있다.

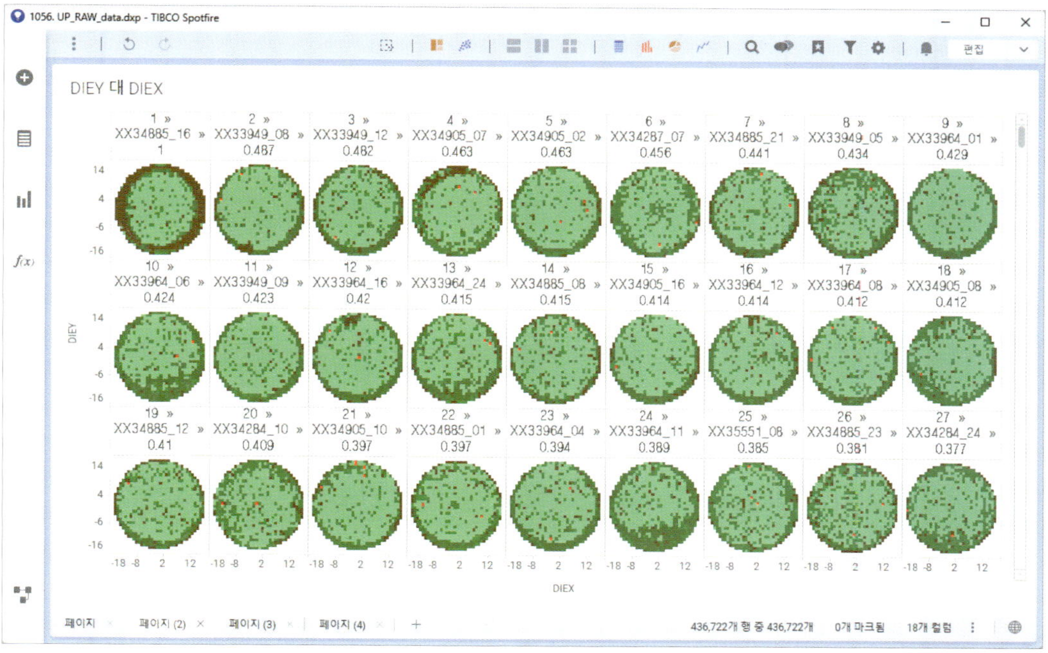

TIP

만일 step 3에서 '여러 장의 Wafer map들 중 특이한 패턴을 보이는 특정 Wafer ID를 지정'할 때, 지정한 Wafer ID가 한 장(하나의 Wafer ID)이 아니고 여러 장인 경우에는 어떻게 하면 될까?

여러 장을 선택(마킹)하고 나머지 과정은 모두 동일하게 수행하면 된다. 본 과제를 수행할 때 선 그래프에서 라인 유사성을 실행하는데, 이때 설정 기준은 '마크된 라인 기반'이 된다. Spotfire에서는 마크된 라인이 여러 개면 자동으로 이들의 평균을 산출하여 만들어진 선을 기반으로 찾아주기 때문이다. 즉, 각 X-Y 위치(Die)마다 선택한 Wafer ID들의 평균 Bin 값을 계산하여 나온 새로운 라인을 기준으로 설정하고, 새로 설정된 선의 패턴에 가장 가까운 선들(Wafer ID)을 순서대로 찾아준다. 참고로 나중에 결과로 나온 rank를 보면 기준으로 선택(마킹)했던 여러 장의 Wafer ID들이 rank의 1등(혹은 유사도 가장 상위 부분)을 차지하지 않는 경우가 발생할 수 있다. 왜냐하면 평균 Bin 값을 계산하여 나온 새로운 라인에 가장 유사한 Wafer ID가 이미 있을 수도 있기 때문이다.

과제 2 K-평균 군집분석

반도체 Wafer의 Bin 값으로 Wafer map을 그려서 사용자가 원하는 개수만큼 Wafer들을 유사한 패턴끼리 군집(그룹)으로 나눠보고, 각 군집에 Wafer ID를 확인한 후 그 결과를 MS 파워포인트와 데이터 테이블 형태로 저장해보자.

사용 데이터: 1056. UP_RAW_data.txt

핵심 키워드: 산점도(Scatter Plot), K-평균 군집분석(K-means Clustering), 격자 표시(Trellis), Wafer map, Bin 값(Bin Values), MS 파워포인트로 내보내기(Export: Microsoft PowerPoint), 데이터에서 파일로 내보내기(Export: Data to File)

전체 step 한눈에 보기

step 1	Spotfire에 데이터를 로딩한다.
step 2	산점도를 이용하여 Wafer map을 작성하고 모든 패턴들을 살펴본다.
step 3	X, Y 좌표값을 한 번에 표시하는 컬럼을 새로 만든다.
step 4	선 그래프를 작성하여 산점도에서 활용한 모든 Wafer map 정보들을 표시한다.
step 5	선 그래프에서 [K-평균 군집분석]을 실행하여 원하는 개수만큼의 군집으로 나눈다.
step 6	step 5에서 생성된 군집 컬럼을 이용해 Wafer map을 각 군집별로 배열한다.
step 7	크로스 테이블을 작성하여 동일한 군집에 해당하는 상세 Wafer ID 정보들을 표시한다.
step 8	산점도로 작성한 Wafer map과 크로스 테이블 결과를 각각 MS 파워포인트와 데이터 테이블로 저장한다.
step 9	드릴다운 차트를 작성하여 군집별 패턴을 Wafer ID별로 볼 수 있도록 한다.

이번 과제에서는 반도체 Wafer의 Bin 값으로 그린 Wafer map에서 Wafer들을 사용자가 원하는 개수로 유사한 패턴끼리 나누어보자. 또한 각 군집에는 어떤 Wafer들이 속하는지 Wafer ID를 확인하고, 그 결과를 MS 파워포인트와 데이터 테이블 형태로 저장해보자.

이 과제는 앞서 과제 1과 동일한 데이터를 사용한다. 또한 수행 과정 중, 데이터를 Spotfire에 로딩한 다음 산점도(Scatter Plot)를 이용하여 Wafer map을 작성하는 부분까지는 과제 1과 동일하게 진행한다.

step 1 Spotfire에 데이터를 로딩한다.

step 1은 과제 1의 pp. 9~11를 참조하여 따라한다.

p. 11까지 과정대로 진행했다면 Wafer map은 다음과 같이 표시된다.

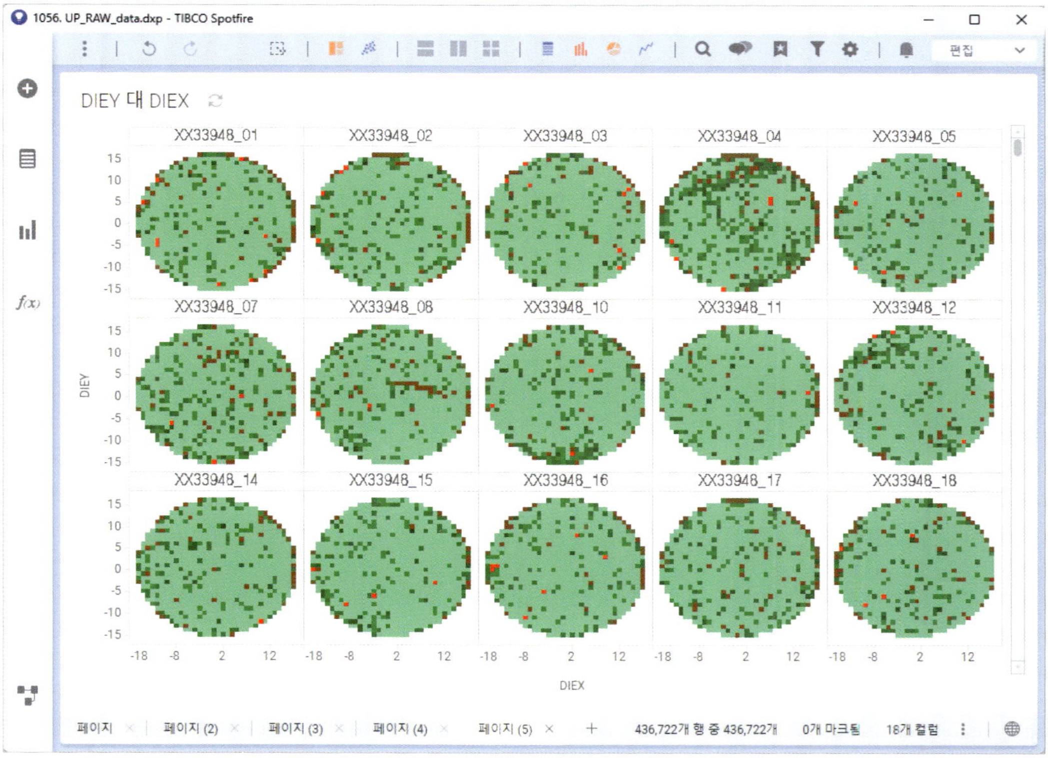

step 2 산점도를 이용하여 Wafer map을 작성하고 모든 패턴들을 살펴본다.

격자 표시 설정을 변경하여 한 번에 더 많은 Wafer들을 볼 수 있도록 한다.

차트에서 마우스 우클릭 후 [속성] → [격자 표시]를 선택하고, [패널]의 [수동 레이아웃] 체크 박스를 눌러 체크를 해제한다.

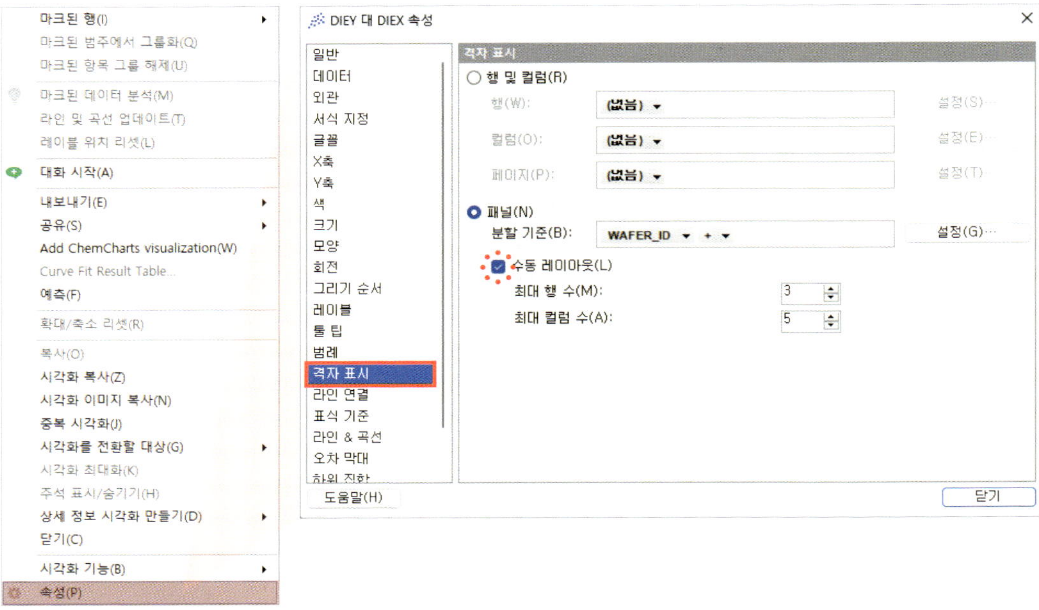

다음과 같이 되면 [닫기]를 클릭한다.

Wafer map 화면이 다음과 같이 변경되었다.

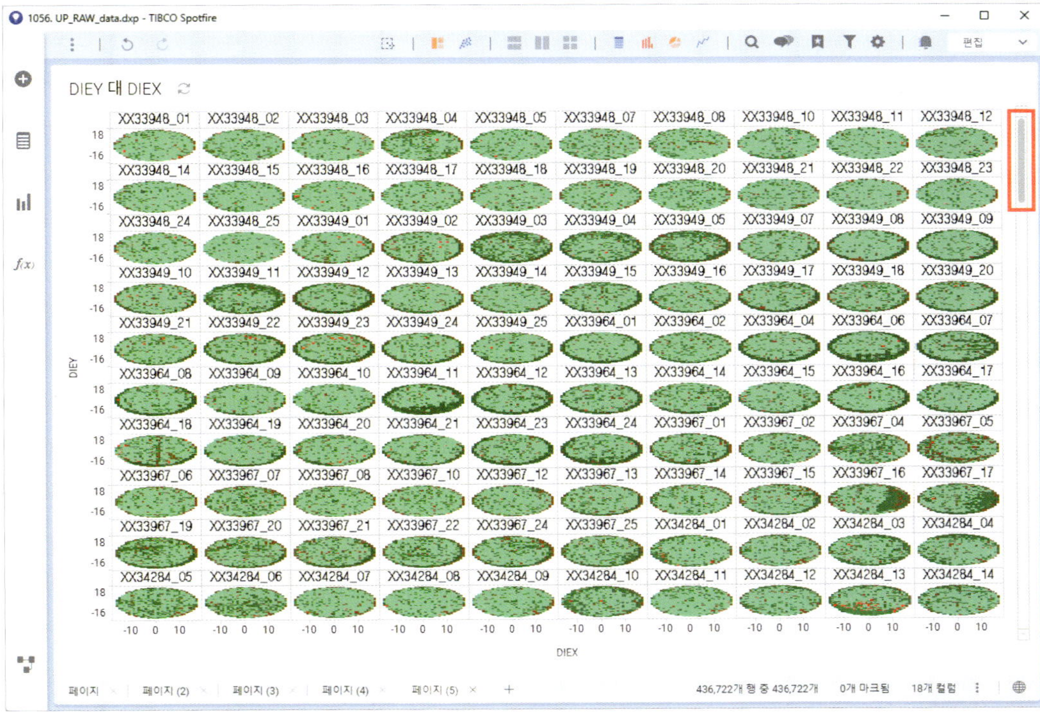

오른쪽 슬라이더를 움직여보면 수백 장(여기서는 총 509장)에 달하는 Wafer들의 패턴이 매우 다양함을 확인할 수 있다.

이번에 수행할 과제는 다양한 패턴을 보이는 Wafer들을 사용자가 원하는 개수만큼 유사한 패턴끼리 묶어서 분류(군집분석)하는 것이다.

앞서 **과제 1**에서는 Wafer map들의 라인 유사성을 이용해 유사도를 산출하기 위해 산점도 형태를 선 그래프 형태로 변환하여 사용하였다. **과제 1**과 마찬가지로, Wafer map들을 유사한 것끼리 묶을 때 Wafer map에서 사용한 산점도 형태를 변환해야 한다. Spotfire에서 사용자가 원하는 개수만큼 유사한 것끼리 묶기 위해서는 'K-평균 군집분석(K-means Clustering)'을 이용하면 되는데, 이를 실행하려면 **과제 1**에서와 같이 선 그래프로 변환하는 과정이 필요하다. Spotfire의 K-평균 군집분석은 선 그래프에서만 실행되기 때문이다. 이 부분이 이번 과제의 핵심이다.

→ K-평균 군집분석에 대한 상세 설명은 《Spotfire 초보자 가이드 개정2판》 pp. 657~662 참조

step 3 X, Y 좌표값을 한 번에 표시하는 컬럼을 새로 만든다.

산점도에 표시한 Wafer map 정보들을 모두 선 그래프에 표시하기 위해 X, Y 좌표값을 한 번에 표시하는 컬럼을 만든다. 이 과정은 **과제 1**의 **step 4**와 동일하기 때문에 pp. 23~27를 참조하여 따라한다.

step 4 선 그래프를 작성하여 산점도에서 활용한 모든 Wafer map 정보들을 표시한다.

K-평균 군집분석을 선 그래프에서 수행하기 위하여 선 그래프를 작성한다. 이 과정은 **과제 1**의 **step 5**와 동일하기 때문에 pp. 27~28를 참조하여 따라한다.

이대로 수행을 완료하면 다음과 같이 선 그래프가 작성된다.

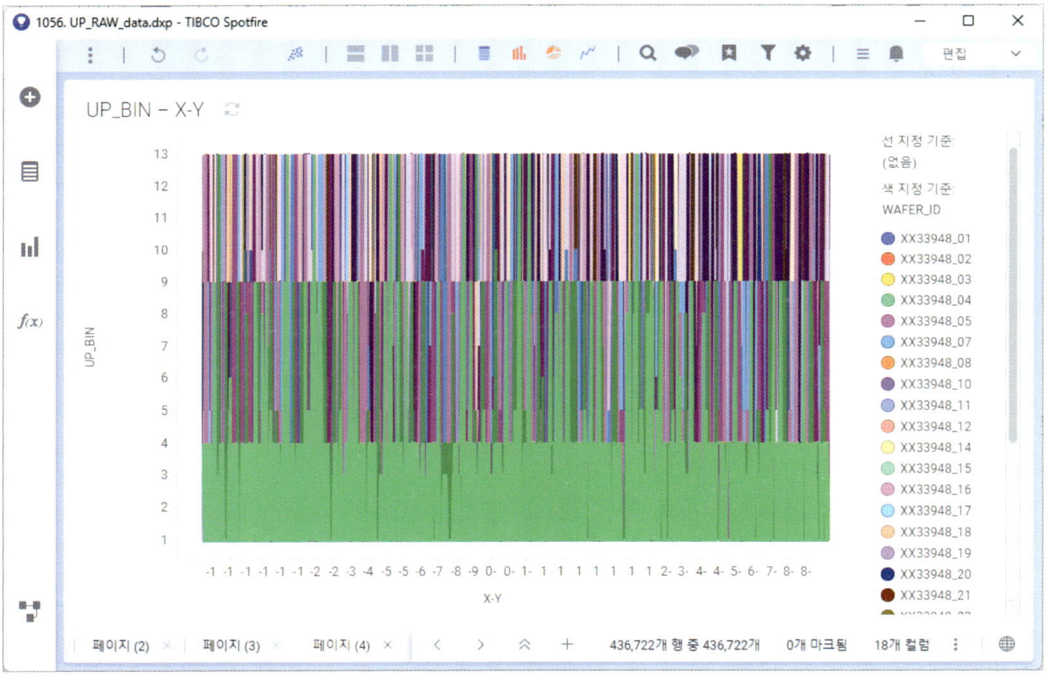

step 5 선 그래프에서 [K-평균 군집분석]을 실행하여 원하는 개수만큼의 군집으로 나눈다.

step 4의 그림에 각 색상별로 표시된 총 509개의 선(509장의 Wafer)들을 사용자가 원하는 개수(이 숫자는 얼마든지 추가, 변경이 가능)만큼 유사한 패턴들끼리 묶어 군집분석을 실행해보자. 이번에는 총 6개의 군집으로 나누어 수행해보자.

메인 메뉴에서 [도구] → [K-평균 군집분석]을 클릭한다.

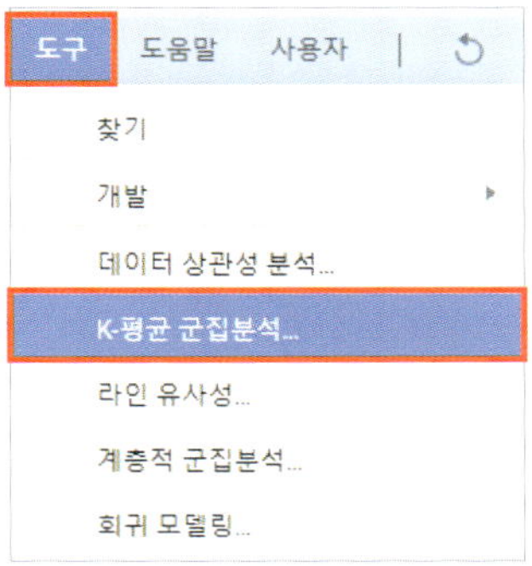

설정창이 나타나면 다음과 같이 일부 설정을 변경해보자.

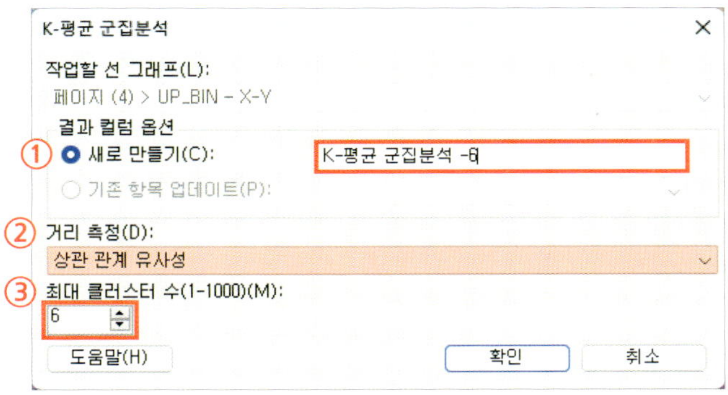

① 새로 만들기

K-평균 군집분석을 수행하여 생성된 결과값을 저장하는 컬럼의 제목을 입력하는 부분이다. 나중에 군집의 개수를 변경해가면서 추가로 컬럼들을 더 만들고, 계속 사용할 수도 있기 때문에 이렇게 사용자가 사용한 군집 개수를 컬럼 제목으로 사용하면 매우 유용하다. 여기에서는 먼저 총 6개의 군집으로 분류할 것이기 때문에 컬럼 제목에 '-6'을 추가하여 사용하였다.

② 거리 측정

선택창을 열면 '상관 관계 유사성'과 '유클리드 거리'가 있는데, 일반적으로 많이 사용하는(기본 설정값) '상관 관계 유사성'을 그대로 사용한다.

③ 최대 클러스터 수

사용자가 군집을 나누고자 하는 최대 개수를 입력하는 부분이다. 만일 전체를 6개의 군집으로 묶고 싶으면 '6'을 입력한다. 이후 수행 결과는 여기서 설정한 6개 군집으로 나눠지는 것이 일반적이지만, 입력한 값 이하의 개수로 군집이 나눠지는 경우도 있다. 예를 들어 수행 결과가 5개 군집으로 나눠지게 나왔다면, 이는 Spotfire 군집분석 수행 결과상 5개 군집으로 나누는 것이 최대라는 의미로, 처음에 6개로 설정했더라도 5개 이상의 유사한 패턴이 나오지 않는다는 뜻이다.

위와 같이 설정하고 [확인]을 누르면 다음과 같이 K-평균 군집분석 결과가 화면에 자동으로 표시된다.

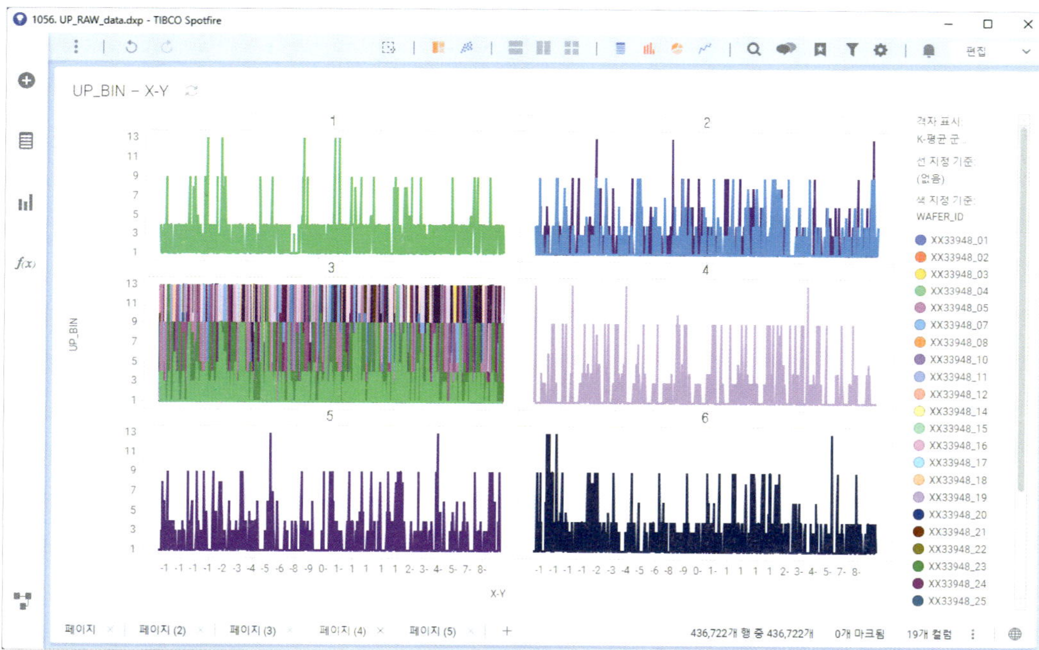

step 6 step 5에서 생성된 군집 컬럼을 이용해 Wafer map을 각 군집별로 배열한다.

앞에 표시된 결과만으로는 실제 Wafer map의 패턴이 어떤 형상인지 알기 어렵다. 산점도로 Wafer map을 그려서 이번에 나눈 6개 군집을 격자 표시에 배열해보자. 그러면 6개 군집의 패턴이 각각 어떤 형상인지 그림으로 더 명확하게 확인할 수 있다.

먼저 Wafer map을 다음과 같이 그려본다. 산점도로 Wafer map을 그리는 과정은 이미 과제 1의 step 2(pp. 11~20)에서 설명하였으므로 생략한다.

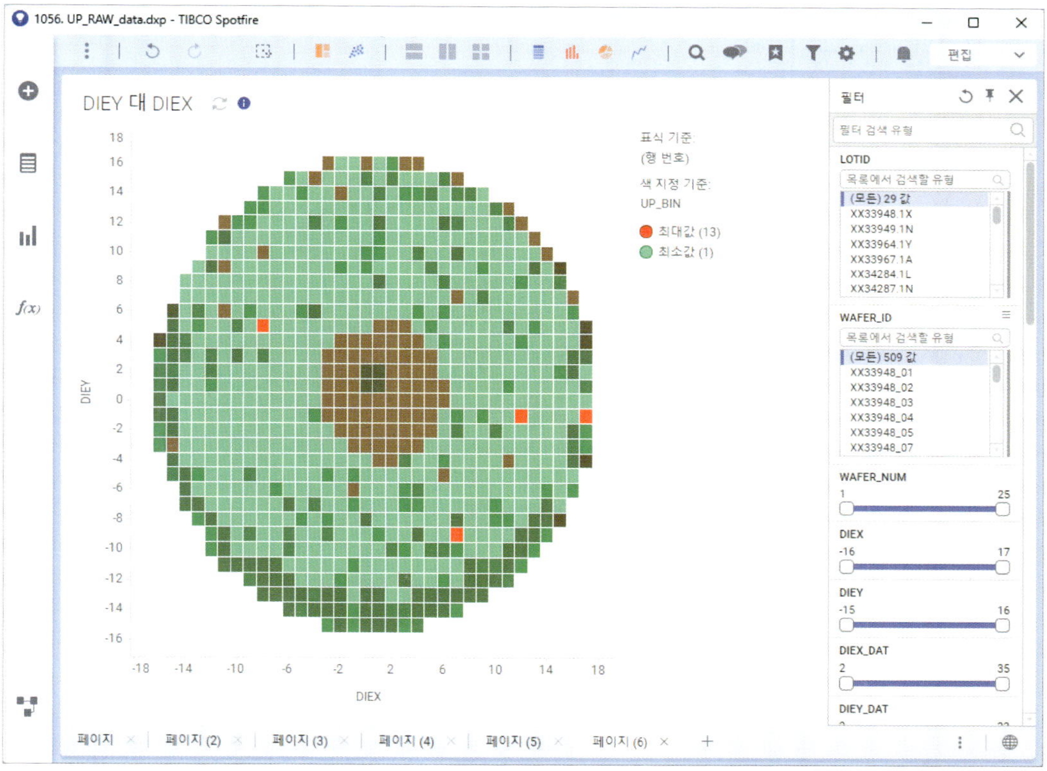

필터 패널의 슬라이더를 움직여 맨 마지막 부분을 보면, 다음과 같이 방금 수행한 군집분석의 결과로 [K-평균 군집분석-6]이라는 컬럼이 생성된 것을 확인할 수 있다.

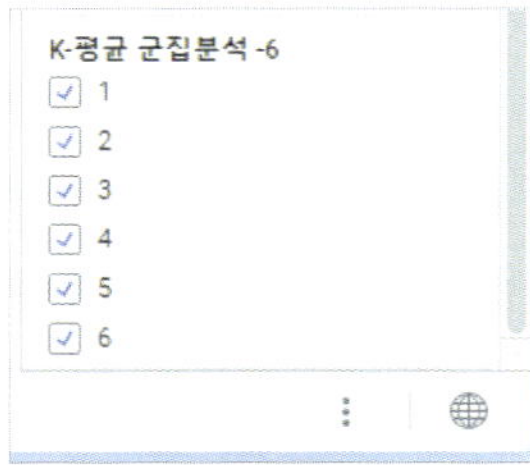

이제 [K-평균 군집분석-6] 컬럼을 이용하여 산점도로 작성한 Wafer map을 다음과 같이 패널 격자 표시에 적용해보자.

마우스 커서를 필터 패널 중 끝부분에 위치한 [K-평균 군집분석-6] 컬럼에 놓은 다음, 마우스 왼쪽 버튼을 누르고 Wafer map 중앙으로 움직이면 화면에 6개의 아이콘이 나타난다. 이 중 가장 오른쪽 아이콘으로 커서를 움직여 '패널 격자 표시 축에서 K-평균 군집분석-6을(를) 사용합니다'라는 메시지가 표시되면 손을 뗀다.

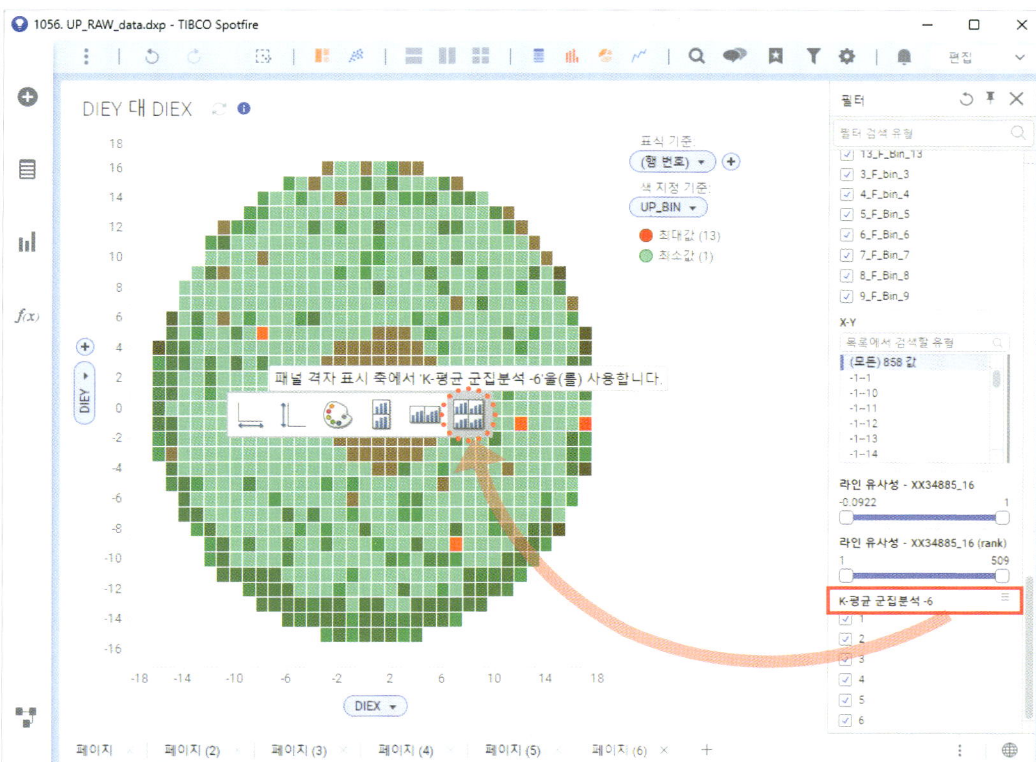

다음 그림처럼 격자 표시가 적용된다.

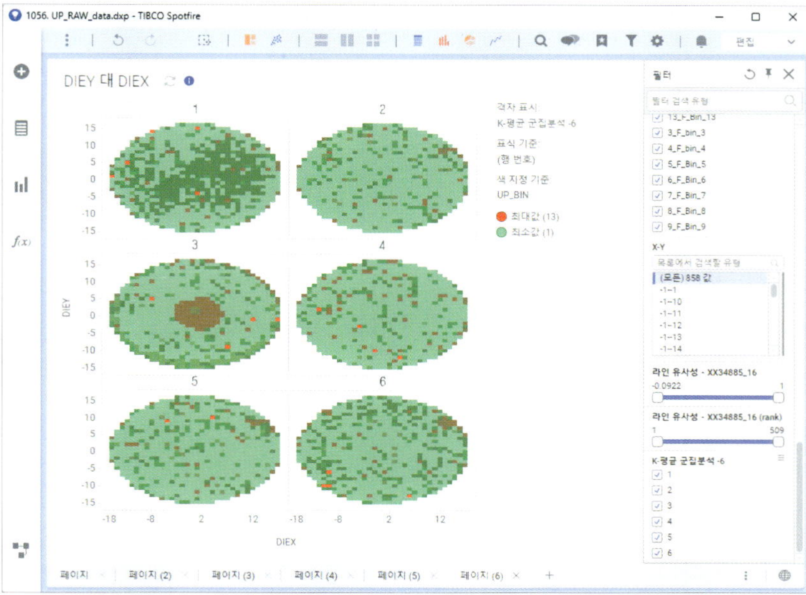

이제 필터 패널을 제거하면 다음과 같이 확대 정렬된, 최종 군집분석 결과가 적용된 화면이 완성된다. 총 509장의 Wafer 패턴들이 6가지로 군집화된 모습이다.

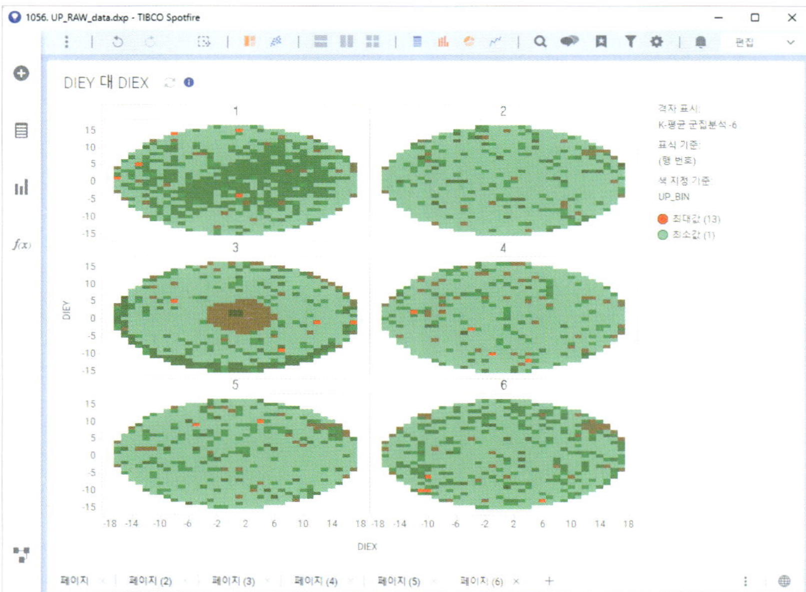

다음 단계는 이 6개의 군집에 해당되는 Wafer의 ID들을 표 형태(크로스 테이블)로 작성하여 확인하고, 마지막으로 Wafer map과 표를 파워포인트와 데이터 테이블로 저장하는 것이다.

step 7 크로스 테이블을 작성하여 동일한 군집에 해당하는 상세 Wafer ID 정보들을 표시한다.

먼저 표 형태로 확인할 수 있도록 새 페이지를 만들고 다음과 같이 크로스 테이블을 작성해 보자.

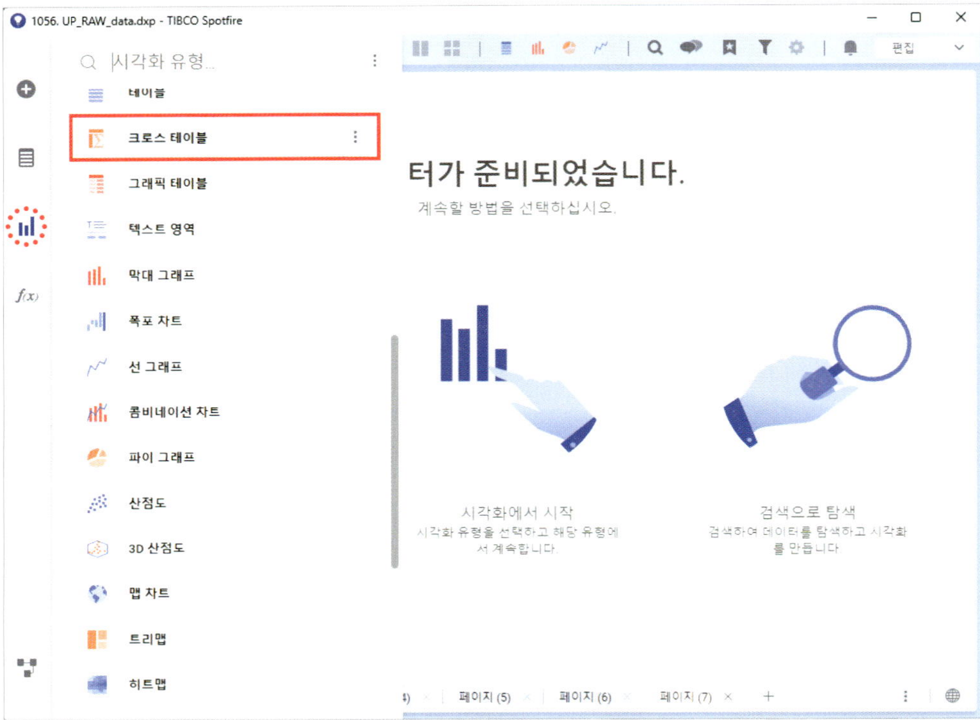

다음 그림처럼 기본값으로 설정된 크로스 테이블이 보일 것이다.

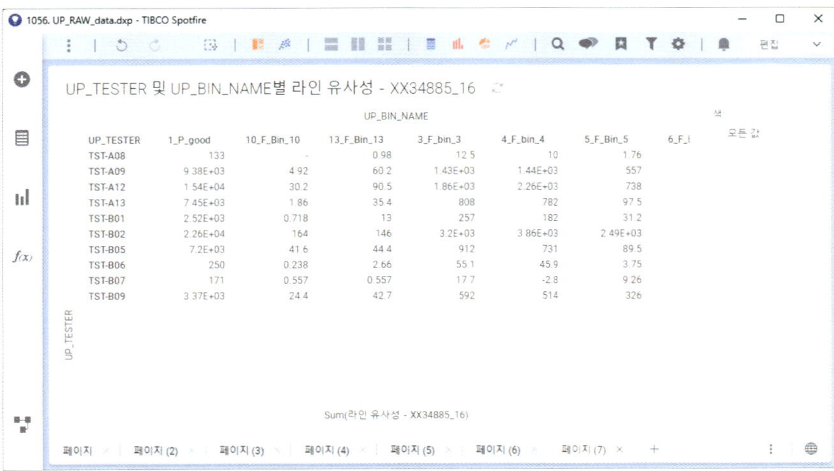

상단, 좌측, 하단의 3가지 설정값을 각각 다음과 같이 변경한다.

먼저 상단(Horizontal) 값을 다음과 같이 설정한다.

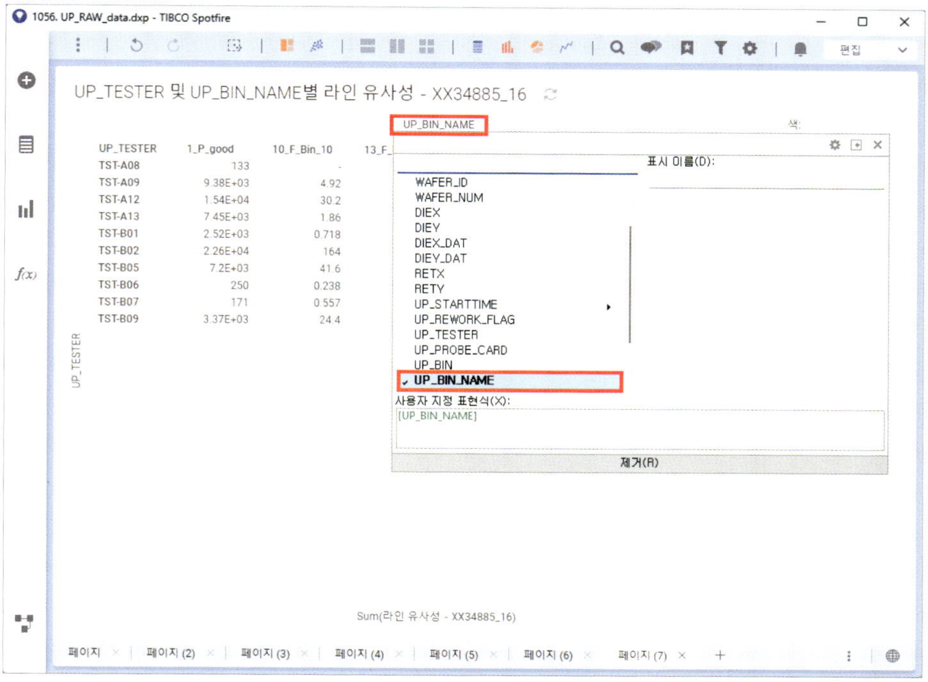

좌측(Vertical) 값을 다음과 같이 설정한다.

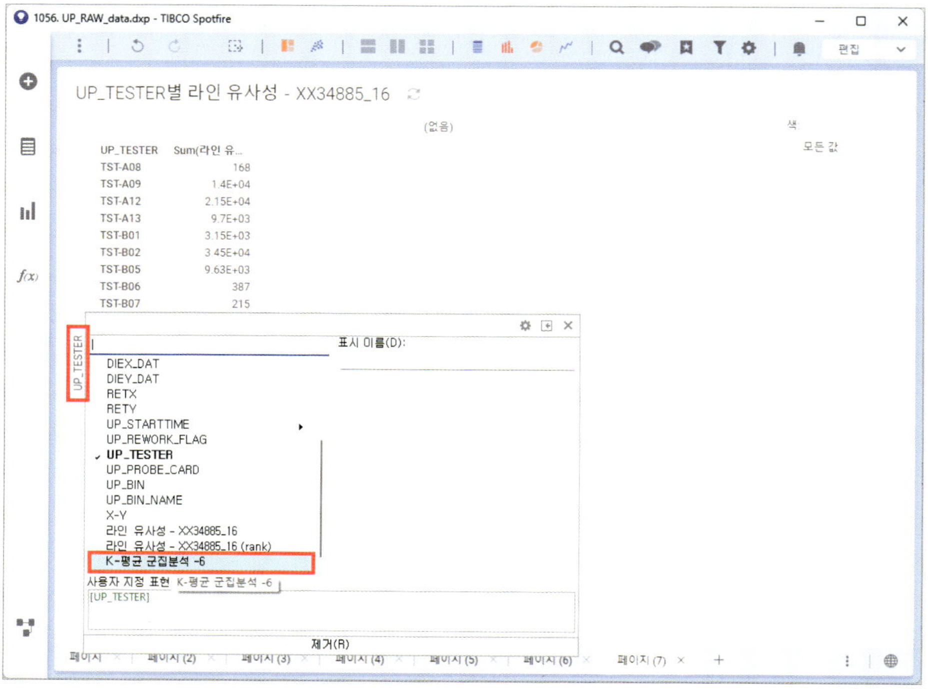

그리고 하단 값(Cell Values)을 다음과 같이 설정한다.

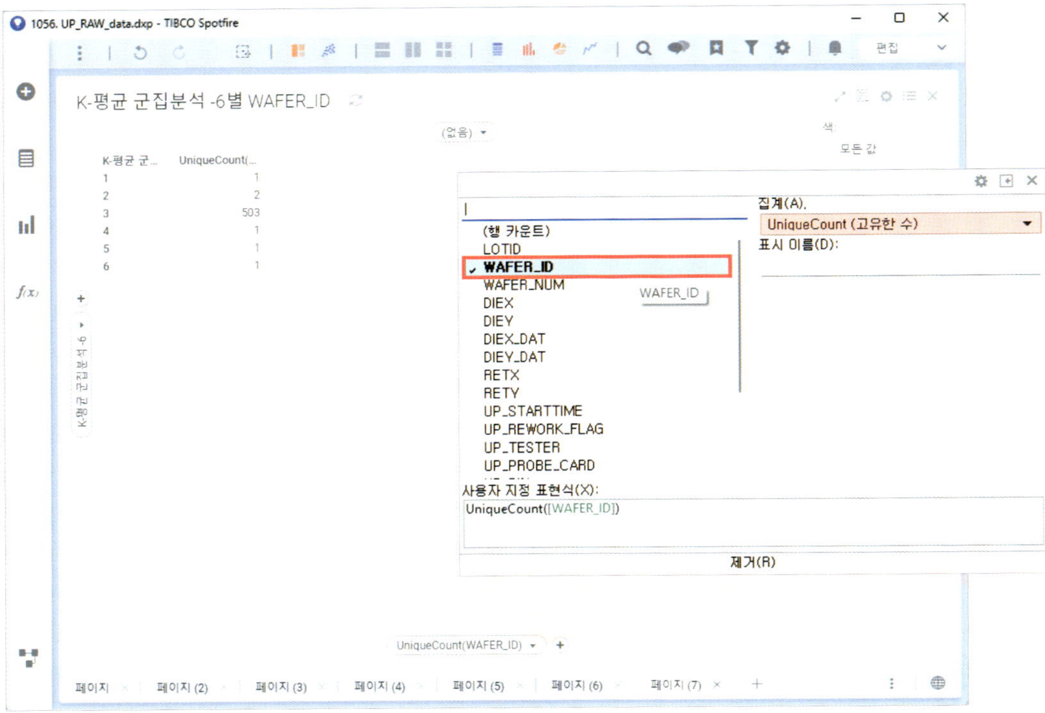

크로스 테이블의 제목 부분이 가려져 안 보일 때는 컬럼 폭을 넓힐 수 있다. 컬럼 제목 끝부분에 마우스를 올리면 다음 그림과 같이 커서가 양방향 화살표 모양으로 바뀌는데, 이때 마우스 왼쪽 버튼을 누른 채로 오른쪽으로 끌어서 컬럼 제목이 충분히 보일 때까지 폭을 넓힌다.

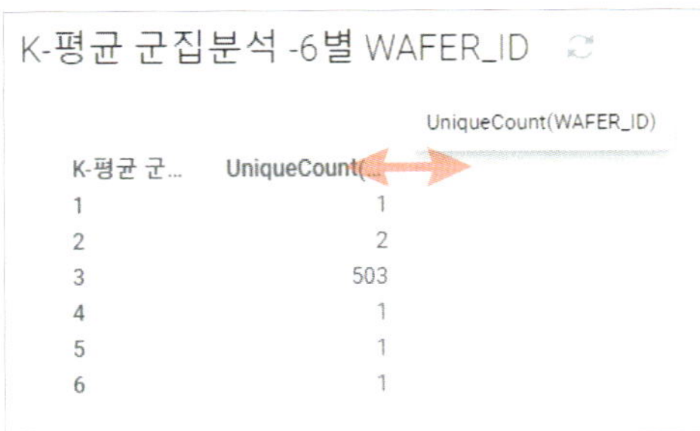

다음은 컬럼 폭을 넓힌 결과 화면이다.

하단(값) 축에 설정한 'UniqueCount(WAFER_ID)'는 해당 군집에 몇 장의 고유한 Wafer가 있는지를 나타낸다. 군집 번호 '3'에 가장 많은 503매의 Wafer들이 속해 있음을 알 수 있다.

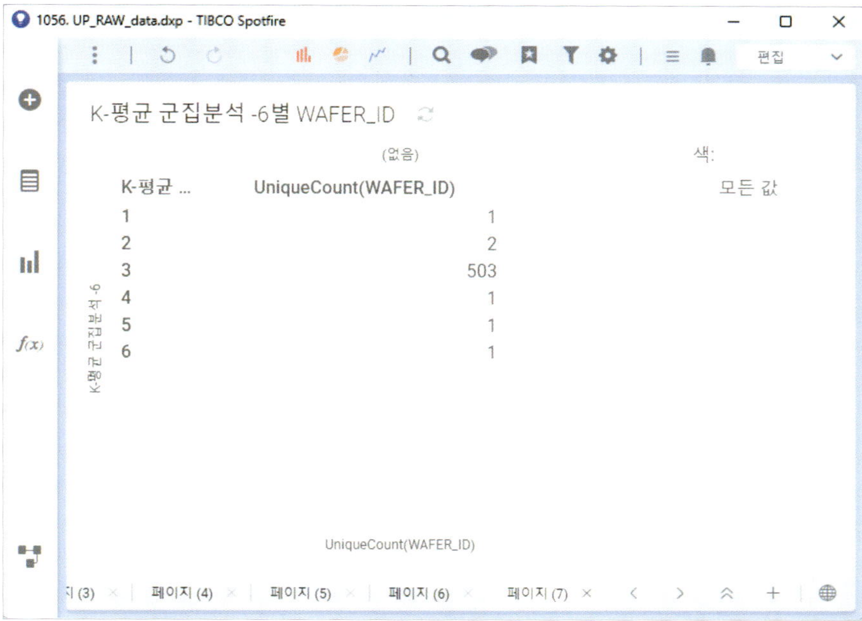

앞에서 군집 번호대로 격자 표시한 Wafer map으로 보면 그 패턴을 볼 수 있다. 보통 Wafer의 경우 가장자리(edge) 부분에서 불량이 가장 많이 나오는데, 이런 패턴 형태와 일치한다.

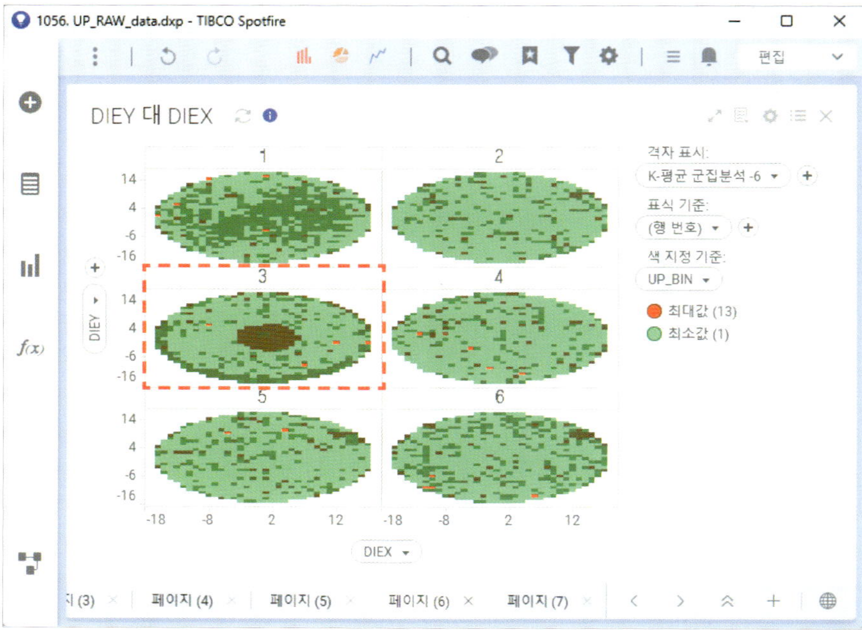

이제 크로스 테이블에 Wafer의 수량 외에 실제 Wafer ID도 표시해보자. 크로스 테이블의 하단 축에 값을 하나 더 추가하기 위해 다음과 같이 추가 버튼(+ 모양의 원)을 누르고,

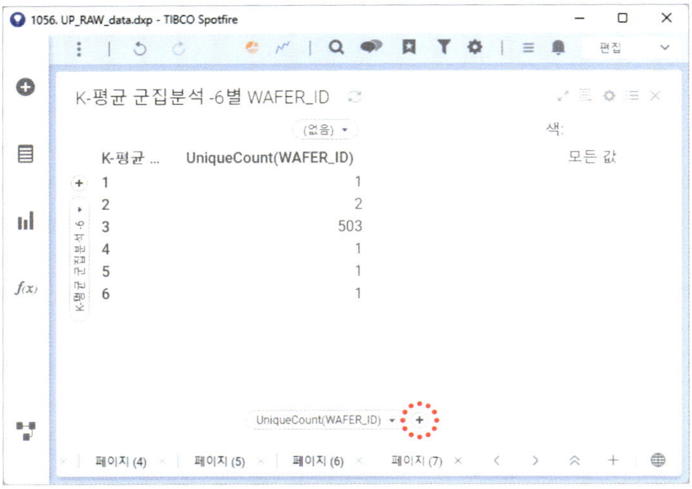

[WAFER_ID] 컬럼을 'UniqueConcatenate(고유한 연결)' 집계 방식으로 추가한다.

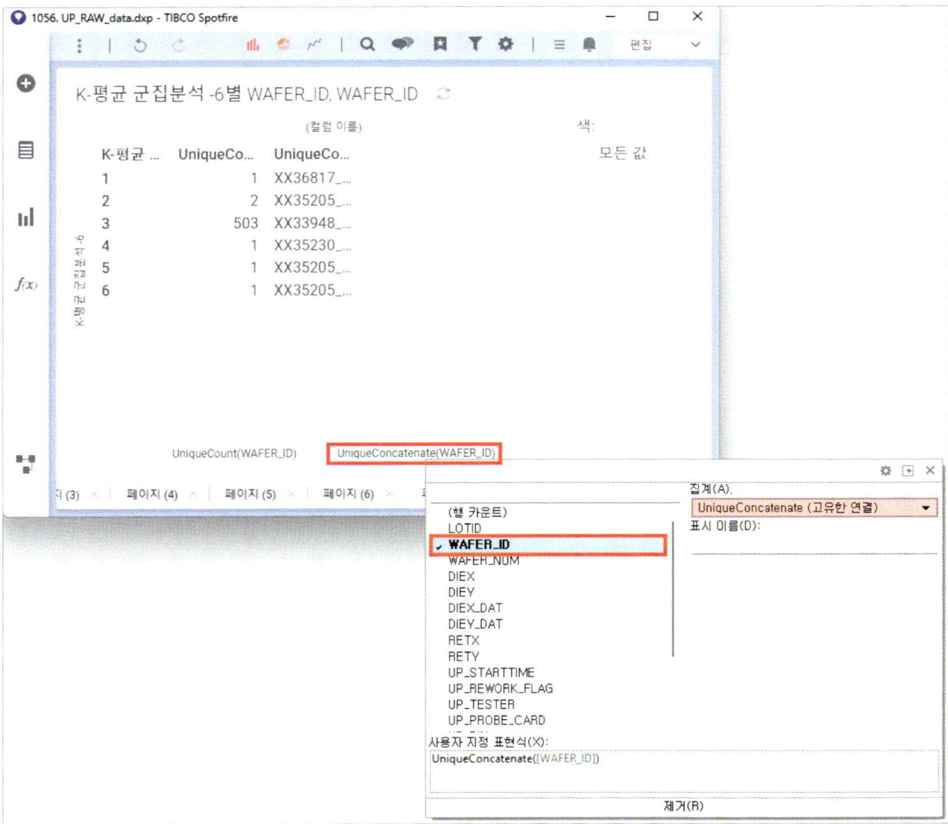

다음 그림처럼 제목이 잘 보이도록 컬럼의 폭과 높이를 조절한다.

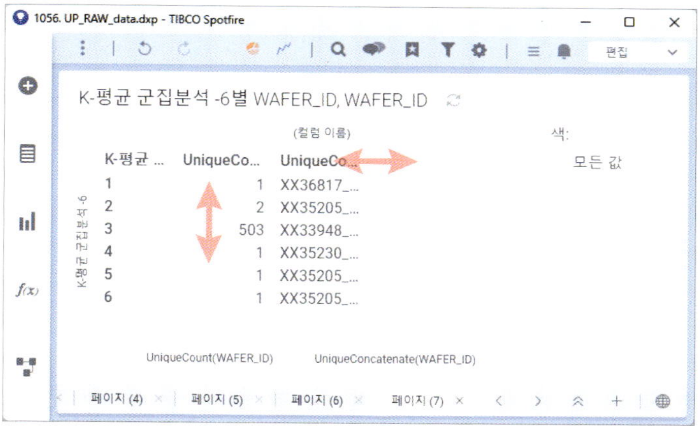

다음은 최종적으로 컬럼을 조정한 결과 화면이다.

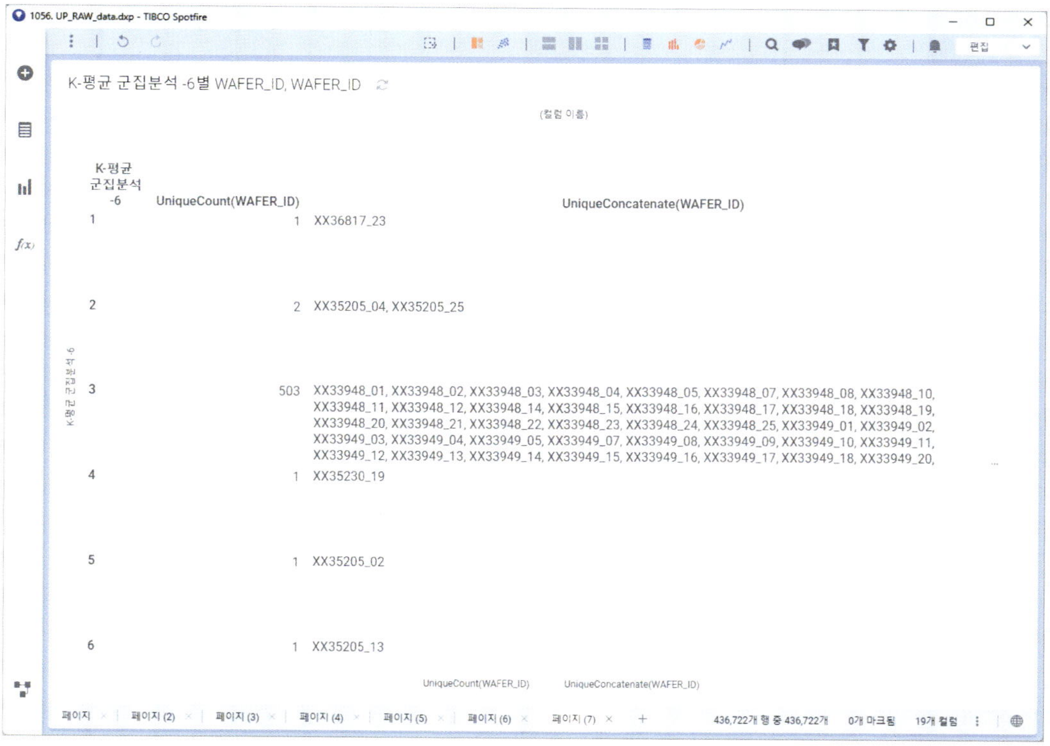

step 8 산점도로 작성한 Wafer map과 크로스 테이블 결과를 각각 MS 파워포인트와 데이터 테이블로 저장한다.

8-1) 내보내기 기능을 이용하여, 산점도로 작성된 Wafer map을 MS 파워포인트로 저장한다.

→ 내보내기에 대한 상세 설명은 《Spotfire 초보자 가이드 개정2판》 pp. 88~105 참조

만일 Spotfire에서 작성해놓은 모든 페이지를 전부 [내보내기(Export)] 할 것이 아니라, 이번 경우처럼 원하는 페이지만 내보내기 할 것이라면, 먼저 내보내기 할 차트가 있는 페이지로 이동한다.

지금 수행하고 있는 과제의 경우에는 산점도로 작성한 Wafer map을 '페이지 (6)'에 작성해놓았으므로 해당 페이지를 클릭하여 이동한다.

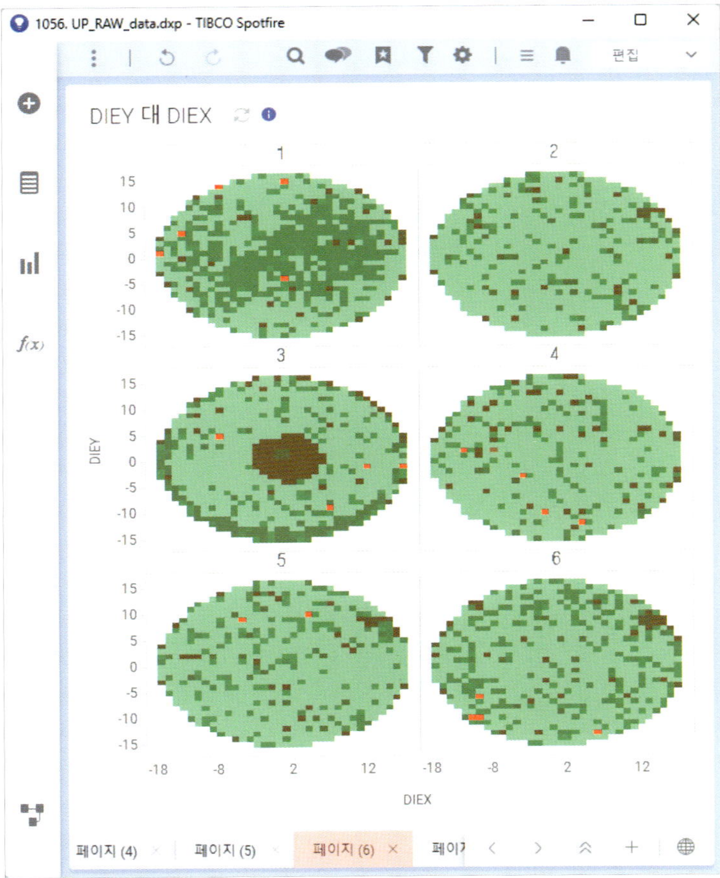

메인 메뉴에서 [파일] → [내보내기] → [Microsoft PowerPoint로]를 클릭한다.

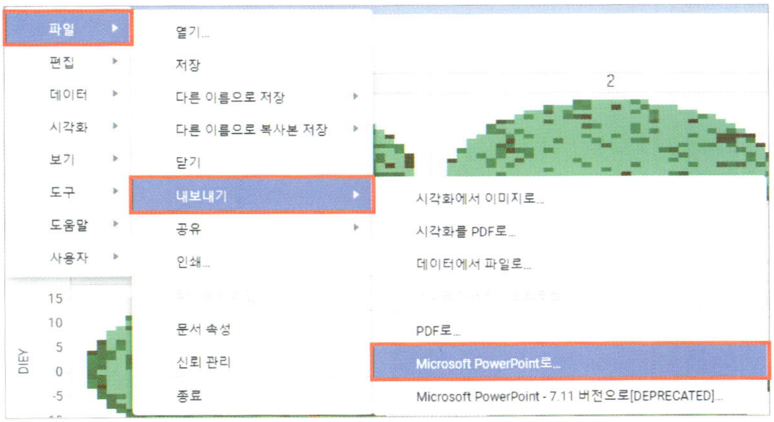

설정창에서 다음과 같이 설정하고 [내보내기]를 클릭한다.

파워포인트 화면이 새로 생성된다. 마지막으로 디렉터리를 지정하고 원하는 파일 이름으로 저장한다.

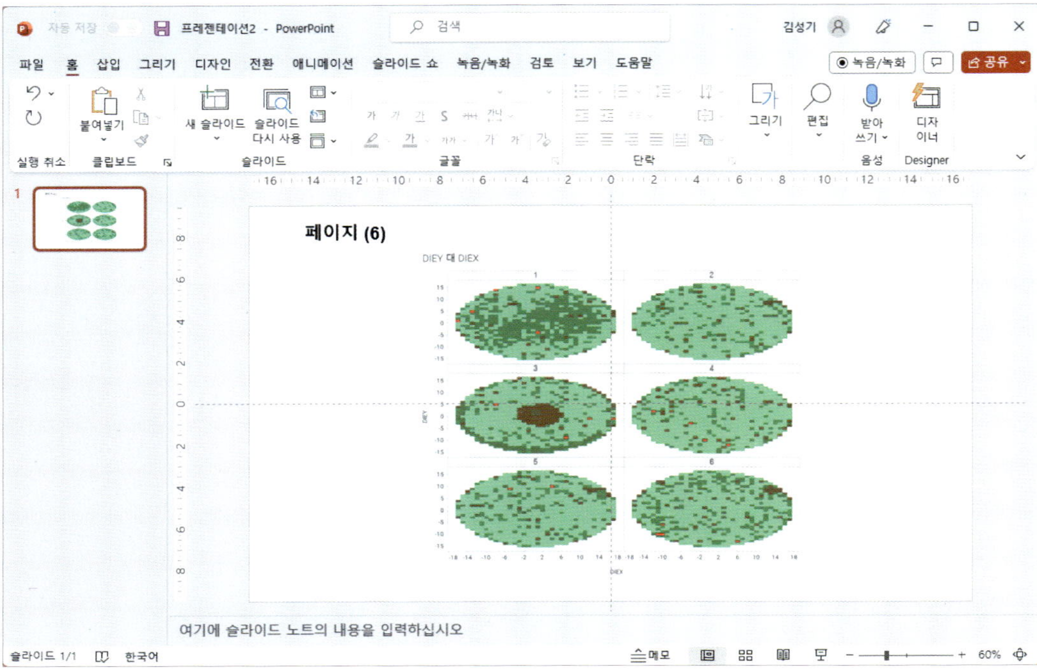

만일 위 그림처럼 '2컬럼×3행'으로 배열된 격자 표시를 '3컬럼×2행'으로 바꿔서 출력하고 싶다면 어떻게 해야 할까? 이때는 Spotfire에서 격자 표시 형태를 바꾼 후 내보내기를 한다.

Spotfire 화면으로 돌아가서 Wafer map 차트에 마우스 커서를 올리고 우클릭 후 [속성] → [격자 표시]를 클릭한다.

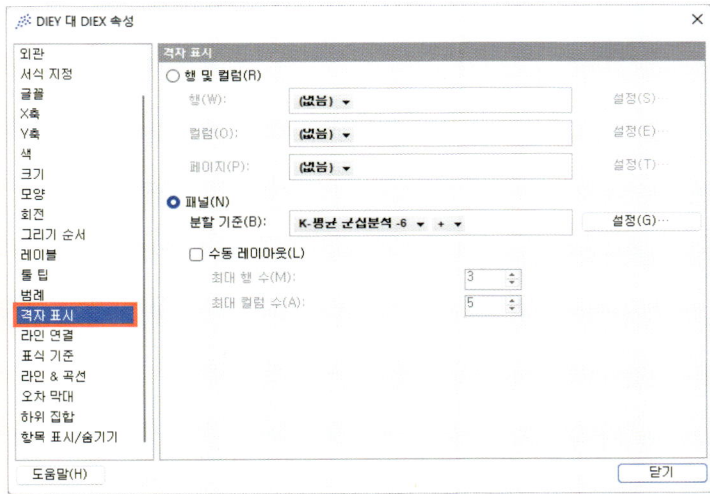

아래 그림처럼 [패널] 아래 [수동 레이아웃]에 체크하고 [최대 행 수]를 '2'로, [최대 컬럼 수]를 '3'으로 변경한 후 [닫기]를 클릭한다.

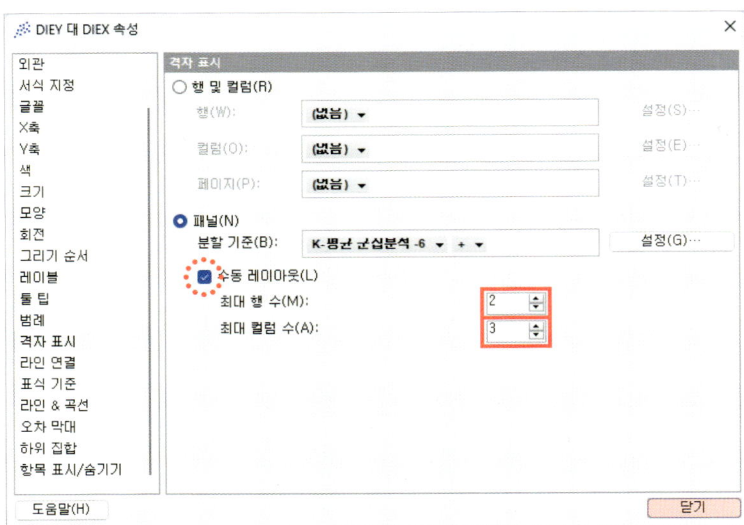

그 결과 격자 표시 배열이 다음과 같이 변경되었다.

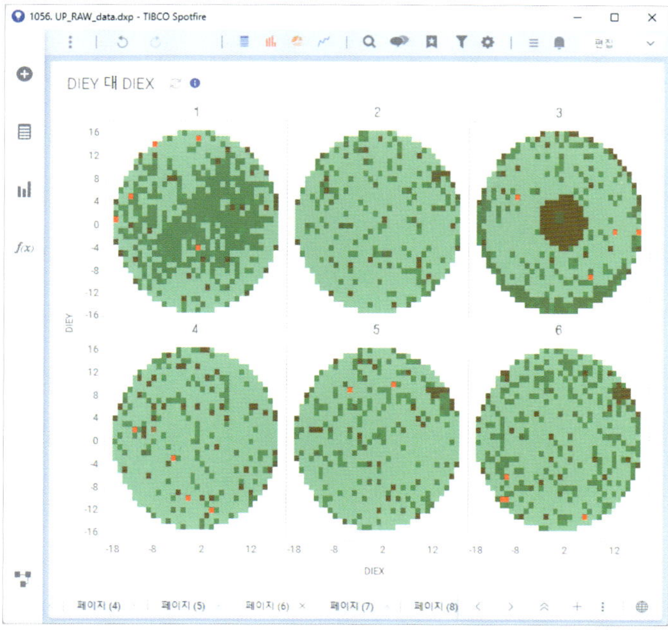

이제 다시 파워포인트로 내보내기를 해보자.

메인 메뉴에서 [파일] → [내보내기] → [Microsoft PowerPoint로]를 클릭한다.

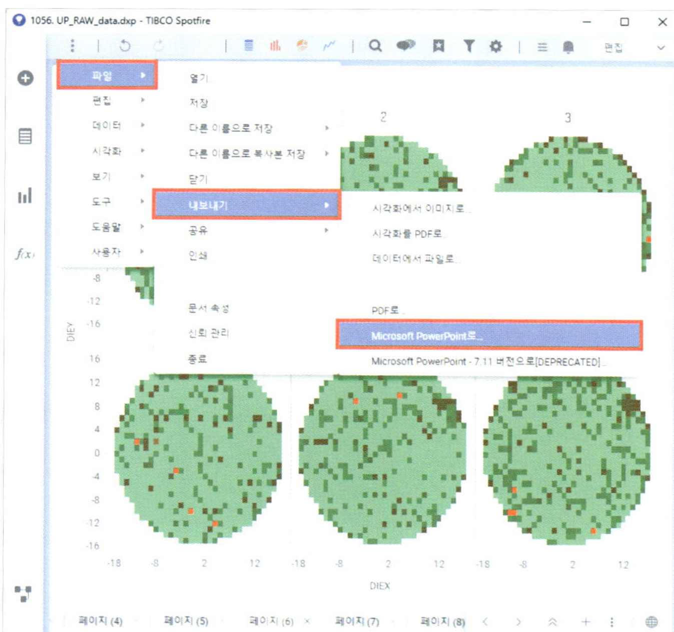

설정창이 나오면 다음과 같이 설정되어 있는지 확인하고 [내보내기]를 클릭하여 새 파워포인트 파일로 저장한다.

잠시 후 파워포인트 화면에서 아래처럼 변경된 배열(2행×3컬럼)로 화면이 생성된 것을 확인할 수 있다.

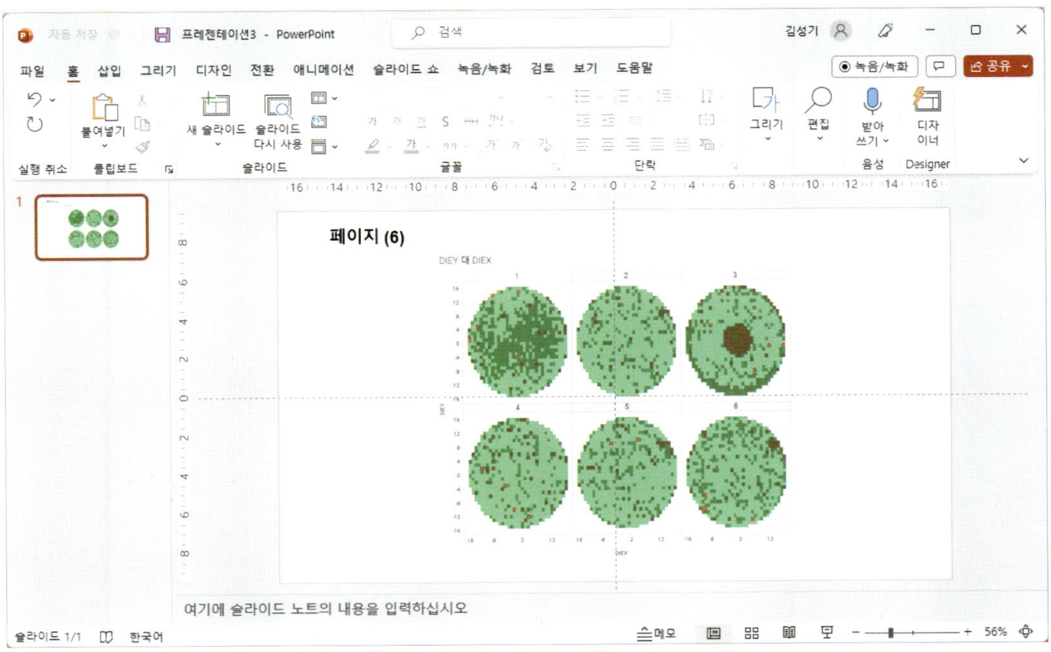

디렉터리를 지정하여 원하는 파일 이름으로 저장한다.

8-2) 내보내기 기능을 이용하여, 크로스 테이블로 작성된 결과를 표 형태(.txt)로 저장한다.

다음으로 크로스 테이블 결과를 데이터 테이블로 저장해보자.

먼저 크로스 테이블을 작성해놓은 페이지로 이동해서 화면을 확인한다. 이 과제의 경우에는 '페이지 (7)'로 이동한다.

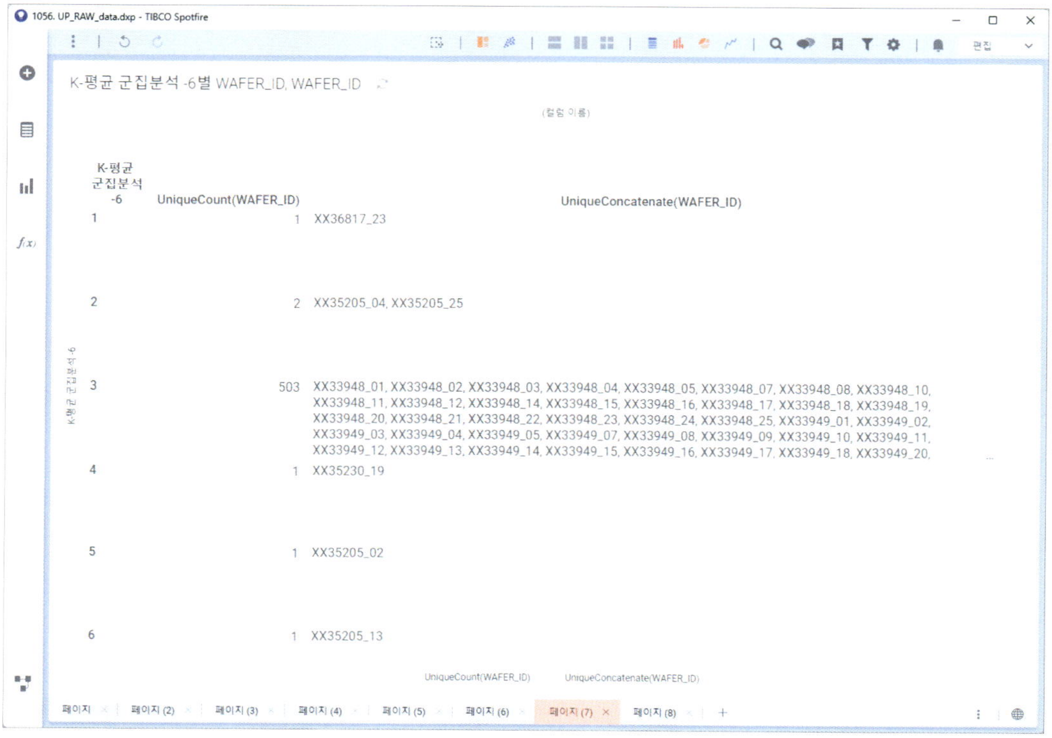

메인 메뉴에서 [파일] → [내보내기] → [데이터에서 파일로(Data to File)]를 클릭한다.

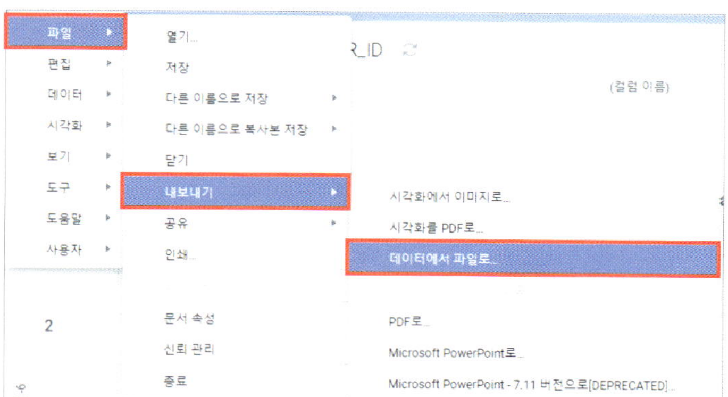

설정창이 나오면 아래 그림처럼 크로스 테이블의 제목(이 경우, 'K-평균 군집분석-6별 WAFER_ID, WAFER_ID')과 설정창의 [시각화] 부분에 표시된 이름이 동일한지 확인하고 [확인]을 클릭한다. Spotfire에서는 테이블이나 크로스 테이블 모두 시각화(차트)의 한 종류로 다루고 있음에 유의한다.

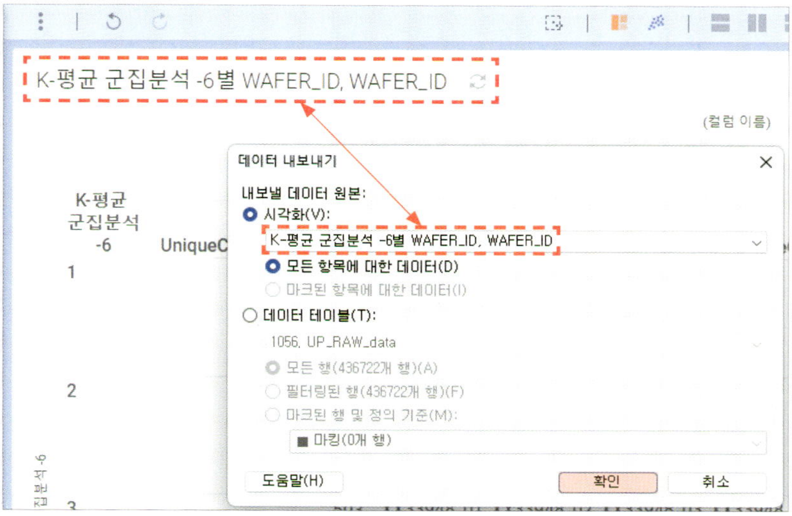

다음과 같이 저장할 디렉터리와 파일명을 입력하는 창이 나타난다. Spotfire에서는 이때 텍스트 형식(.txt)만 선택할 수 있으며, 텍스트 파일(.txt)은 MS 엑셀에서 로딩할 수 있다. 파일명(여기서는 'K-평균 군집분석-6_Wafer ID')을 입력하고 [저장]을 클릭한다.

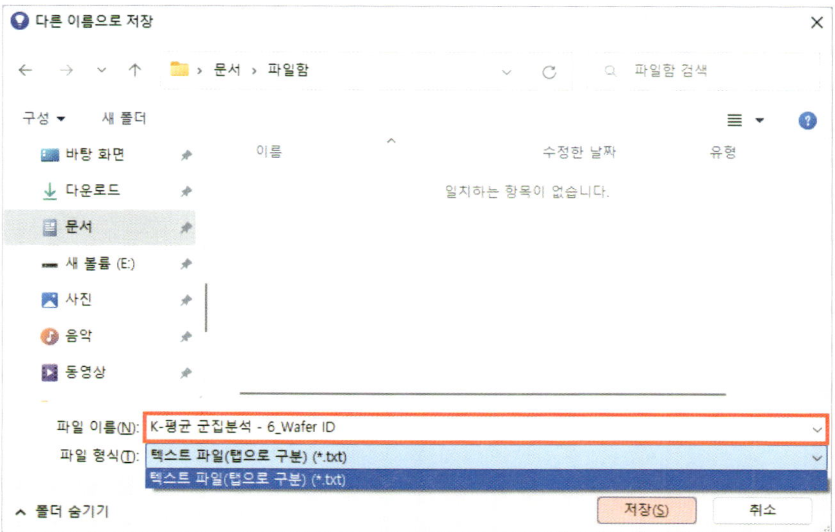

다음과 같이 저장된다.

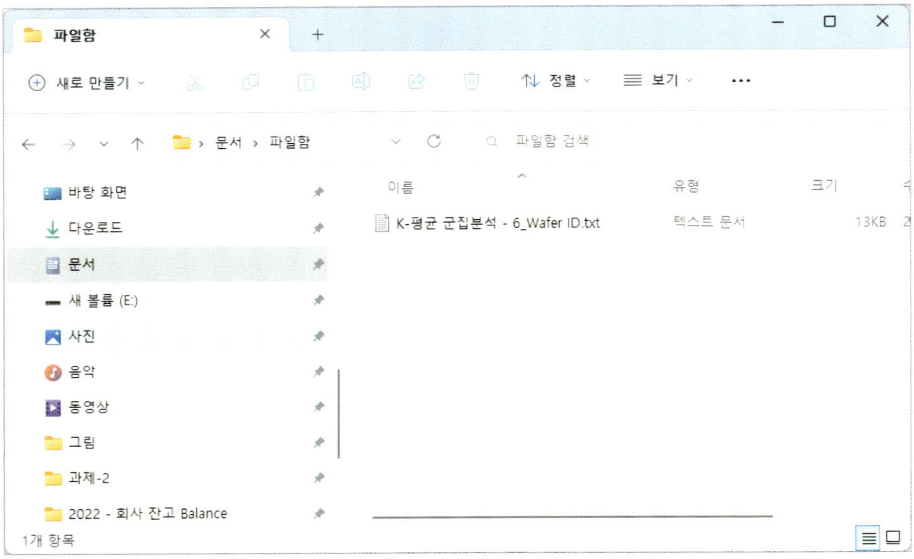

MS 엑셀에서 이 파일을 열어 확인할 수 있다.

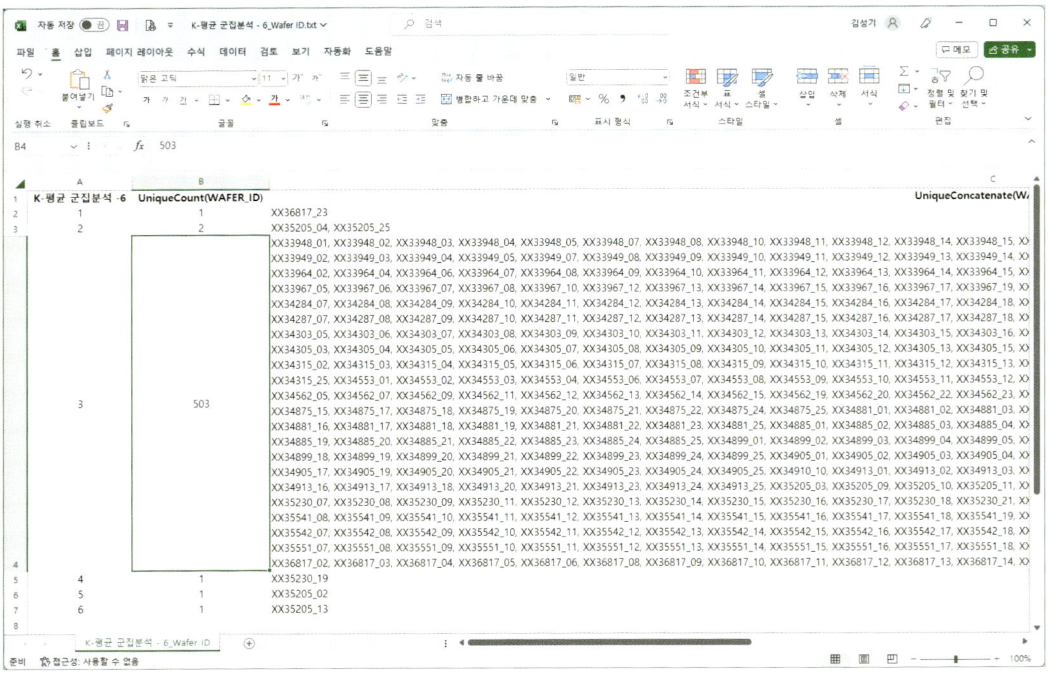

step 9 드릴다운 차트를 작성하여 군집별 패턴을 Wafer ID별로 볼 수 있도록 한다.

6가지 군집분석 결과에 대하여 Wafer ID별로 상세한 Wafer map 패턴을 드릴다운(Drill down) 형태로 표시할 수 있다.

군집분석 그룹 중 1, 4, 5, 6 그룹은 Wafer가 각각 1개씩밖에 해당되지 않아서 별 의미가 없지만, 2, 3 그룹은 각각 2장 이상이므로 실제 상세 Wafer map을 보는 것이 의미가 있다. 이에 대한 드릴다운 차트를 작성해보자. 먼저 새 페이지를 생성하고 '페이지 (6)'에 다음과 같은 절차로 동일한 Wafer map을 복사하여 작성한다.

'페이지 (6)'의 차트 가운데에 마우스 커서를 놓고 우클릭하여 [중복 시각화]를 선택한다.

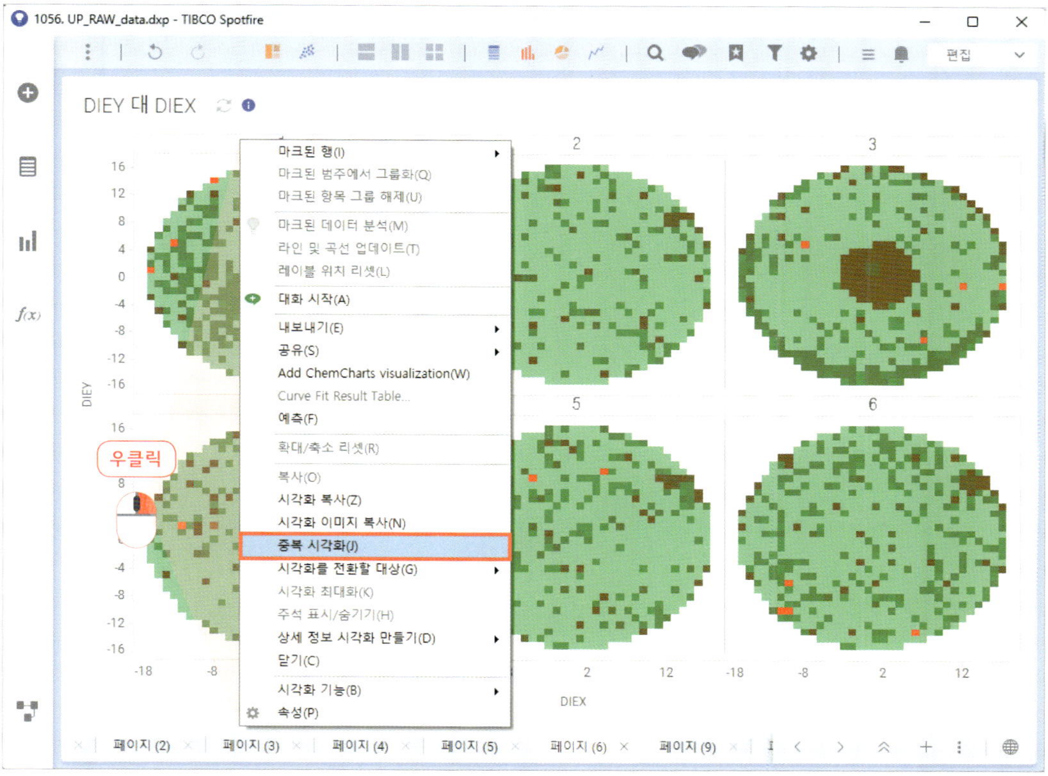

다음과 같이 동일한 차트가 중복 생성된다.

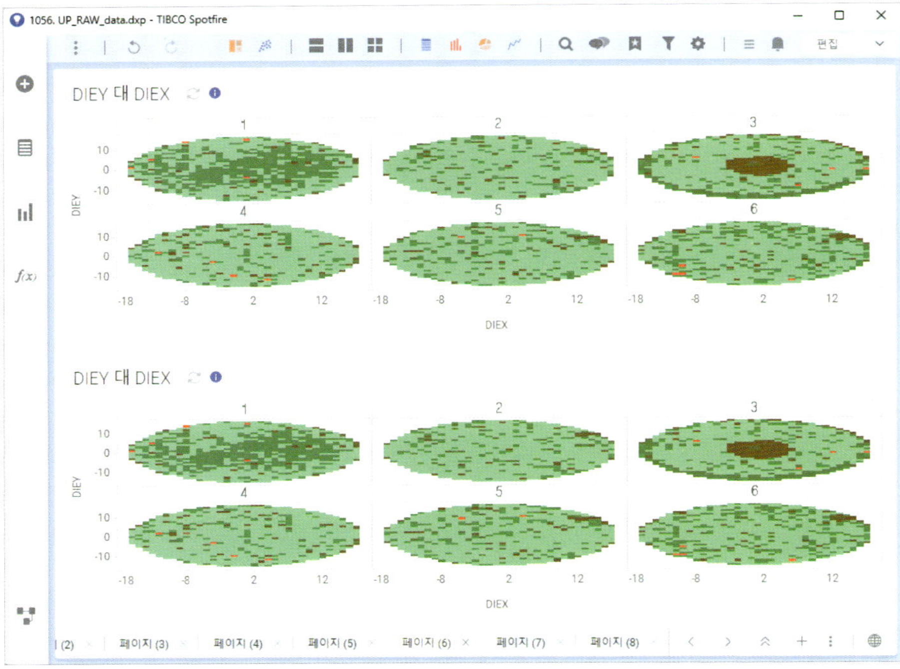

중복 생성된 아래 Wafer map 차트의 제목 부분에서 마우스 왼쪽 버튼을 누른 채 원하는 페이지[이 경우에는 '페이지 (8)'] 탭 위로 커서를 이동한다.

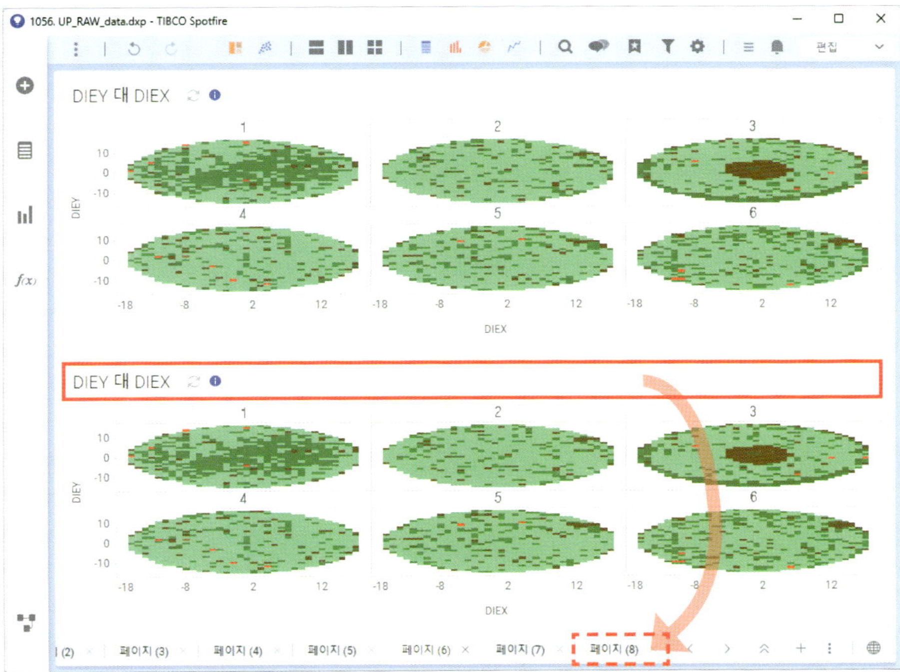

손을 떼지 않고 잠시 기다리면 아래처럼 빈 화면이 나타나는데,

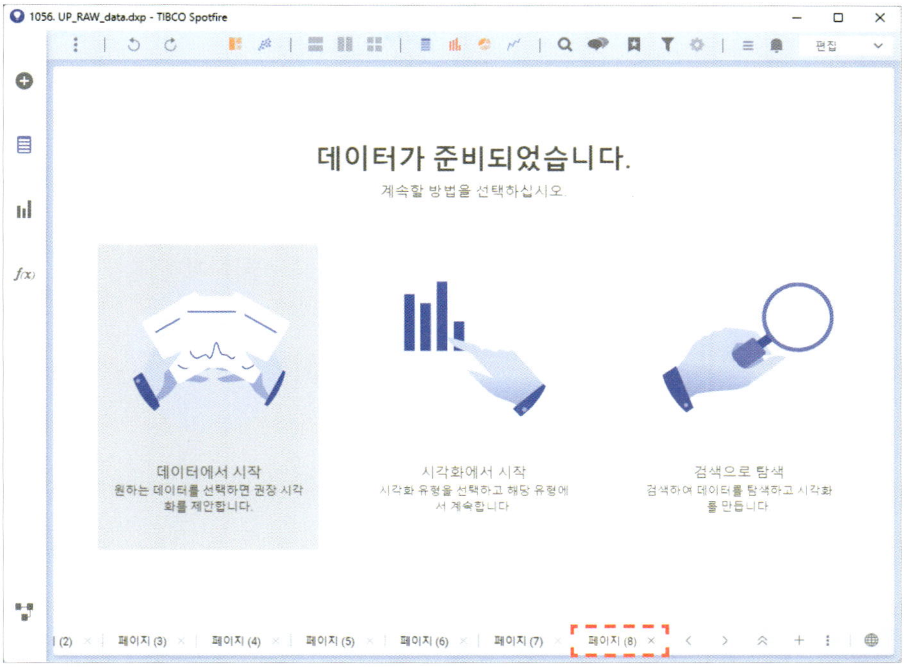

이 비어 있는 화면 중앙으로 마우스 커서를 움직인 후 손을 뗀다. 다음과 같이 페이지 (6)에서 중복 시각화를 했던 Wafer map 차트가 페이지 (8)로 이동되었다.

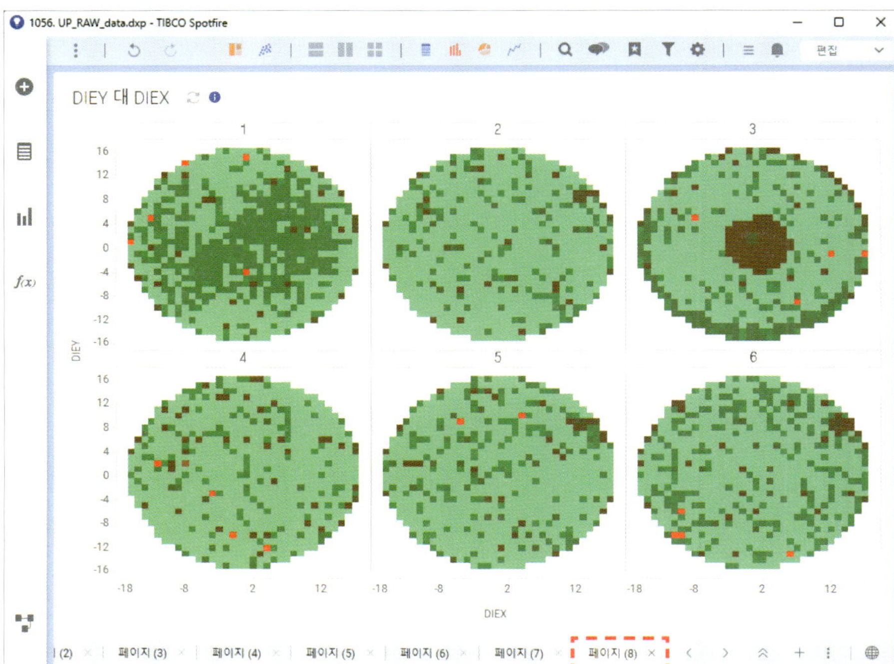

다음은 드릴다운 차트를 만들 차례다.

차트 가운데에서 마우스 우클릭하여 [상세 정보 시각화 만들기] → [산점도]를 선택한다.

다음과 같이 하단에 드릴다운 차트가 생성된다.

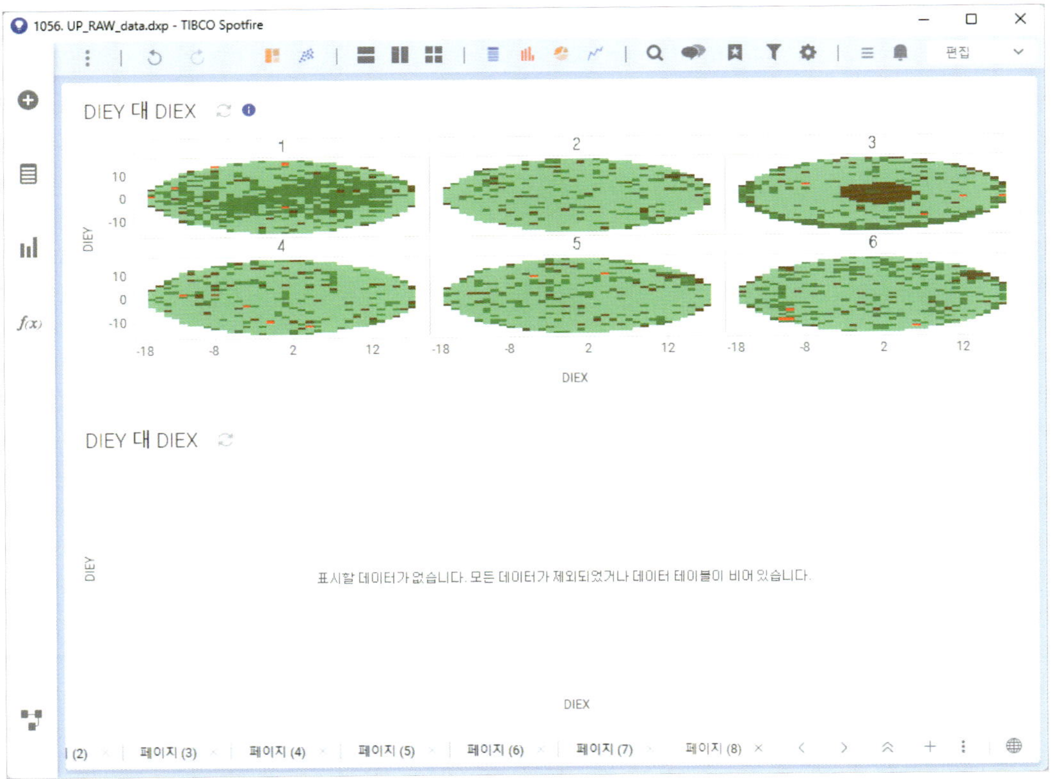

좀 더 편하게 볼 수 있도록 옆으로 나란히 있는 배열로 화면 배치를 변경한다.

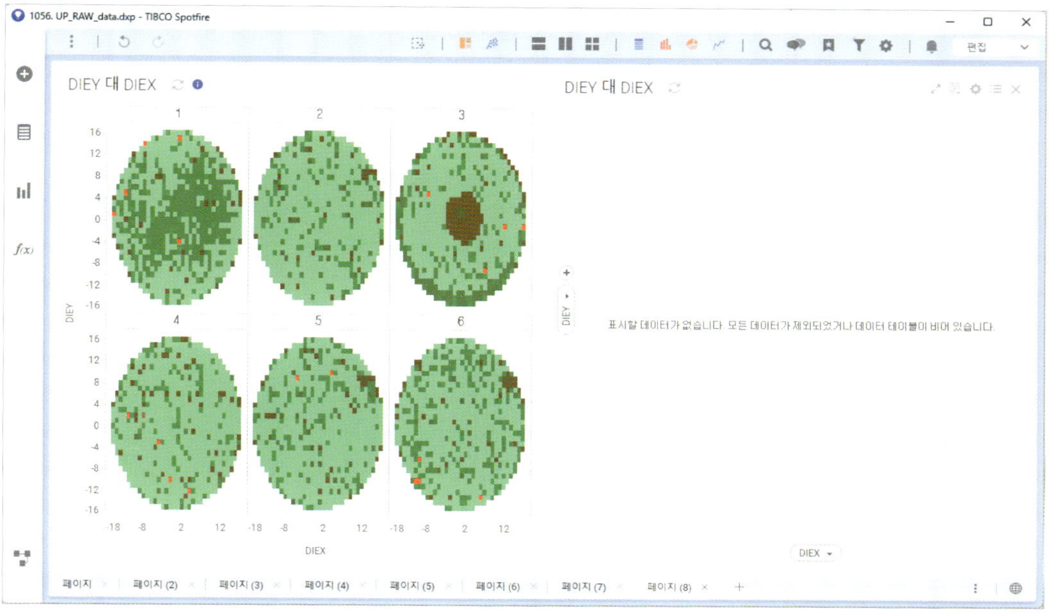

우측의 드릴다운 차트에서는 다음과 같이 [격자 표시] 설정만 [WAFER_ID]로 지정하면 된다. 그림처럼 범례가 나타나도록 한 후 범례에서 [격자 표시]를 [WAFER_ID]로 지정하거나,

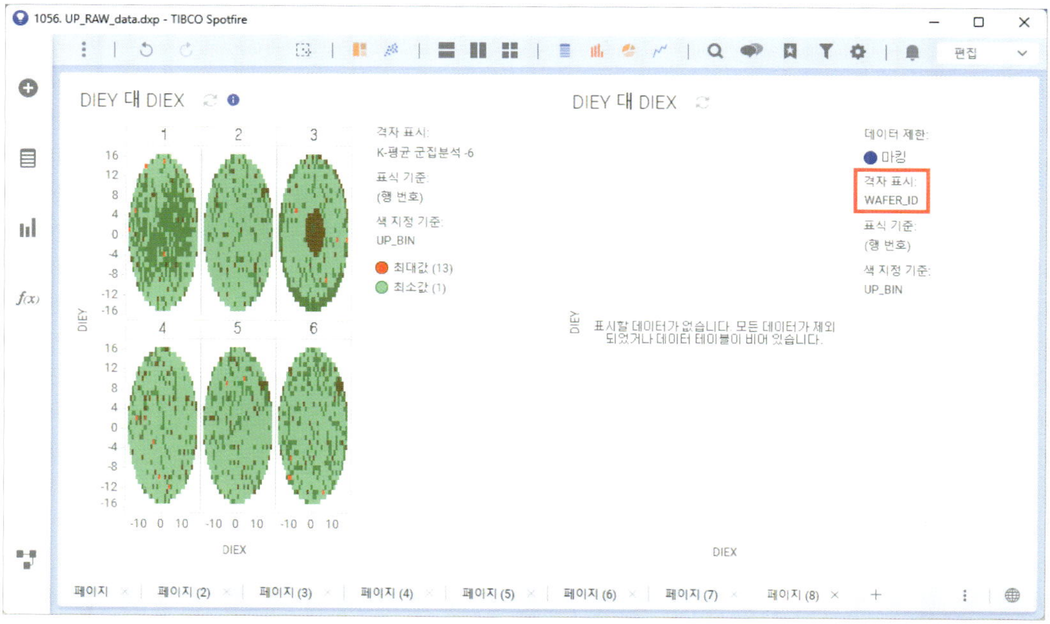

드릴다운(우측) 차트에서 마우스 우클릭하여 [속성] → [격자 표시] 선택 후 [패널]의 [분할 기준]을 [WAFER_ID]로 선택하고 [닫기]를 누른다.

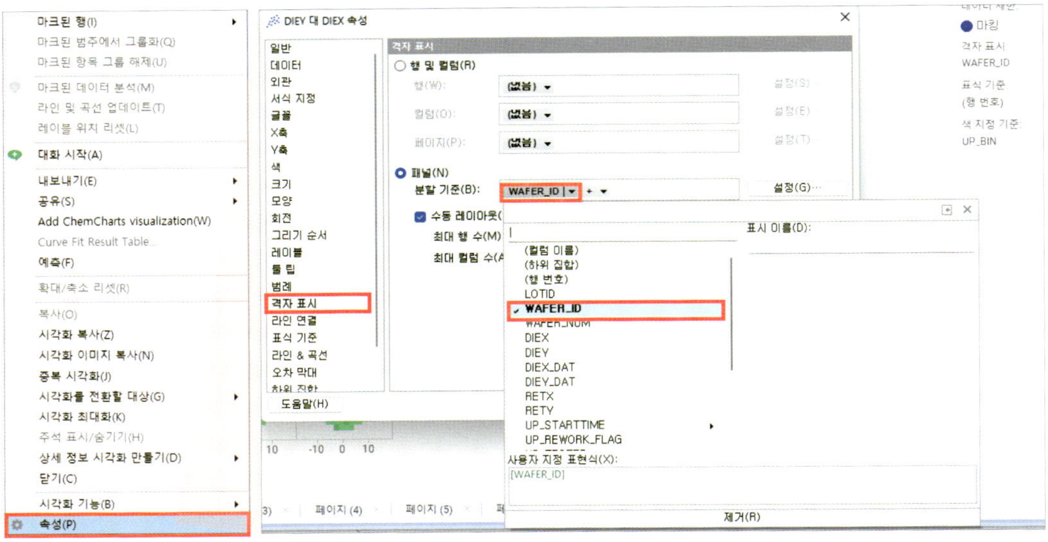

필요한 설정이 완료되었다. 이제 왼쪽 Wafer map 차트에서 군집 2를 마킹하거나,

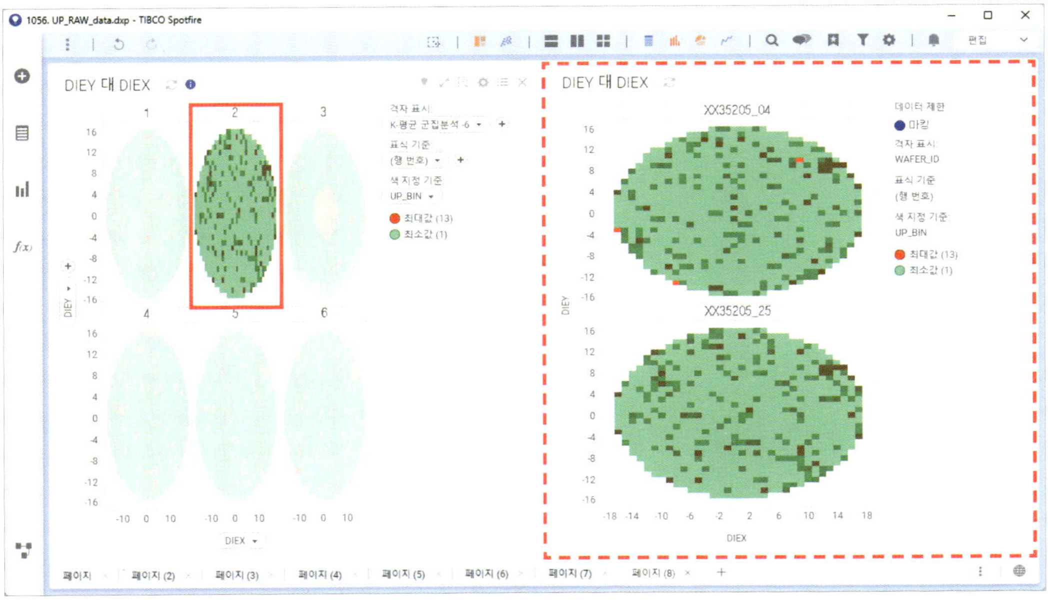

왼쪽 Wafer map 차트에서 군집 3을 마킹해보자.

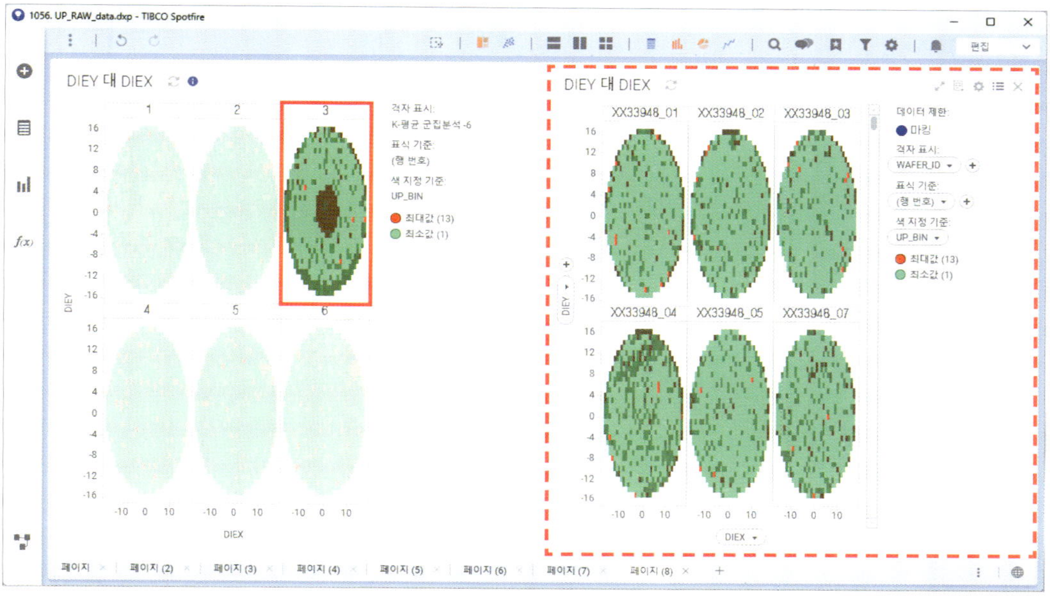

만일 우측의 드릴다운 차트에서 한 번에 더 많은 Wafer map을 보려면, 우측 드릴다운 차트에서 마우스 우클릭하여 [속성] → [격자 표시]를 선택하고, [패널] 부분의 [수동 레이아웃]에서 [최대 행 수]와 [최대 컬럼 수]를 입력하여 변경할 수 있다.

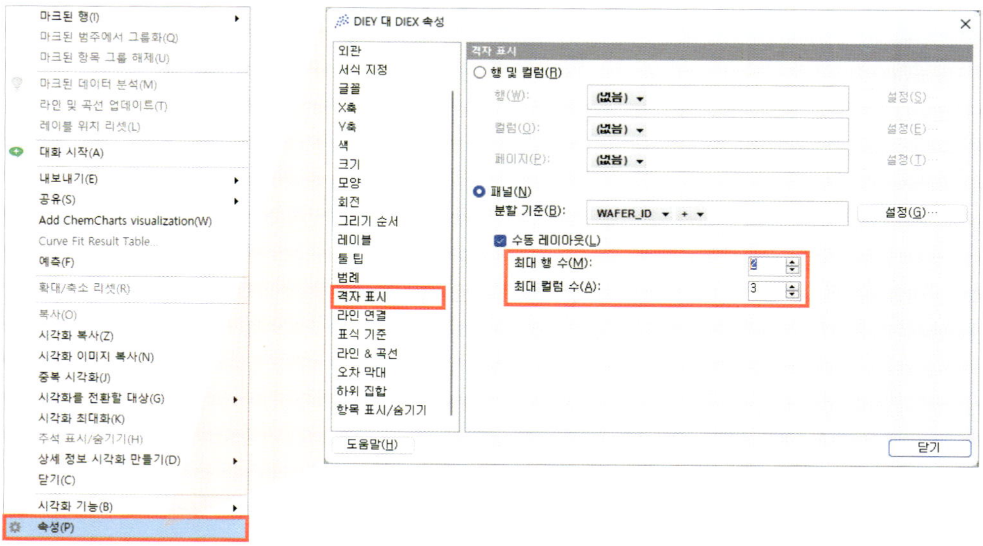

또는, [패널]의 [수동 레이아웃] 체크박스를 그림처럼 해제해도 된다.

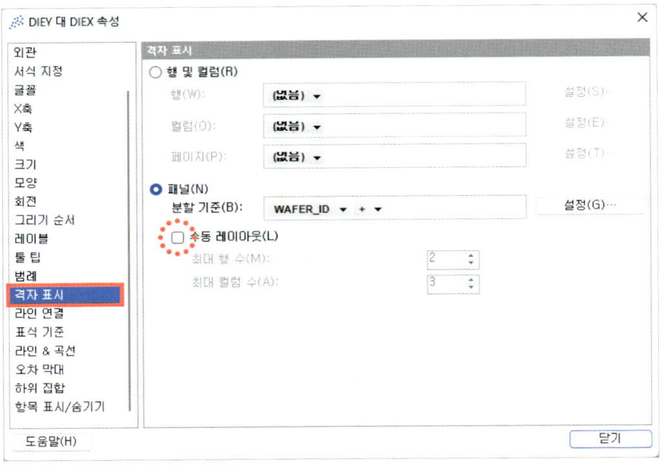

다음은 [패널]의 [수동 레이아웃] 체크박스를 해제한 결과 화면이다.

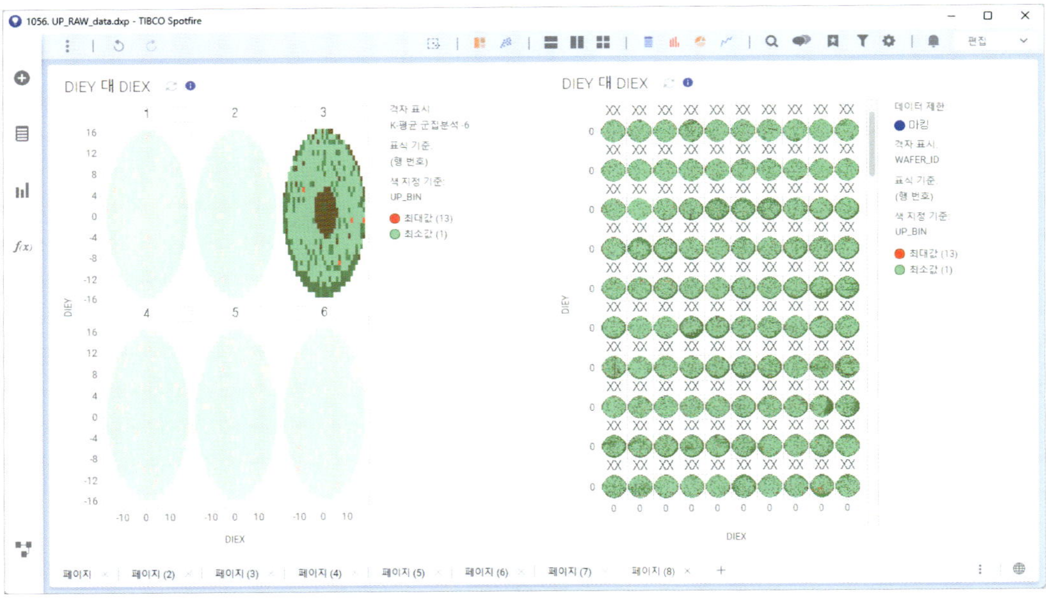

다음은 양쪽 차트에서 범례를 제거한 최종 화면이다.

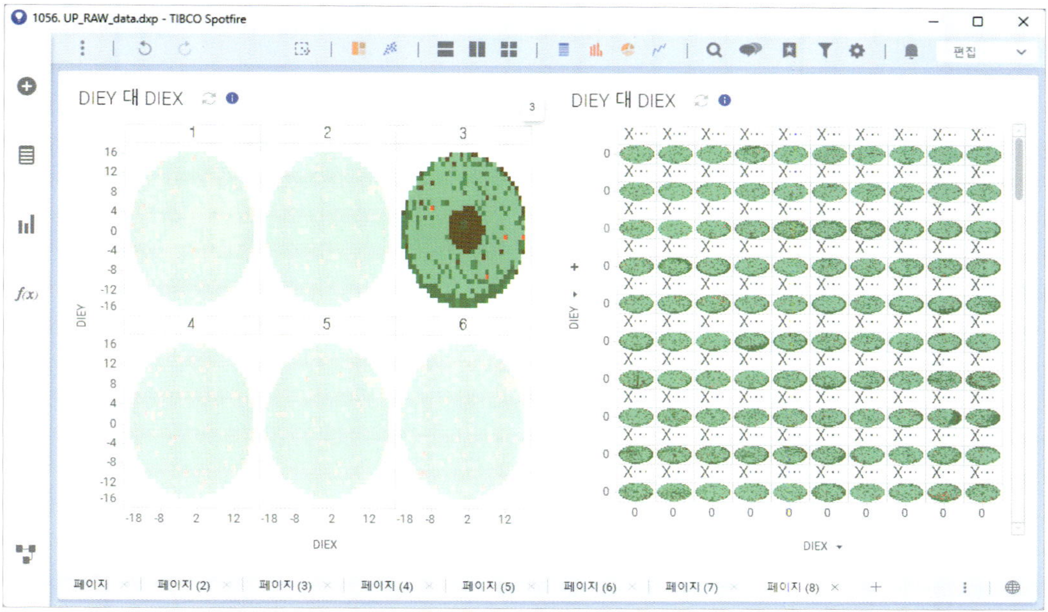

위 그림을 정리하여 해석해보자. 총 509장의 Wafer들에 대하여 좌측에 유사한 Wafer map 패턴끼리 사용자가 원하는 개수(6)만큼 군집으로 분류해놓았고, 이들 중 3번 군집(마킹된 부분)에 해당하는 503장의 Wafer들에 대하여 격자표시 형태로 각각의 Wafer map을 보여주고 있다.

과제 3 계층적 군집분석

반도체 Wafer의 Bin 값으로 Wafer map을 그려서 어느 위치의 Die들에서 서로 가장 유사성을 보이는지, 그리고 어느(몇 번 ID) Wafer들이 가장 유사성을 보이는지 확인해보자.

사용 데이터: 1056. UP_RAW_data.txt

핵심 키워드: Wafer map, Bin 값(Bin Values), 히트맵(Heat map), 계통수(Dendrogram), 계층적 군집분석(Hierarchical Clustering)

전체 step 한눈에 보기

step 1	Spotfire에 데이터를 로딩한다.
step 2	히트맵을 이용하여 Wafer map을 작성한다.
step 3	X, Y 좌표값을 한 번에 표시하는 컬럼을 새로 만든다.
step 4	새 페이지에 step 3에서 만든 컬럼과 Wafer ID를 이용하여 히트맵을 새로 작성한다.
step 5	계층적 군집분석을 수행하도록 '행 계통수'와 '컬럼 계통수'를 생성한다.
step 6	step 4~step 5에서 작성한 히트맵을 step 2에서 생성한 히트맵 페이지의 왼쪽으로 이동(복사)한다.
step 7	좌측 히트맵에서 X축에 확대/축소 슬라이더를 생성하고 확대하여, 거리가 가장 가까운 위치(Die)의 계통수 부분을 마킹하고, 우측의 Wafer map에서 해당 위치의 Die를 확인한다.
step 8	어느 Wafer(몇 번 ID)들이 가장 유사성을 보이는지 확인하기 위해 step 7까지 작업한 히트맵을 중복 시각화하여 동일한 페이지를 하나 더 만든다.
step 9	우측 Wafer map(히트맵)에서 Wafer ID로 패널 격자 표시 기능을 적용한다.
step 10	우측의 Wafer map에 대하여, 좌측 히트맵으로부터 드릴다운 형태가 되도록 데이터(마킹) 설정을 변경한다.
step 11	좌측 히트맵에서 유사도가 가장 높은 Wafer(Wafer ID)들을 마킹하여 우측의 Wafer map에 해당하는 Wafer당 하나씩 격자 표시 형태로 나타낸다.

이번 과제의 목표는 Wafer 내의 여러 Die들(작은 사각형들) 중에 어느 위치의 Die들이 서로 가장 유사한지 알아보는 것이다. 과제 1과 과제 2가 Wafer들 간의 유사성을 찾아내는 것이 목표였다면, 과제 3의 첫 번째 목표는 Wafer 안에서 Die(혹은 Chip)들 간의 유사성을 찾아내는 것이다. 예를 들어 특정 Die 위치에서 불량이 자주 난다면 이 위치와 가장 유사하게 불량이 나는 위치(들)가 어디인지를 알 수 있다.

이 과제는 앞서 과제 1과 동일한 데이터를 사용한다. 또한 수행 과정 중, 데이터를 Spotfire에 로딩한 다음 산점도(Scatter Plot)를 이용하여 Wafer map을 작성하는 부분까지는 과제 1과 동일하게 진행한다.

step 1 Spotfire에 데이터를 로딩한다.

step 1은 과제 1의 pp. 9~11를 참조하여 따라한다.

p. 11까지 과정대로 진행했다면 Wafer map은 다음과 같이 표시된다.

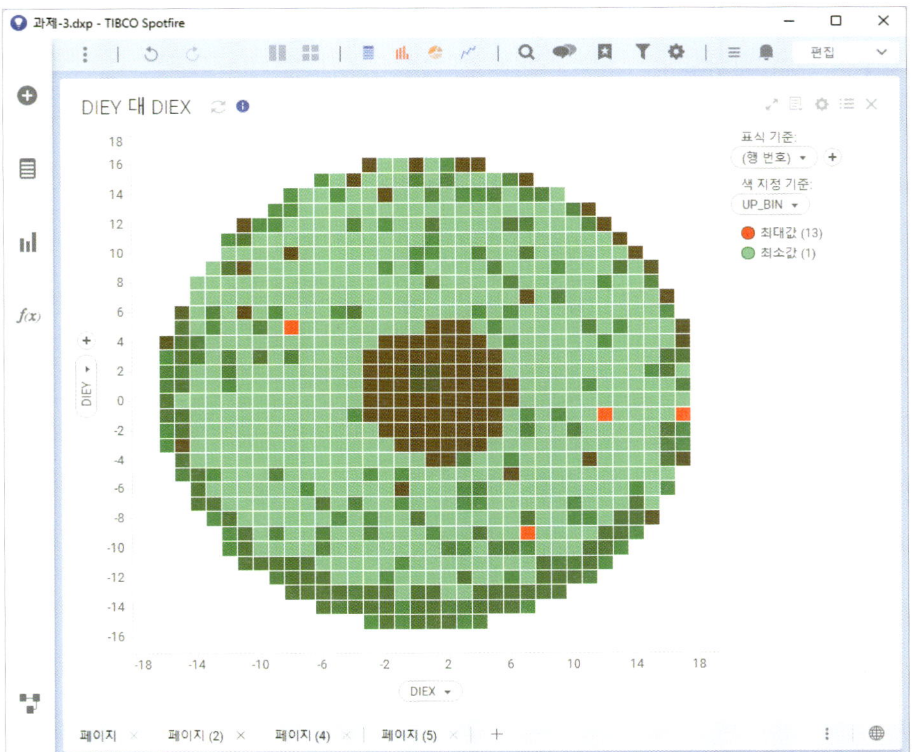

과제 1의 p. 16에서 설명했듯이, 지금 표시된 Wafer는 509장의 Wafer map 중에서 Spotfire가 가장 마지막으로 로딩한 Wafer ID에 해당하는 Wafer map이다. 그래서 아래 그림처럼 차트 제목 옆에 주의 표시가 나타난다.

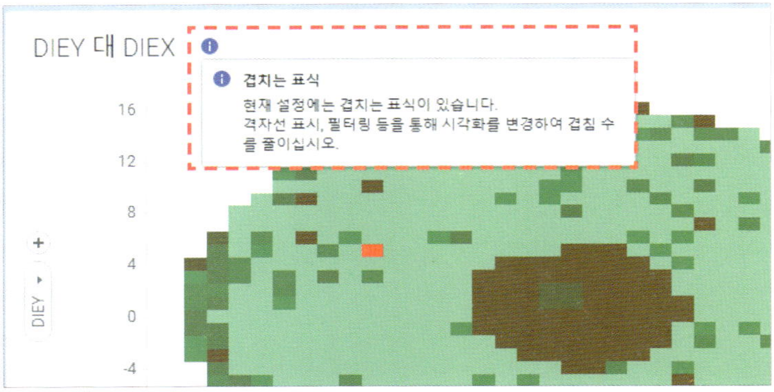

즉, 이 메시지는 각 Die(그림상의 사각형)에 509장의 Die 정보들이 있는데, 현재 화면 설정으로는 그 정보들을 제대로 표시할 수 없다고 알려주는 것이다. 이 정보들을 전부 표시하기 위해서는 다음과 같은 2가지 방법을 사용할 수 있다.

1) 격자 표시를 이용하여 Wafer map을 한 장 한 장 나열한다.
2) 각 위치(Die)에서 전체 Wafer들을 대표하여 표시할 수 있도록 집계값(Avg, Sum, Count 등)을 적용하여 표시한다.

이번 과제에서는 여러 Wafer들끼리 비교하는 것이 아니라, 전체(509장) Wafer들을 Wafer map 한 장으로 표현하여 Wafer 내의 각 Die 간 값들을 비교하는 것이므로 위 2가지 방법 중에서 2)번 형태로 Wafer map을 작성한다.

앞서 수행했던 과제 1과 과제 2는 모두 Wafer map을 그리기 위해서 산점도를 사용했다. 그러나 산점도로는 2)번 방식을 표현하기가 어렵다. 산점도에서 제공하는 속성 설정 중 Wafer map을 작성할 때 사용하는 설정을 보면, 바둑판식으로 배열하고,

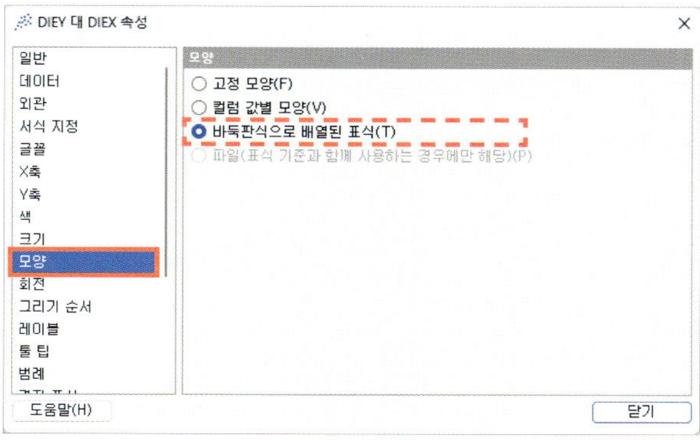

다음과 같이 색상을 지정하게 되는데

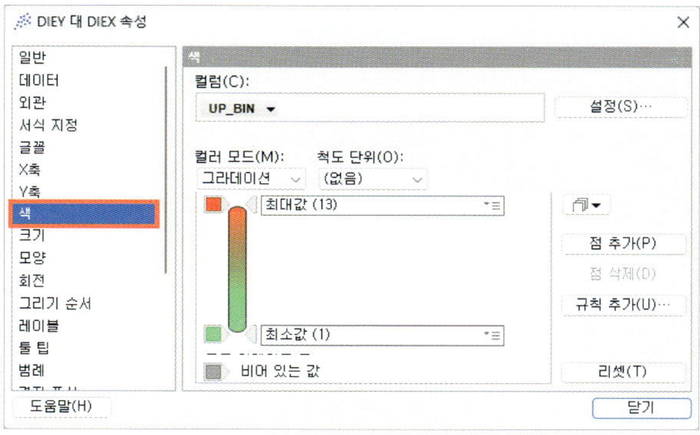

여기에서는 값의 집계방법(aggregation)을 수행하는 기능이 제공되지 않기 때문이다.

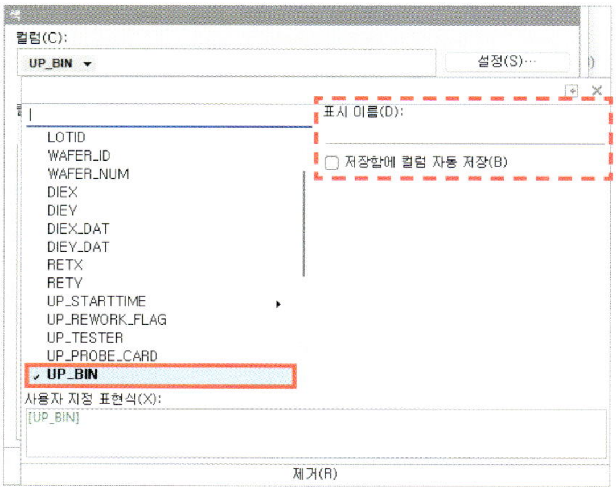

이는 하나의 Die에 여러 장의 Wafer들을 대표하는 값(예: Bin 값 평균)을 표시할 수 없음을 의미하며, 따라서 산점도로 표시된 Wafer map은 모든 Wafer들을 한 장의 Wafer로 표현해야 하는 이번 과제에 적합하지 않다는 의미이다.

step 2 히트맵을 이용하여 Wafer map을 작성한다.

Spotfire에서 제공하는 여러 차트들 중에 앞서 말한 p. 78의 2)번 방법이 가능한 차트는 히트맵(Heat map)이다.

새 페이지를 만들고 히트맵을 추가한다.

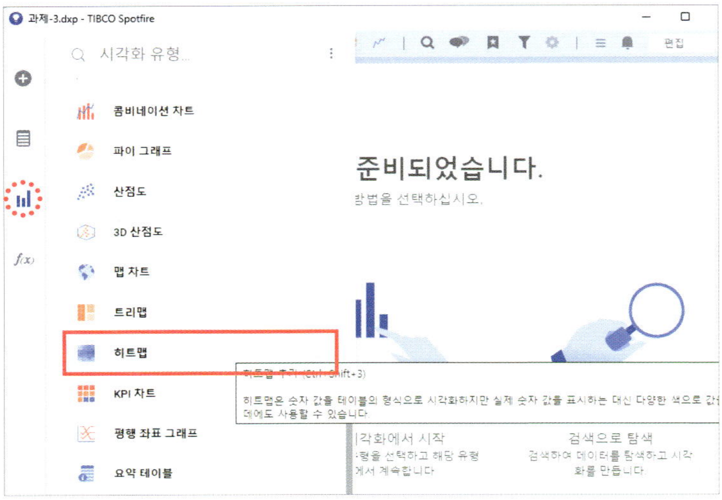

다음과 같이 기본으로 설정된 히트맵이 표시된다.

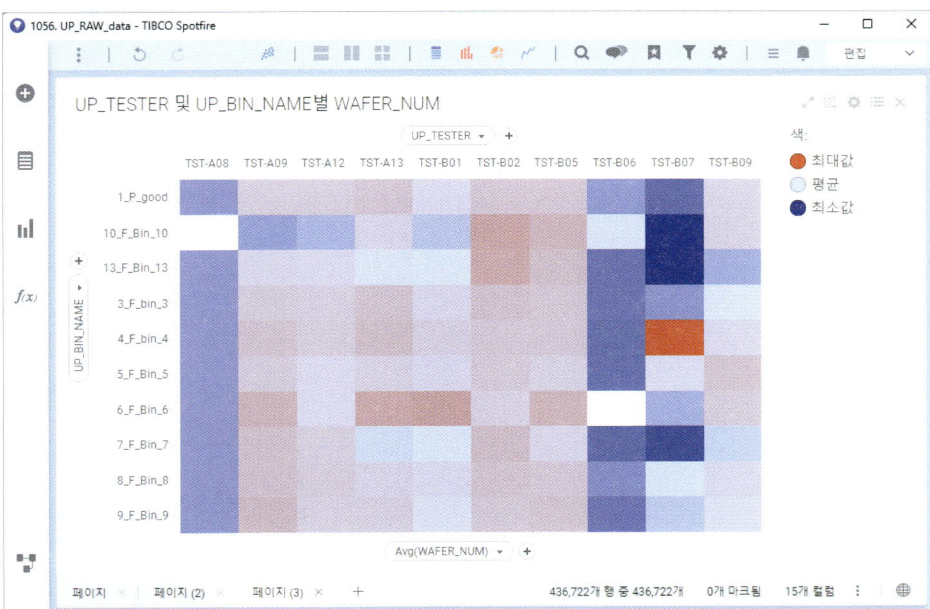

Wafer map으로 표시하기 위하여 상단(X축), 좌측(Y축), 하단(사각형에 표시할 컬럼과 집계방법) 축의 값을 아래 그림처럼 변경한다.

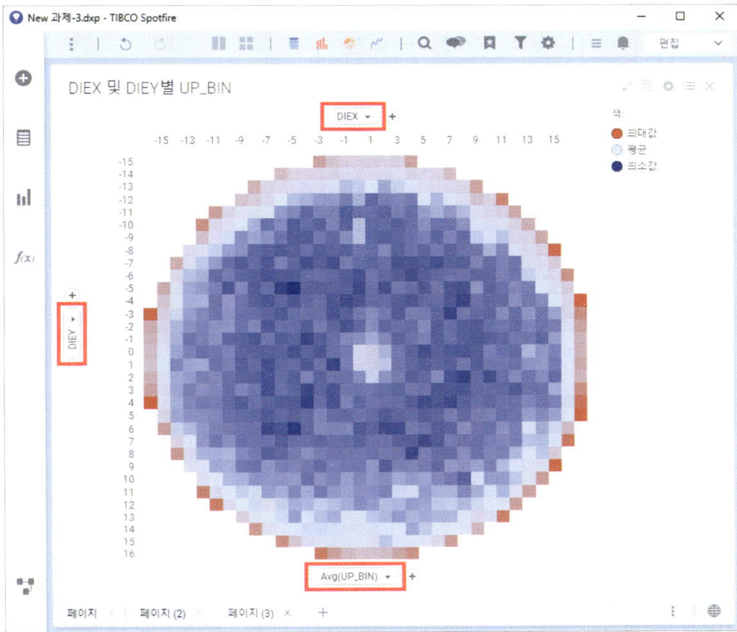

앞의 과제들과 동일한 모양으로 보이도록 색상도 변경한다.

화면에서 마우스 우클릭 후 [속성]을 선택하여 설정창이 나오면 [색]을 선택하고,

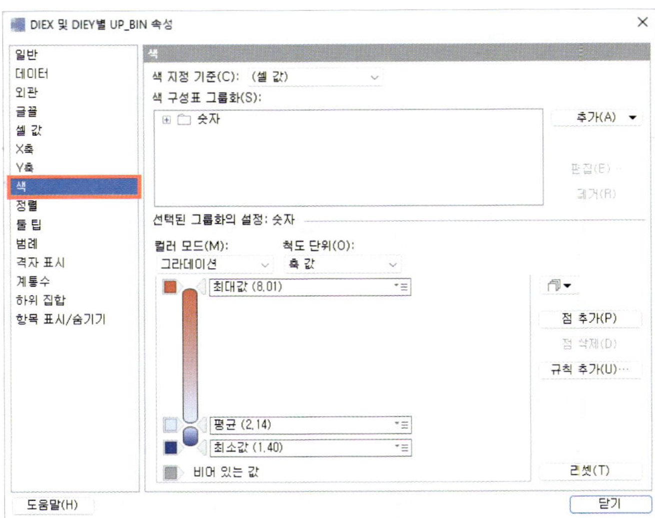

'평균'을 클릭한 후 [점 삭제]를 누른다.

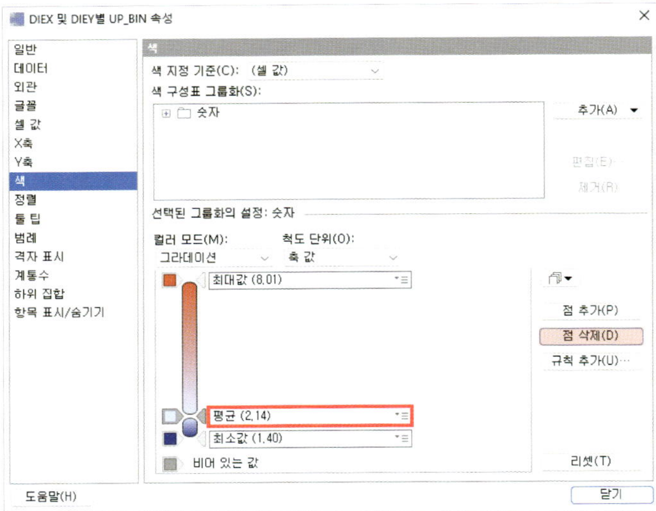

'최소값'의 색상을 아래 그림처럼 연두색으로 변경하고 [닫기]를 누른다.

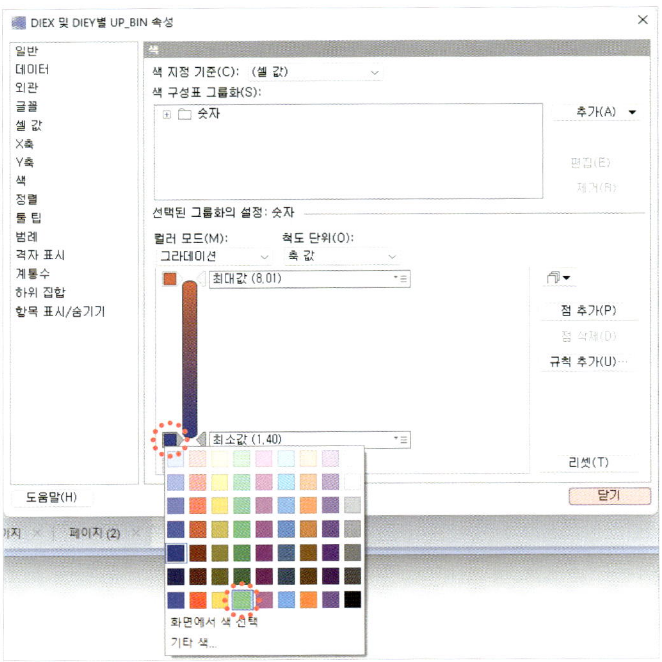

다음은 Wafer map으로 설정이 완료된 히트맵 화면이다.

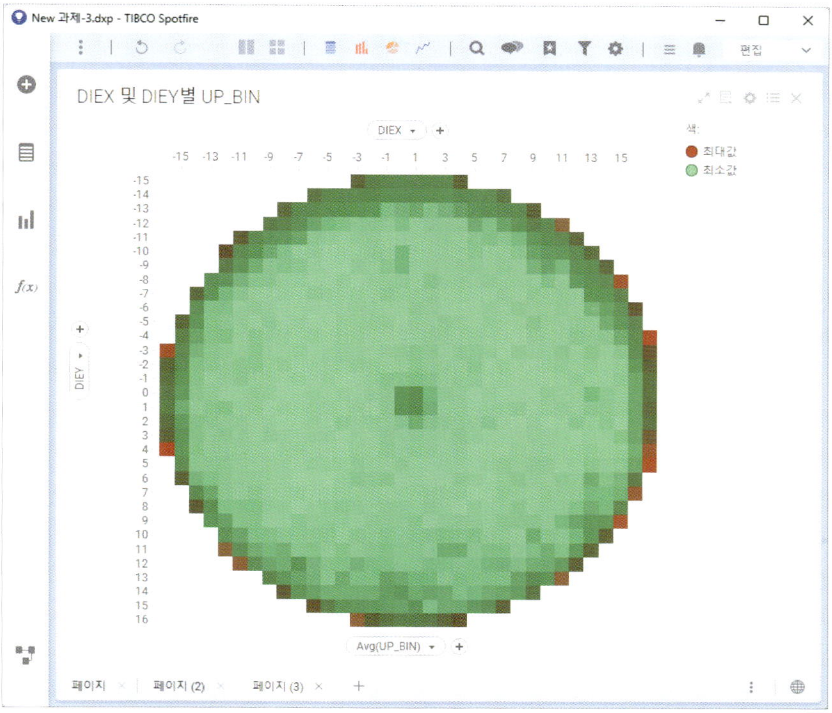

앞서 산점도로 작성한 Wafer map과 모양은 동일해 보이지만 히트맵으로 작성한 Wafer map과는 중요한 차이가 있다. 산점도로 작성한 Wafer map은 각 Die에서 Bin 값을 하나밖에 보여주지 못하지만, 히트맵으로 작성한 Wafer map은 각 Die에서 평균 Bin 값으로 계산한 결과를 색상으로 표시해준다. 히트맵에는 모든 Wafer들에 대한 정보(모든 Wafer의 Bin 값들)가 반영되어 있으므로 산점도에서 나타났던 경고 메시지가 더 이상 표시되지 않는다.

이제 한 장의 Wafer에 모든 Wafer들에 대한 정보가 표시되어 각 Die의 정보들이 문제없이 표현되었으니 다음 단계는 어느 위치의 Die들끼리 가장 유사성을 보이는지 군집분석을 하는 것이다.

Spotfire에서는 군집분석 알고리즘으로 'K-평균 군집분석(K-means Clustering)'과 '계층적 군집분석(Hierarchical Clustering)' 2가지를 제공한다. 'K-평균 군집분석'은 총 몇 개의 군집으로 나눌지 미리 개수를 정해놓고 수행하는 방법인 반면, '계층적 군집분석'은 군집의 개수를 미리 정하지 않고 분석 결과에 따라 정할 수 있다. 이번 과제의 경우에는 '계층적 군집분석'을 사용해야 한다.

→ 계층적 군집분석에 대한 상세 설명은 《Spotfire 초보자 가이드 개정2판》 pp. 663~689 참조

Spotfire에서 '계층적 군집분석'을 사용하는 방법에는 2가지가 있다.

1) 메인 메뉴에서 [도구] → [계층적 군집분석]을 클릭하여 수행한다.

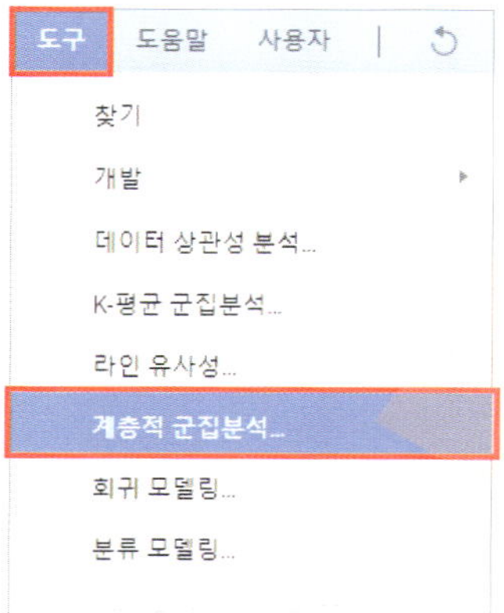

2) 히트맵에서 마우스 우클릭하여 [속성] → [계통수]를 클릭하여 수행한다.

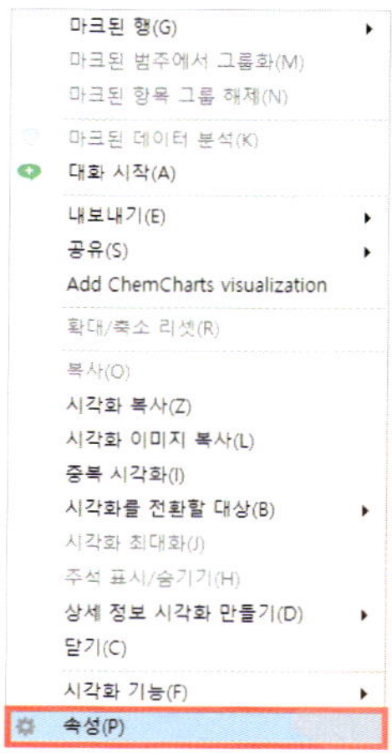

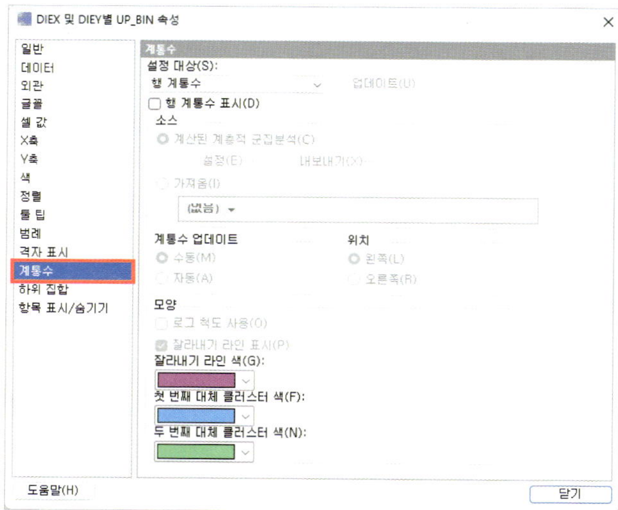

2가지 방법 모두 수행 결과는 동일하다.

여기에서는 '계층적 군집분석'을 더 쉽게 수행할 수 있는 '2) 히트맵'을 이용한 방법을 사용해 보자.

→ 계통수에 대한 상세 설명은 《Spotfire 초보자 가이드 개정2판》 pp. 377~381 참조

히트맵에서 마우스 우클릭하여 [속성] → [계통수]를 선택하면 앞의 그림처럼 설정창이 나타나는데, 우리가 수행할 부분은 '행'과 '컬럼'에 대한 설정이다.

만일 Wafer map 상태에서 그대로 계층적 군집분석을 수행하면 결과는 제대로 나오지만 전체 Wafer map의 모양이 깨져서 최종적으로 유사한 Die들이 서로 어느 위치인지 확인하기가 매우 어렵다.

다음 그림은 히트맵에서 1차 설정한 상태로 그린 Wafer map으로 계층적 군집분석을 수행한 결과를 나타내고 있다. Wafer 모양이 원래의 모양을 유지하지 않고 깨져서 표시된 것을 볼 수 있다. 이 방법으로는 원하는 결과를 얻을 수 없기 때문에 수행 과정은 별도로 설명하지 않는다.

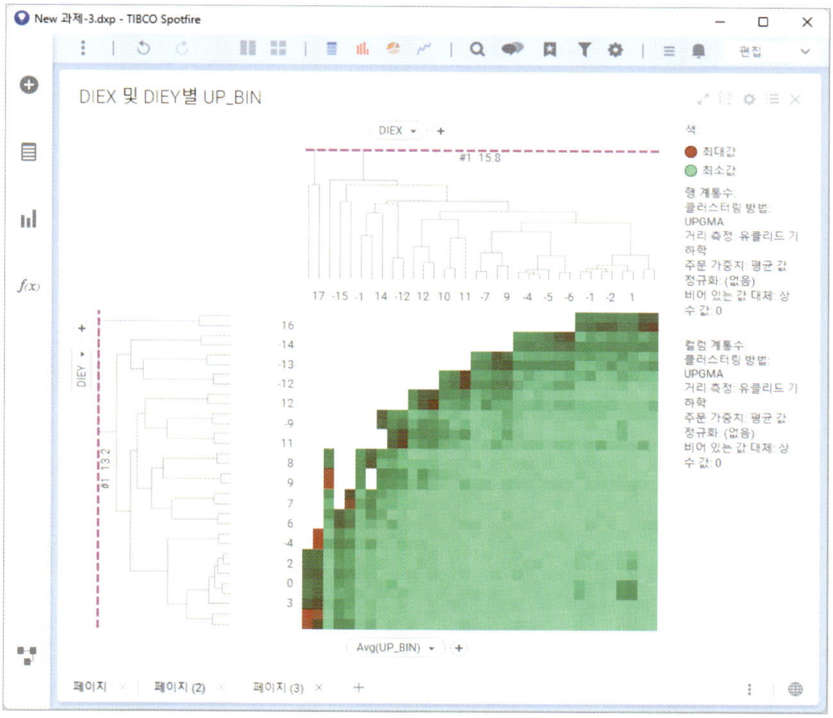

우리가 원하는 것은 Wafer 모양을 그대로 유지한 상태에서 어느 Die와 어느 Die가 가장 유사한지를 알아내는 것이다. 이를 위해서는 앞서 과제들처럼 X와 Y의 위치 정보를 활용하는 것이 중요하다. 그래야 특정 Die를 정확하게 표시할 수 있다.

이를 위해 수행해야 할 단계는 다음과 같다. 순서에 따라 수행해보자.

1) X와 Y의 위치 정보와 Wafer ID를 표시하는 새로운 히트맵을 만든다.

2) 그 차트에서 계층적 군집분석을 수행한다.

3) 결과를 Wafer map과 연계하여 평가한다.

step 3 X, Y 좌표값을 한 번에 표시하는 컬럼을 새로 만든다.

먼저 '1) X와 Y의 위치 정보와 Wafer ID를 표시하는 새로운 히트맵'을 만들어보자.

X와 Y의 위치 정보를 한 번에 사용하기 위하여 X, Y 좌표값을 모두 표시한 컬럼을 만드는 과정은 과제 1의 step 4(pp. 23~27)를 참조한다. 이대로 실행하면 다음과 같이 [X-Y] 컬럼이 생성된 것을 확인할 수 있다.

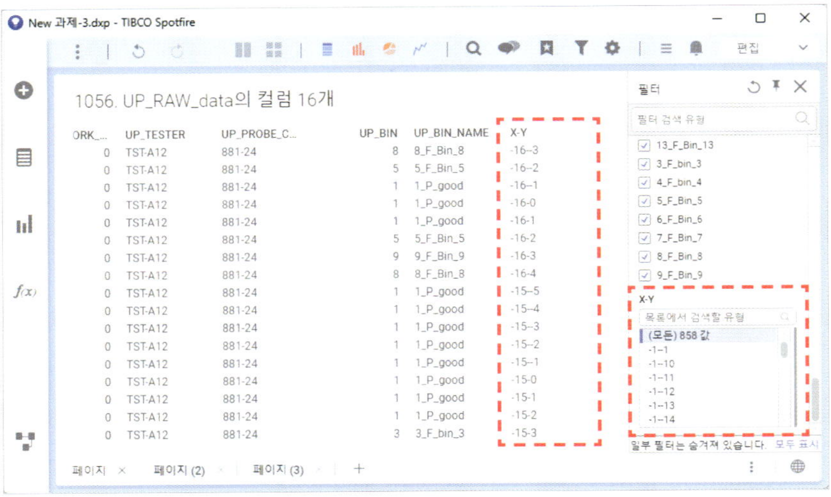

step 4 새 페이지에 step 3에서 만든 컬럼과 Wafer ID를 이용하여 히트맵을 새로 작성한다.

이제 새 페이지에 히트맵을 그려서 다음과 같이 설정을 변경한다.

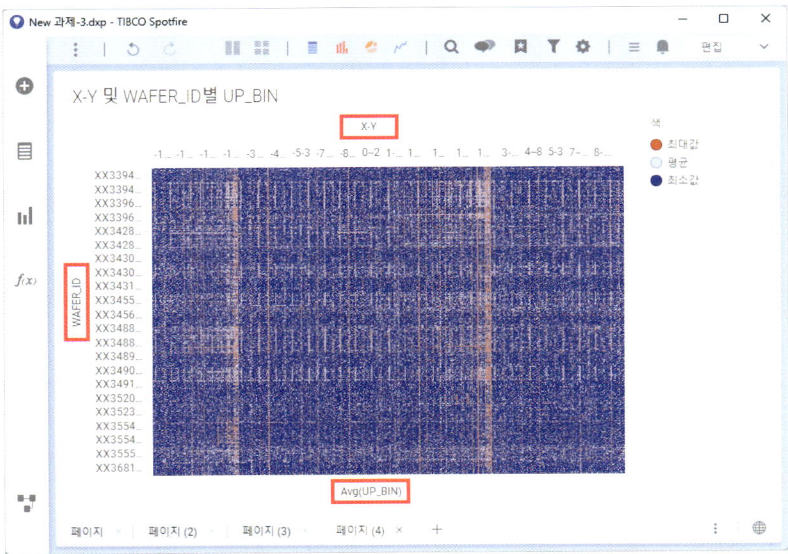

step 5 계층적 군집분석을 수행하도록 '행 계통수'와 '컬럼 계통수'를 생성한다.

이 차트에서 계층적 군집분석을 수행한다.

마우스 우클릭 후 [속성] → [계통수]를 선택한다.

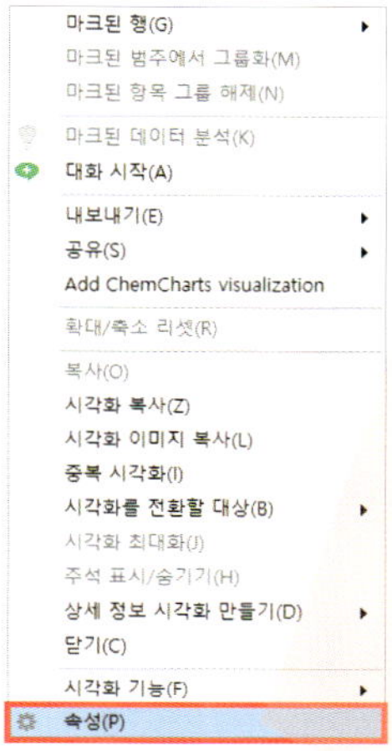

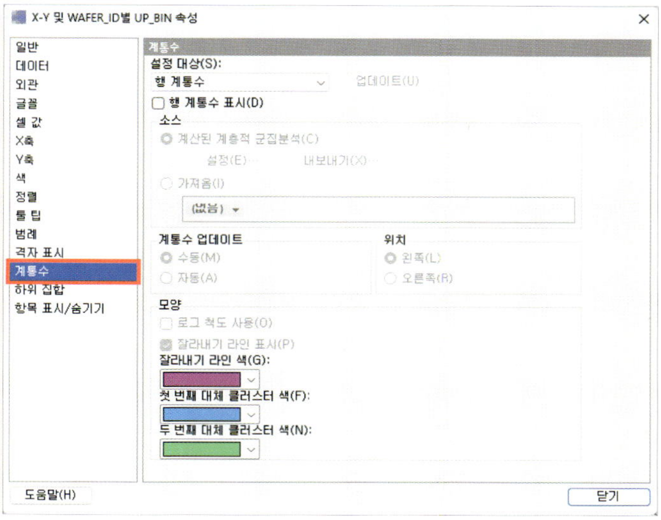

[계통수]에서 ① [설정 대상]의 '행 계통수'를 선택하고, 바로 아래 ② [행 계통수 표시] 앞 체크박스를 체크한 후, ③ [업데이트]를 클릭한다.

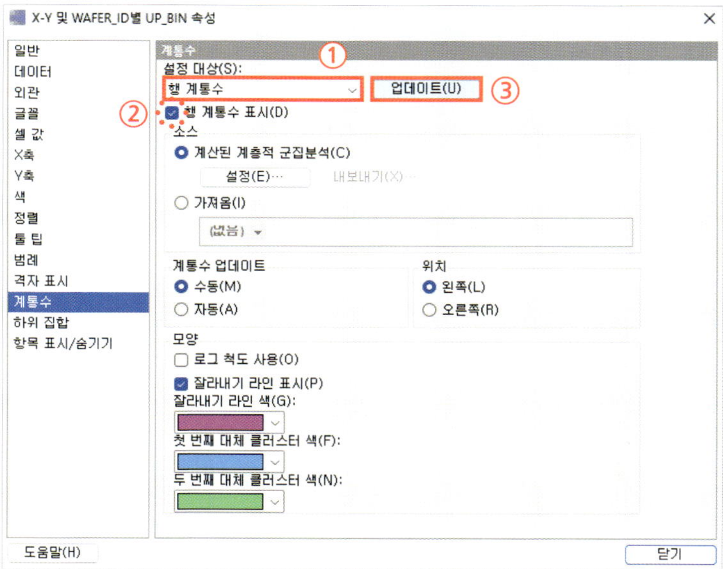

그 결과 다음과 같이 히트맵 왼쪽의 행 부분에 계통수가 생성되었다.

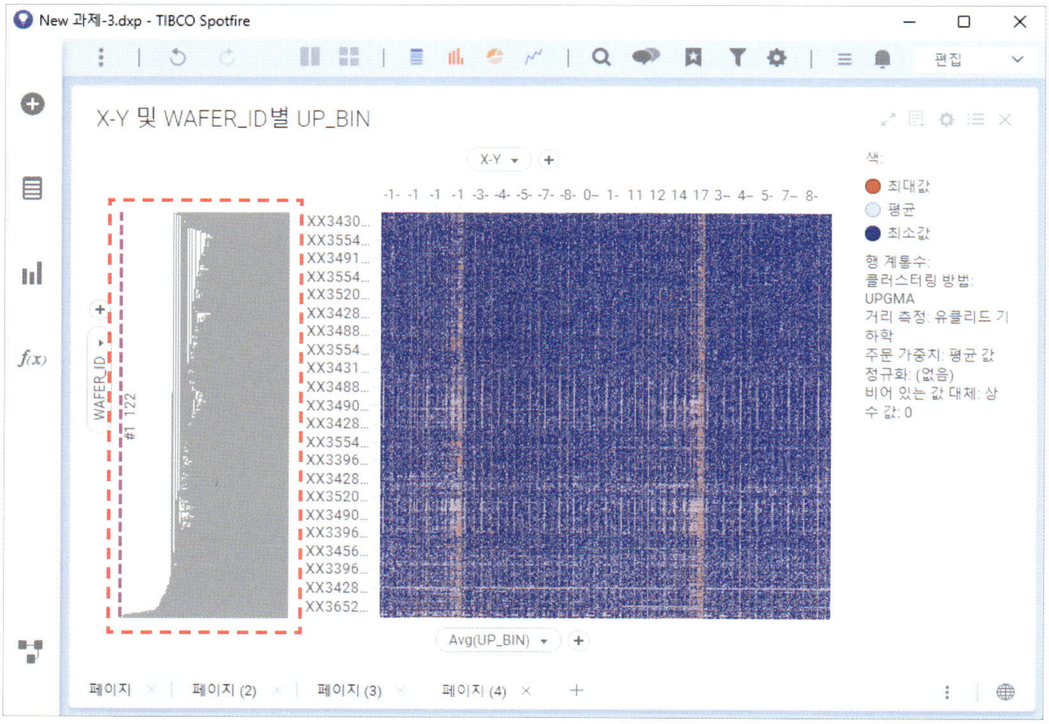

설정창을 닫지 않은 상태에서, 이번에는 '컬럼 계통수'를 변경할 차례이다. 다음과 같은 순서로 설정을 변경한다.

[계통수]에서 ①[설정 대상]의 '컬럼 계통수'를 선택하고 바로 아래 ②[컬럼 계통수 표시] 앞 체크박스에 체크한다. ③[업데이트]를 클릭한 후, ④[닫기]를 누른다.

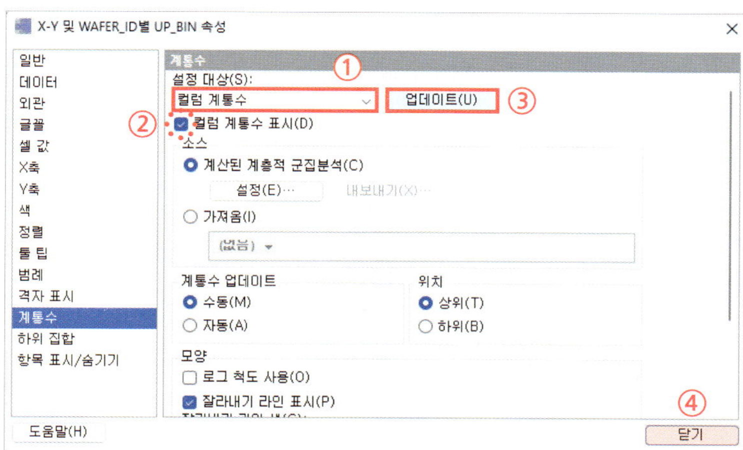

계산 작업 수행 화면이 잠시 나타났다 사라지고, 아래 그림의 빨간색 점선 영역처럼 계통수가 추가된 최종 결과 화면이 표시된다.

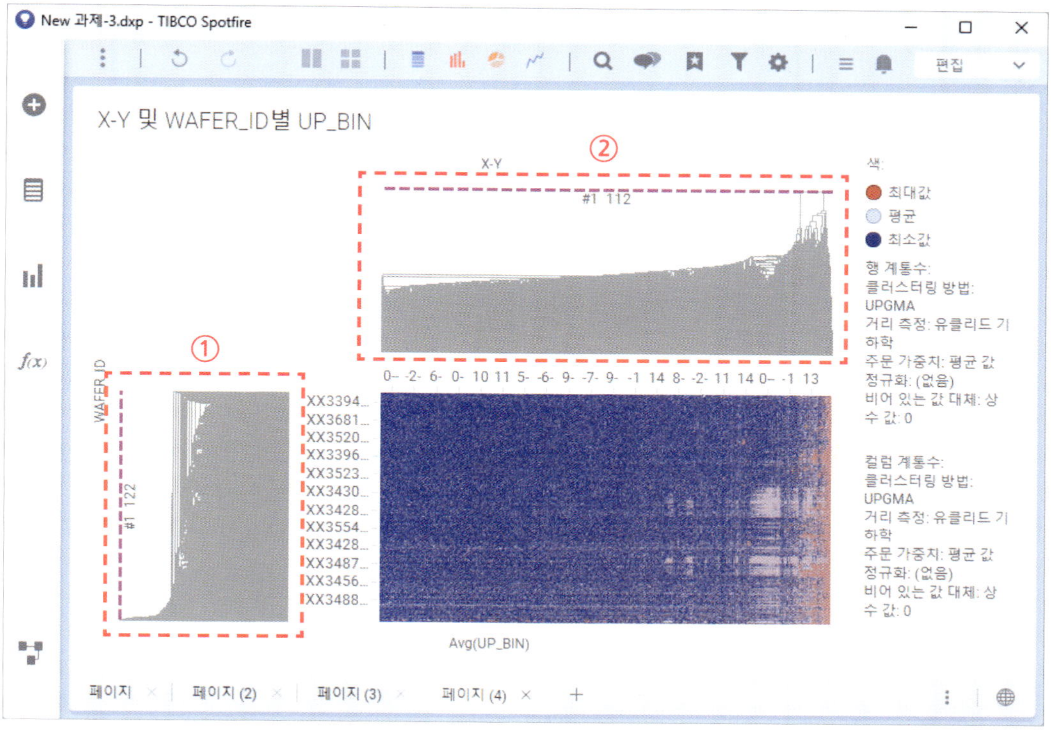

위 그림을 보면 행과 컬럼에 각각 계통수가 생성되었다.

① 행 계통수는 어느 Wafer ID끼리 서로 가장 유사한 Bin 값 유형(패턴)을 보이는지를 단계적으로 군집분석한 결과를 보여준다.

② 컬럼 계통수는 Wafer상에서 어떤 위치의 Die끼리 서로 가장 유사한 Bin 값 유형(패턴)을 보이는지를 단계적으로 군집분석한 결과를 보여준다.

이러한 계통수 분석은 컬럼과 행을 각각 별도로 이해하면 안 되고, 동시에 감안하여 가장 유사한 것들끼리 묶어나가는 방식으로 이해해야 한다. 즉, 컬럼(혹은 행)의 수치들을 감안한 상태에서 행(혹은 컬럼)의 유사도를 고려하여 배치한다.

먼저 컬럼에 대한 부분을 분석해보자.

step 6 step 4~step 5에서 작성한 히트맵을 step 2에서 생성한 히트맵 페이지의 왼쪽으로 이동(복사)한다.

이전에 히트맵으로 Wafer map을 작성해놓은 페이지[여기서는 '페이지 (3)']에 방금 계통수 분석을 수행한 히트맵을 옮겨 나란히 배치해보자.

'페이지 (4)'의 계통수 분석 히트맵 차트의 제목 부분에서 마우스 왼쪽 버튼을 누르고 '페이지 (3)' 제목 부분으로 커서를 이동한다.

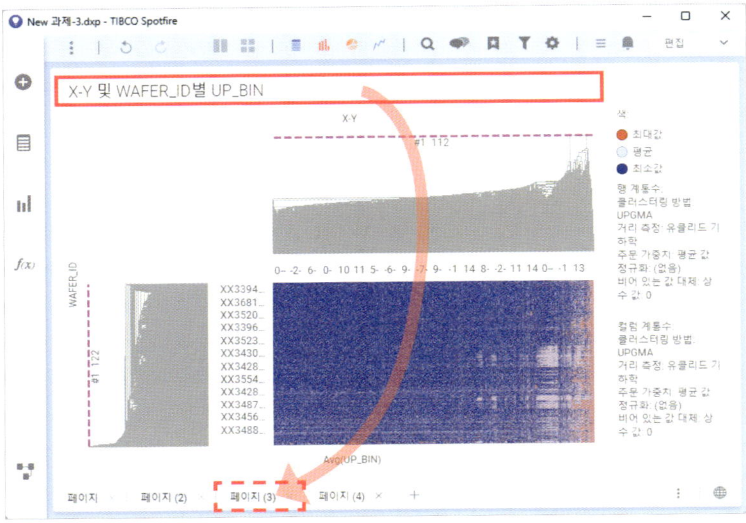

버튼을 누른 채로 잠시 기다려 다음과 같이 화면이 표시되면 원하는 위치로 마우스를 이동한 다음 손을 뗀다.

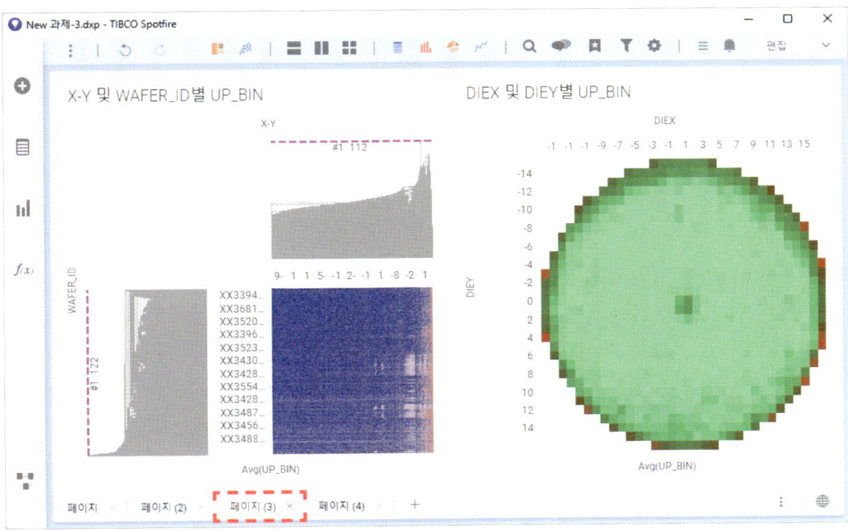

step 7 좌측 히트맵에서 X축에 확대/축소 슬라이더를 생성하고 확대하여, 거리가 가장 가까운 위치(Die)의 계통수 부분을 마킹한다. 우측의 Wafer map에서 해당 위치의 Die를 확인한다.

좌측의 히트맵 화면 중앙에서 마우스 우클릭 후 [속성] → [X축] → [범위]의 [확대/축소 슬라이더 표시] 앞 체크박스를 선택하고 [닫기]를 클릭한다.

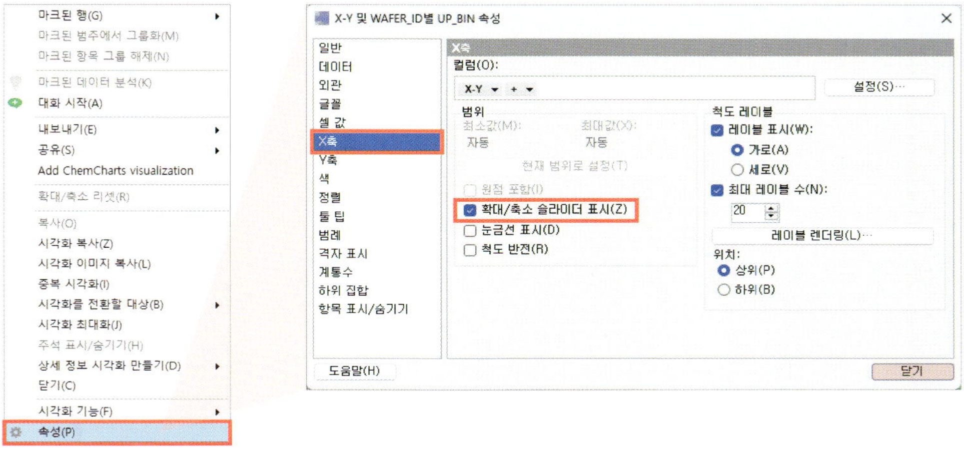

아래 그림처럼 좌측 차트에서 화면 위쪽의 슬라이더를 오른쪽으로 움직여, 빨간색 부분이 밀집되어 있는(차트의 오른쪽 끝) 부분으로 컬럼 계통수를 확대해보자.

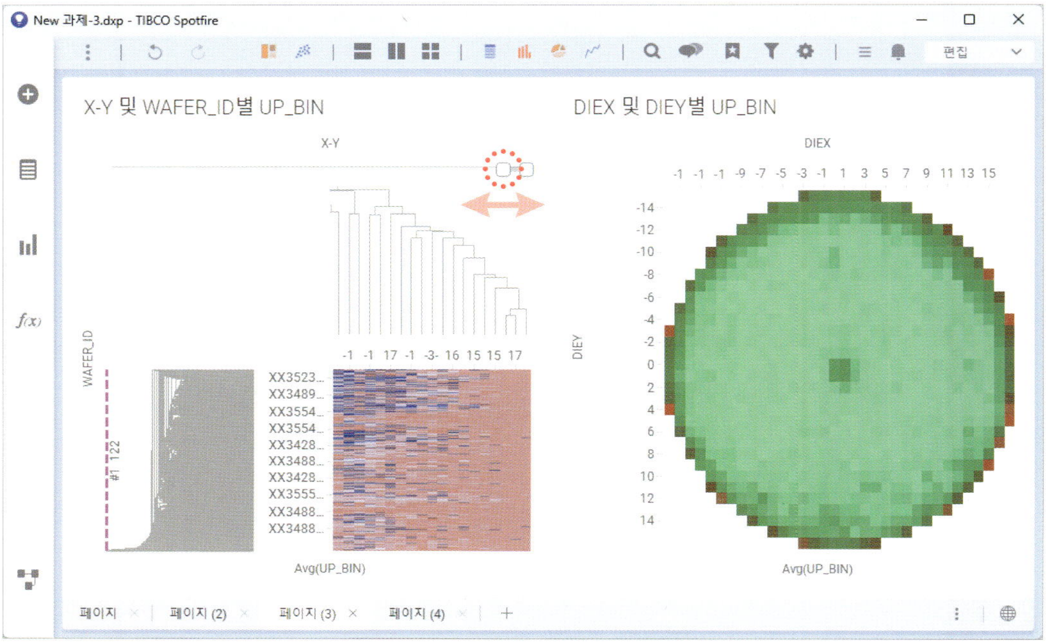

계통수가 가장 먼저 형성되어 있는, 즉 거리(distance)가 서로 가장 가까운 곳들 중 몇 군데(컬럼들)를 마킹해보기 위해 계통수에서 원하는 부분(아래 그림의 빨간색 사각형 부분)을 클릭(마킹)해보자.

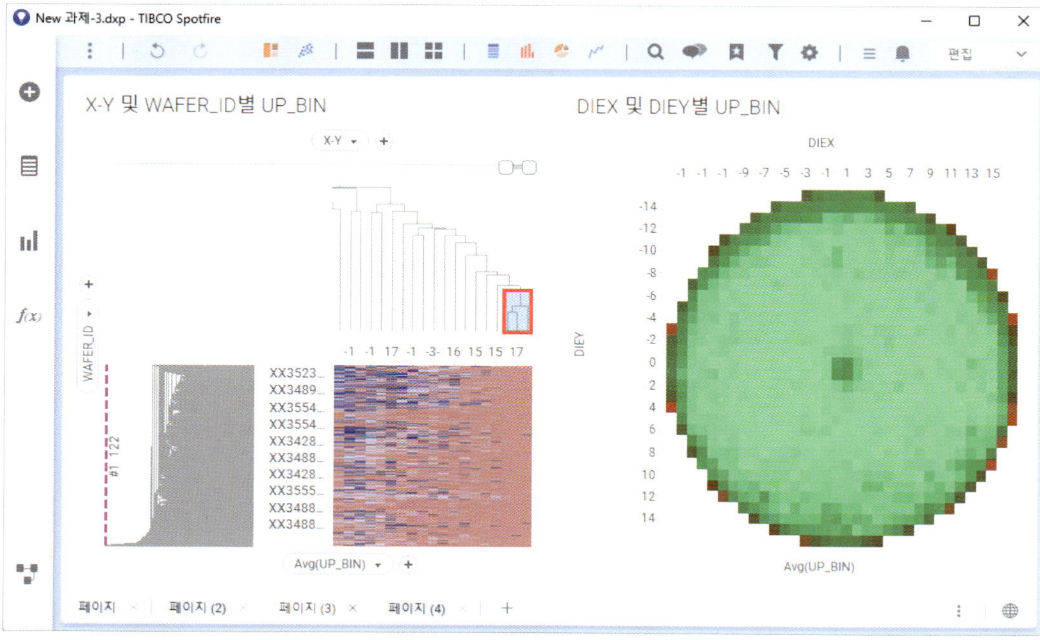

아래 그림과 같이 마킹한 위치 3곳이 표시된다.

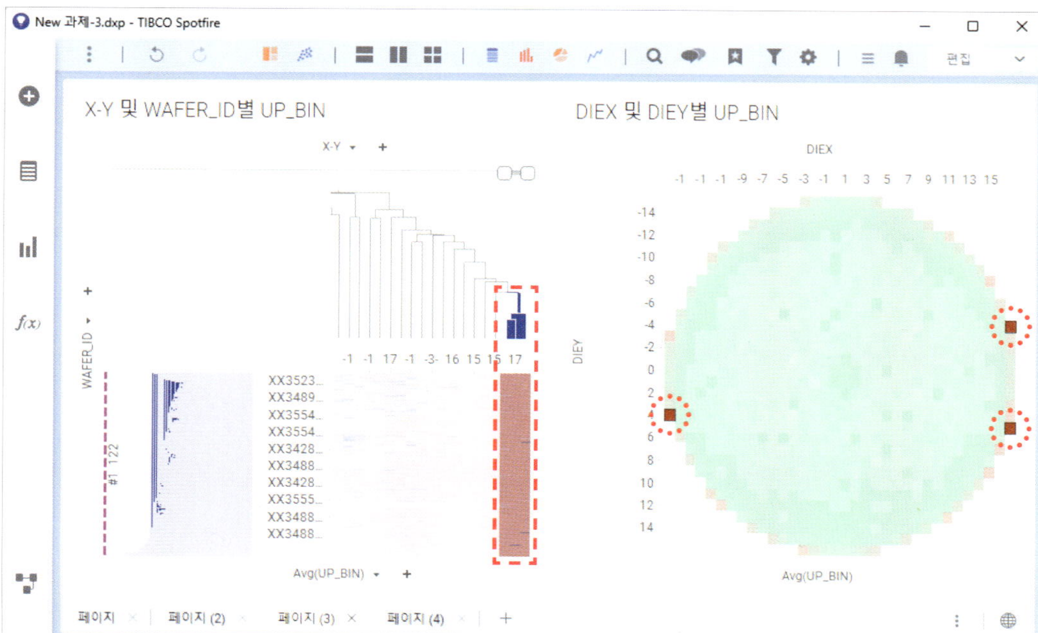

이 위치값들이 서로 가장 가까이 있다는 것은 이 위치의 Die에서 Bin 값 패턴들이 가장 유사함을 의미한다. 좌측에 마킹한 3군데가 Wafer map에서 어느 Die 위치인지를 우측 Wafer map에서 바로 확인할 수 있다. 우측 히트맵에 해당 위치가 진한 빨간색으로 표시되어 있는 것을 볼 수 있다.

step 8 **어느 Wafer(몇 번 ID)들이 가장 유사성을 보이는지 확인하기 위해 step 7까지 작업한 히트맵을 중복 시각화하여 동일한 페이지를 하나 더 만든다.**

앞서 살펴본 단계에서 계통수의 컬럼에 대해 다루었다면, 이번에는 계통수의 행에 대해 다룬다. 하나의 행은 한 장의 Wafer를 의미한다. 따라서 행 계통수에서 가장 먼저 시작하는 부분들(거리가 가까움)은 Wafer들이 서로 유사한 패턴임을 의미한다.

현재 페이지는 그대로 두고 새 페이지에서 이 과정을 수행하기 위해 다음과 같이 해당 페이지[여기서는 '페이지 (3)']를 [중복] 시각화하여 동일한 페이지를 하나 더 만든다.

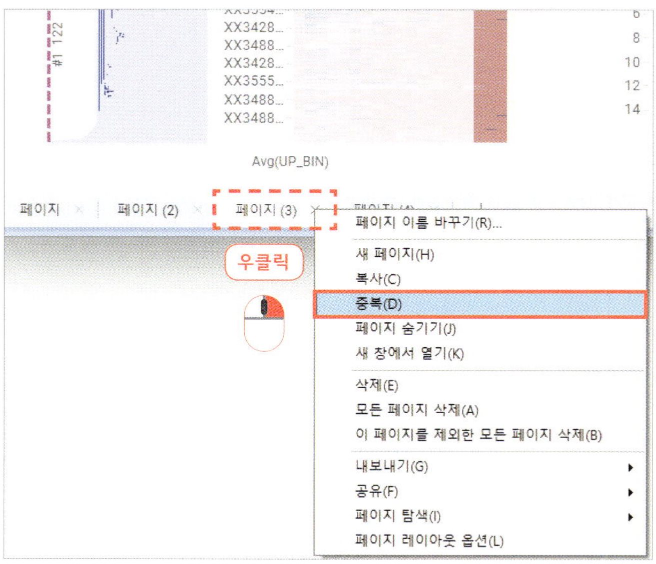

이미 '페이지 (4)'라는 이름이 있으므로 '페이지 (5)'라는 이름으로 [중복] 페이지가 생성되었다.

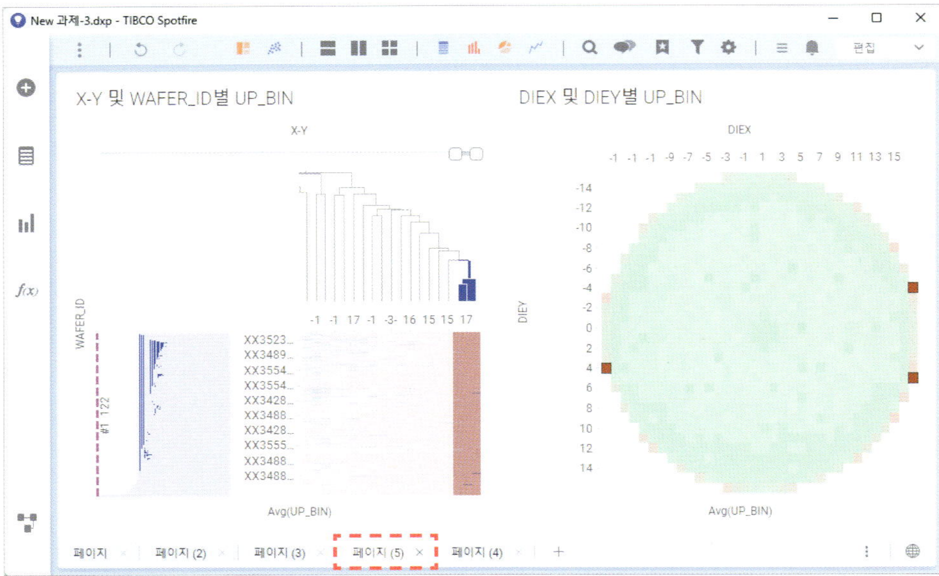

step 9 우측 Wafer map(히트맵)에서 Wafer ID로 패널 격자 표시 기능을 적용한다.

좌측 차트에서 특정 계통수의 군집에 해당되는 행들을 클릭하면 우측 차트에 Wafer ID를 갖는 차트들이 드릴다운되도록 화면을 작성해보자.

먼저 행들을 확대해 볼 수 있도록 좌측 차트에서 마우스 우클릭하여 [속성] → [Y축]을 누르고, 아래 그림처럼 [확대/축소 슬라이더 표시] 체크박스를 체크한 다음 [닫기]를 누른다.

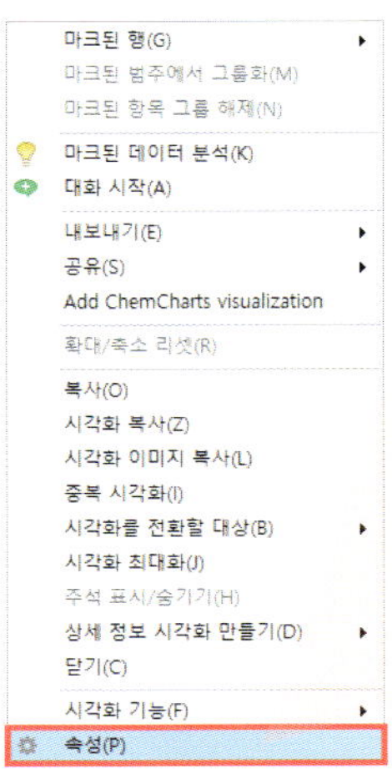

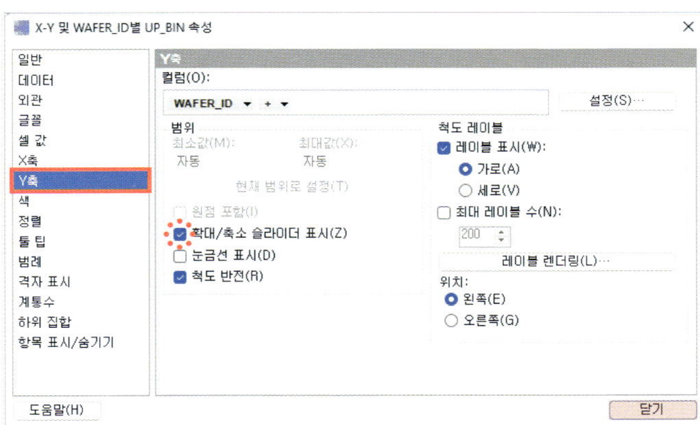

바로 이전 단계에서 마킹했던 부분을 해제하고 X축 확대 슬라이더도 전체가 보이도록 원상태로 돌려놓는다.

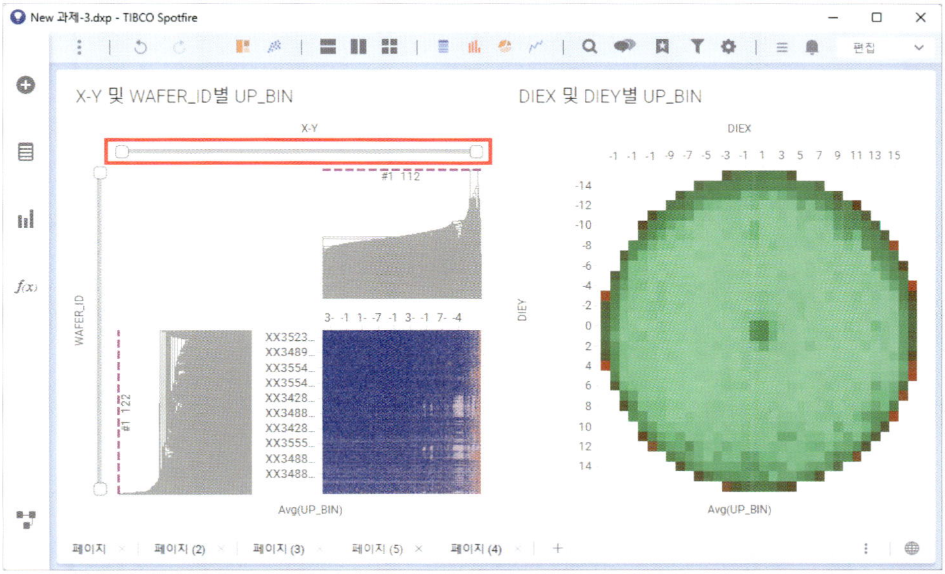

좌측에서 원하는 행에 마킹하면 우측에서 해당 Wafer map이 격자 표시로 드릴다운되도록 차트를 변경해보자.

먼저 우측의 Wafer map을 격자 표시 형태로 수정한다. 우측 차트에서 마우스 우클릭하여 [속성]을 선택한다.

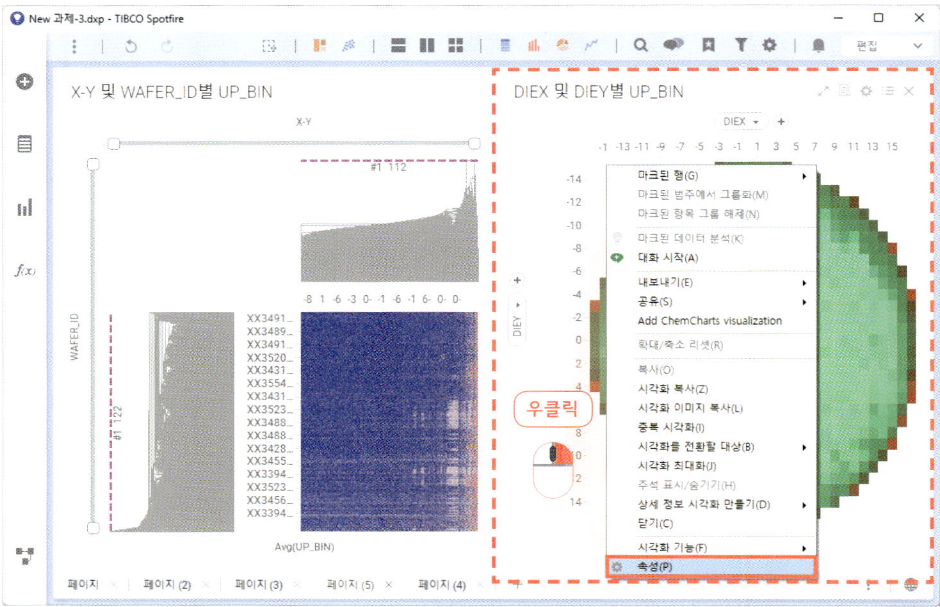

[격자 표시] 탭을 클릭하고, 아래 그림처럼 ①[패널] 앞의 라디오버튼에 체크하고, ②[분할기준]을 [WAFER_ID]로 선택한 후, ③[닫기]를 누른다.

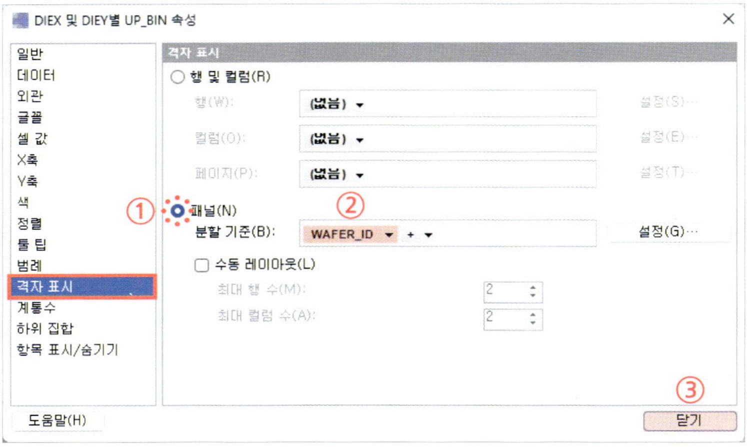

잠시 후 다음과 같이 격자 표시된 화면이 나타난다.

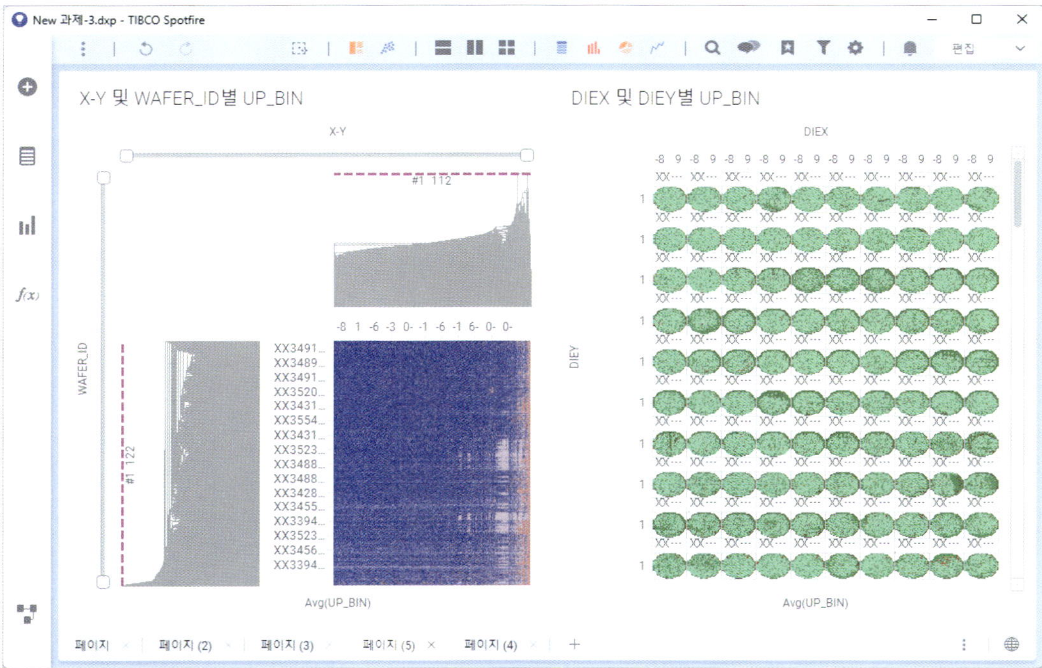

step 10 우측의 Wafer map에 대하여, 좌측 히트맵으로부터 드릴다운 형태가 되도록 데이터(마킹) 설정을 변경한다.

지금은 좌측과 우측의 차트가 동일한 마킹을 사용하도록 설정되어 있어 드릴다운 차트 형태가 아니다. 좌측에서 마킹하면 우측에서 드릴다운된 차트들이 보이도록 하기 위해 속성 설정에서 마킹 부분을 변경한다.

이 과정은 마킹 설정이 핵심이다. 양쪽 차트 모두 범례에 마킹이 표시되도록 왼쪽과 오른쪽 차트 각각에서 다음 작업을 수행해보자.

마우스 우클릭 후 [속성] → [범례]를 선택하고, 다음과 같이 ① 맨 위의 [범례 표시] 체크박스에 체크한다. ② [다음 범례 항목 표시] 아래 항목들 중 [마킹]의 체크박스를 체크한 후, ③ [닫기]를 누른다.

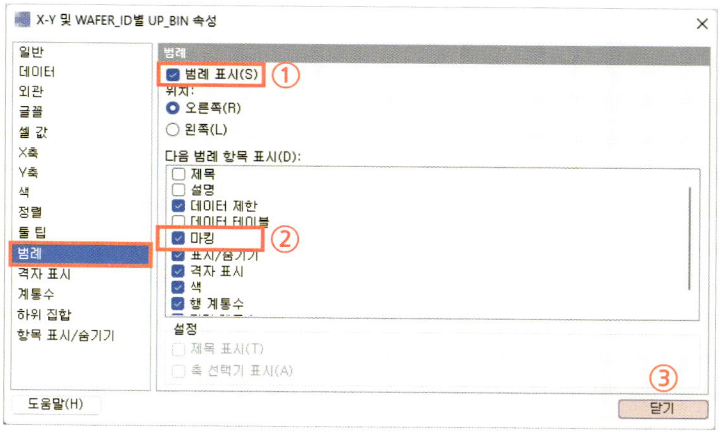

양쪽 차트에서 동일하게 이 작업을 수행하면 다음 그림처럼 양쪽 모두 마킹 부분이 범례에 표시될 것이다.

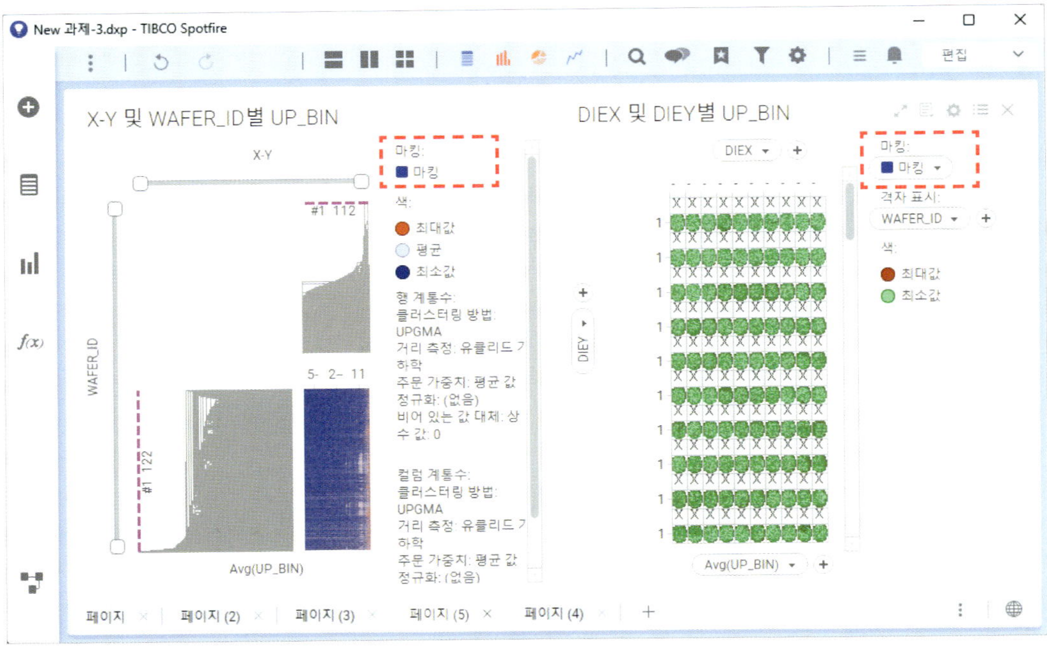

드릴다운 차트로 설정하기 위하여 드릴다운이 적용될 우측 차트에서 우클릭하여 [속성]을 누른 후,

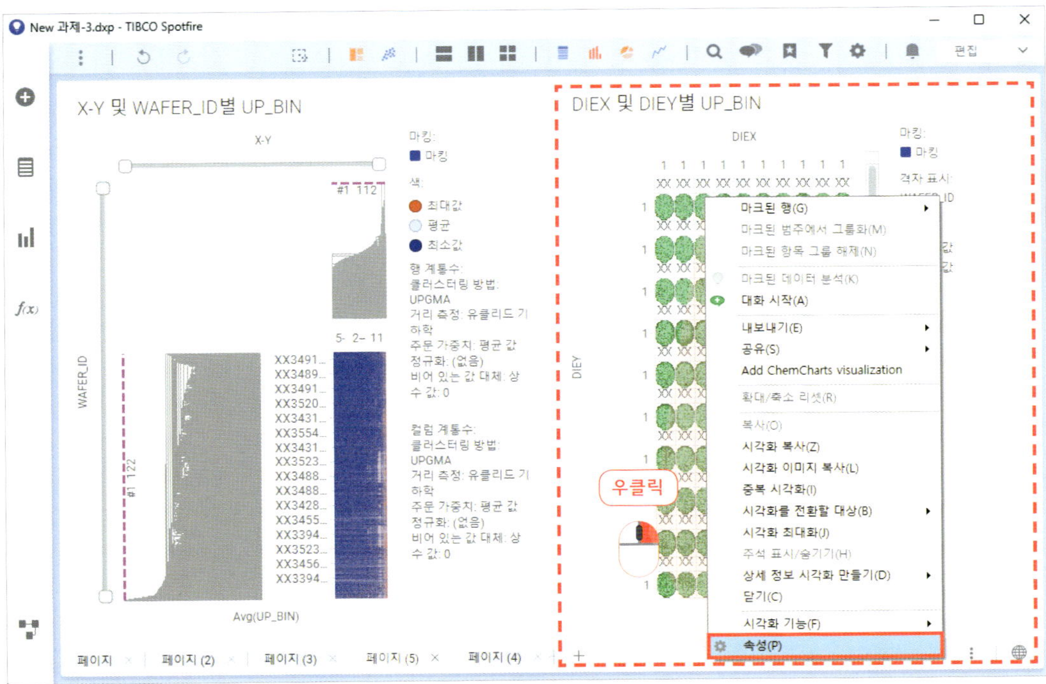

설정창에서 [데이터] 탭을 클릭한다.

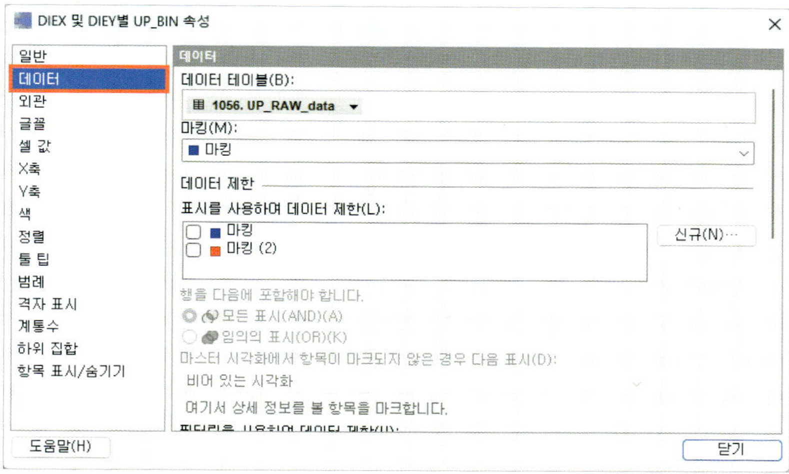

[마킹] 부분을 눌러서 아래처럼 '마킹 (2)'로 설정한다.

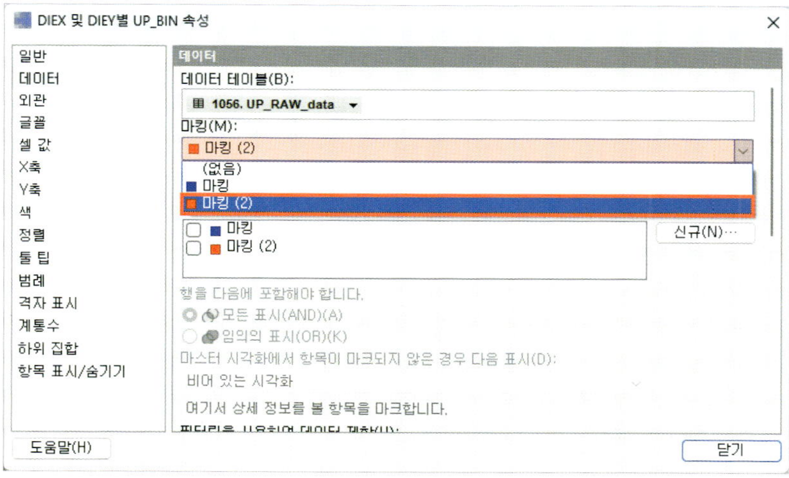

만일 본문의 예시와 다르게 화면에 '마킹' 외에 '마킹 (2)'와 같은 다른 항목이 표시되지 않는다면 [데이터 제한] 아래에 있는 [신규] 버튼을 눌러서 다음과 같이 마킹을 새로 생성하면 된다.

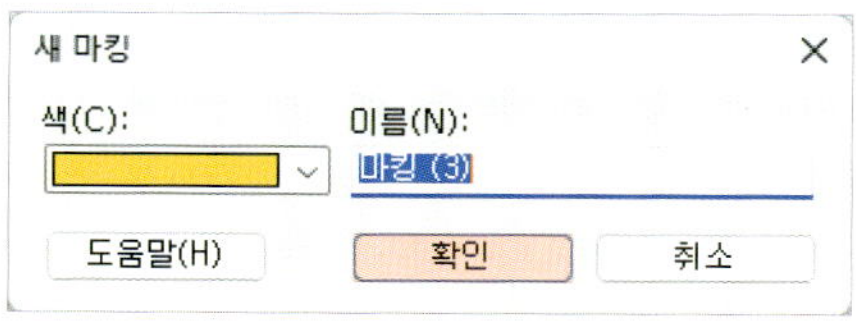

[데이터 제한]에서 [마킹] 앞 체크박스에 체크하고 [닫기]를 누른다.

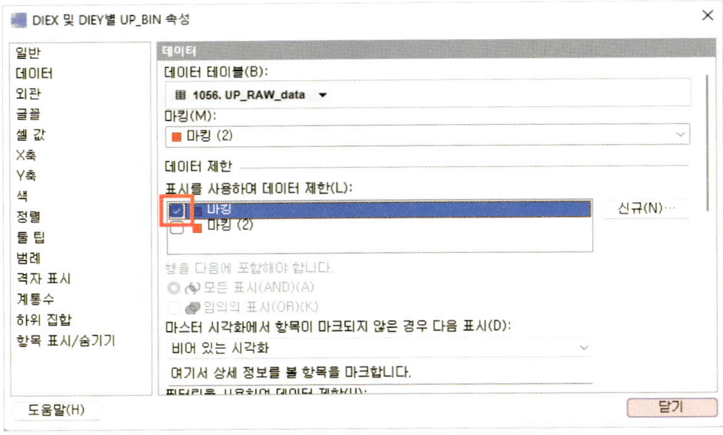

다음은 모든 설정을 마친 화면이다. 좌측(마스터 차트)과 우측(드릴다운 차트)의 빨간색 점선 박스 부분 설정이 서로 다르게 된 것에 유의해서 보자. 항상 드릴다운된 차트(우측)의 범례를 보면 마스터(좌측)에서 사용하는 마킹과 동일한 마킹(여기서는 파란색의 마킹)으로 [데이터 제한]이 적용되어 있다.

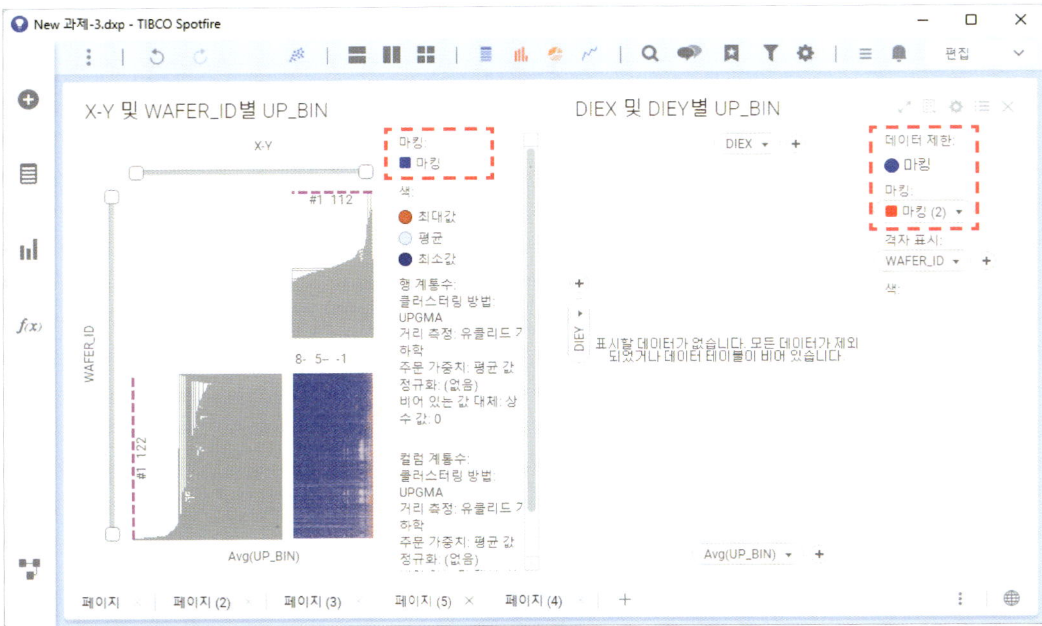

드릴다운 형태로 구성을 완료하였으므로 오른쪽은 왼쪽 차트에서 마킹을 하지 않으면 위 그림처럼 빈 상태로 표시된다.

step 11 좌측 히트맵에서 유사도가 가장 높은 Wafer(Wafer ID)들을 마킹하여 우측의 Wafer map에 해당하는 Wafer당 하나씩 격자 표시 형태로 나타낸다.

Y축 슬라이더(행 계통수)를 아래 그림처럼 위쪽으로 움직여 확대한 다음, 계통수의 거리가 가까운 부분들을 마킹한다.

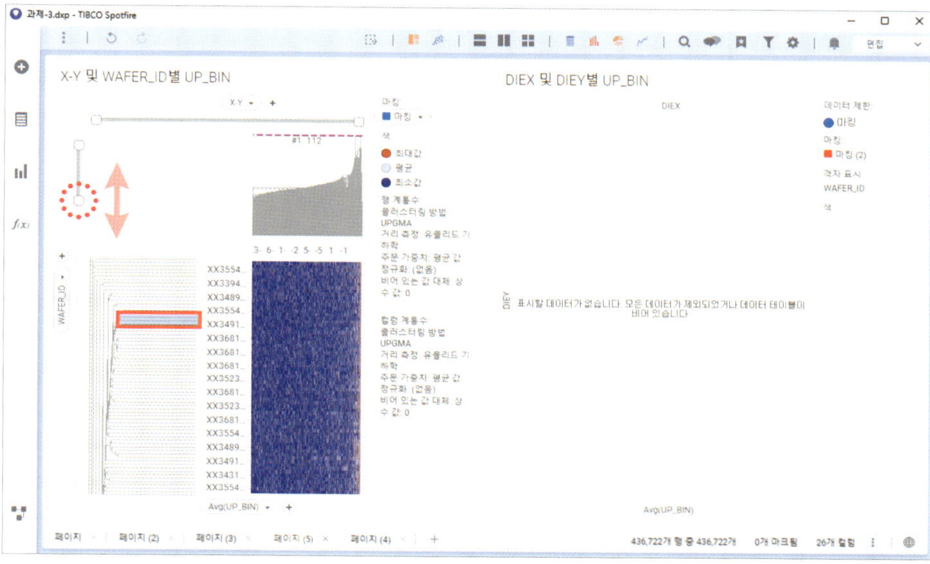

그 결과 해당되는 Wafer ID들의 Wafer map이 아래처럼 우측에 그려진다. 이들이 다른 Wafer들에 비해 비교적 서로 더 유사한 모양을 갖는 Wafer들이다.

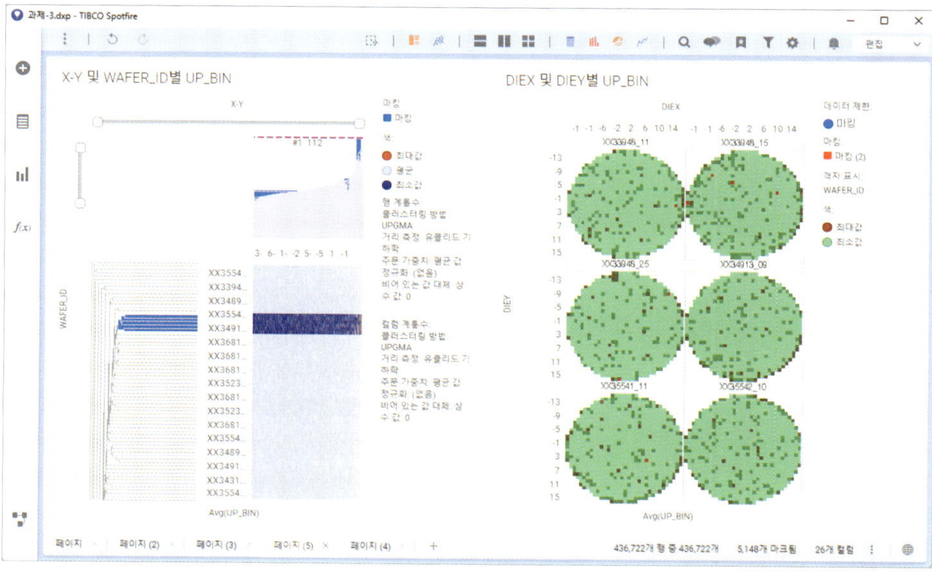

과제 4 라인 유사성 - 등록되어 있는 패턴 기준

우리나라 시군구별 인구 데이터를 이용하여 인구가 가장 많이 감소한 시군구를 찾아보고, 감소가 가장 많이 일어난 시군구들은 주로 어느 시도에 속하는지 알아보자.

사용 데이터: 3060. 인구및세대수(2020-2022).xlsx

핵심 키워드: 언피벗(Unpivot), 컬럼 분할(Column Split), 선 그래프(Line Chart), 라인 유사성(Line Similarity), 마스터 라인(사용자 지정 기반; Custom), 격자 표시(Trellis)

전체 step 한눈에 보기

step 1	Spotfire에 데이터를 로딩한다.
step 2	새 페이지에 선 그래프를 추가한다.
step 3	언피벗을 이용하여 데이터를 변환한다.
step 4	컬럼 분할을 이용하여 [행정기관] 컬럼에서 '시도명'과 '시군구명'을 분리한다.
step 5	컬럼 분할을 이용하여 [범주] 컬럼에서 '연월'과 '항목 표시' 부분을 분리한다.
step 6	선 그래프에서 X축(연월), Y축(값), 색 지정 기준(행정기관) 설정을 변경한다.
step 7	[항목 표시] 컬럼 값들 중에서 '총인구수'만으로 필터링한다.
step 8	[시군구명] 컬럼 값들 중에서 컬럼의 값이 표시된 부분들만으로 필터링한다.
step 9	선 그래프의 Y축 설정을 '다중 척도'로 변경하여 여러 시군구들의 추세를 확인한다.
step 10	라인 유사성 기능을 이용하여 추세를 설정하고 [라인 유사성]을 실행하여 유사도와 유사도 순서를 구한다.
step 11	선 그래프에서 패널 격자 표시로 순서를 설정하여 어느 시군구에서 인구가 가장 많이 감소하는지 확인한다.
step 12	인구가 가장 많이 감소한 상위 20개 시군구는 어느 시도에 해당되는지 차트로 확인한다.

step 1 Spotfire에 데이터를 로딩한다.

다음 순서대로 Spotfire에 데이터를 로딩한다.

먼저 Spotfifre 화면의 좌측 상단에서 첫 번째 아이콘(+ 표시)을 클릭하면 오른쪽으로 추가 메뉴 화면이 펼쳐진다. 이 중에서 [로컬 파일 찾아보기]를 클릭한 다음, 미리 한나래출판사 홈페이지(http://www.hannarae.net) 자료실에서 내려받은 파일[3060. 인구및세대수(2020-2022).xlsx]을 선택하고, [열기]를 누른다.

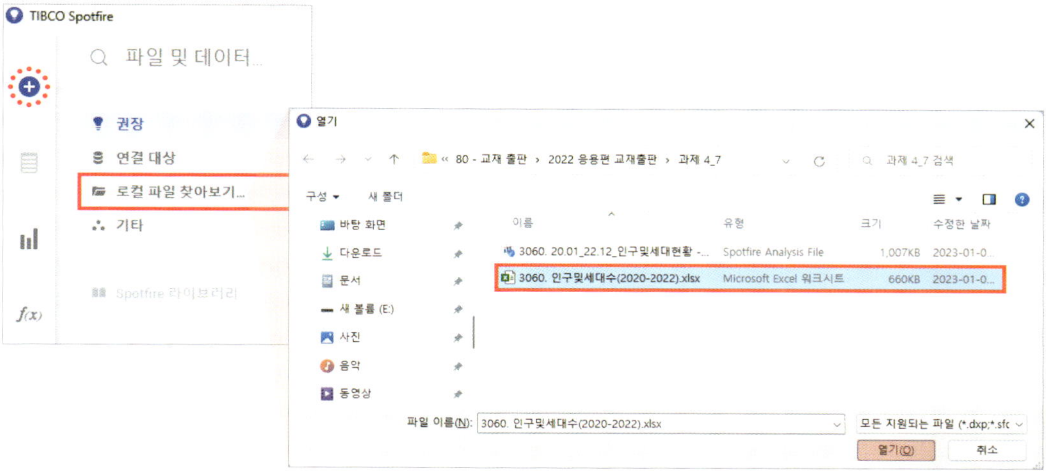

데이터를 확인할 수 있는 창이 나타나면 [확인]을 클릭한다.

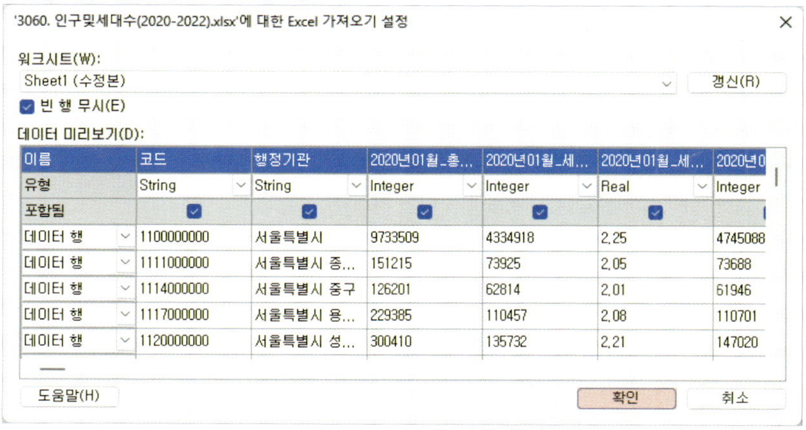

특별한 데이터 변환 과정이 필요없으므로 [확인]을 누른다.

다음은 Spotfire에서 데이터 로딩 후 테이블 형태로 작성된 화면이다.

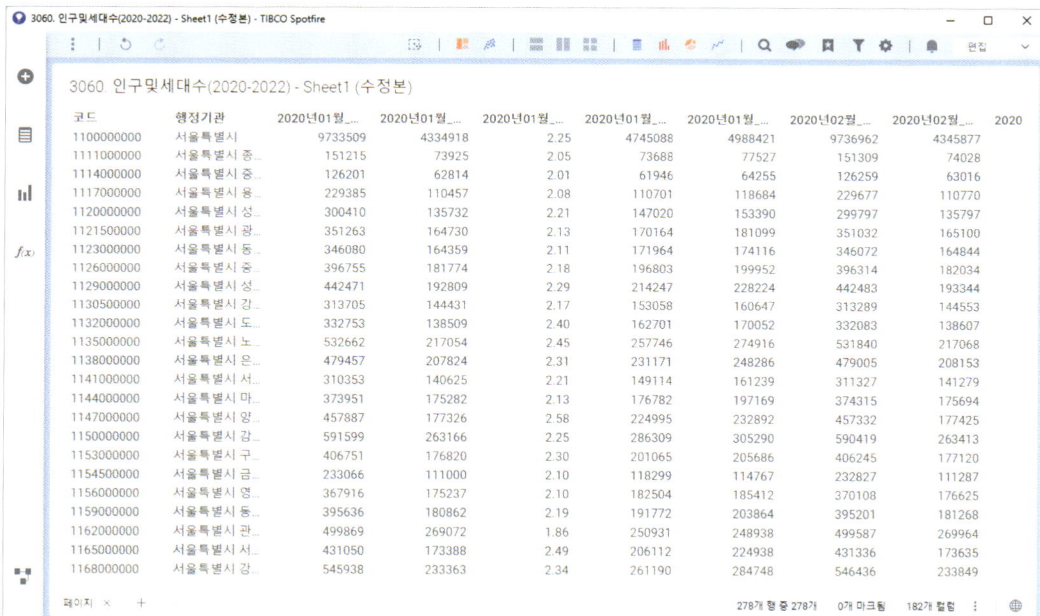

코드	행정기관	2020년01월_...	2020년01월_...	2020년01월_...	2020년01월_...	2020년01월_...	2020년02월_...	2020년02월_...	2020
1100000000	서울특별시	9733509	4334918	2.25	4745088	4988421	9736962	4345877	
1111000000	서울특별시 종...	151215	73925	2.05	73688	77527	151309	74028	
1114000000	서울특별시 중...	126201	62814	2.01	61946	64255	126259	63016	
1117000000	서울특별시 용...	229385	110457	2.08	110701	118684	229677	110770	
1120000000	서울특별시 성...	300410	135732	2.21	147020	153390	299797	135797	
1121500000	서울특별시 광...	351263	164730	2.13	170164	181099	351032	165100	
1123000000	서울특별시 동...	346080	164359	2.11	171964	174116	346072	164844	
1126000000	서울특별시 중...	396755	181774	2.18	196803	199952	396314	182034	
1129000000	서울특별시 성...	442471	192809	2.29	214247	228224	442483	193344	
1130500000	서울특별시 강...	313705	144431	2.17	153058	160647	313289	144553	
1132000000	서울특별시 도...	332753	138509	2.40	162701	170052	332083	138607	
1135000000	서울특별시 노...	532662	217054	2.45	257746	274916	531840	217068	
1138000000	서울특별시 은...	479457	207824	2.31	231171	248286	479005	208153	
1141000000	서울특별시 서...	310353	140625	2.21	149114	161239	311327	141279	
1144000000	서울특별시 마...	373951	175282	2.13	176782	197169	374315	175694	
1147000000	서울특별시 양...	457887	177326	2.58	224995	232892	457332	177425	
1150000000	서울특별시 강...	591599	263166	2.25	286309	305290	590419	263413	
1153000000	서울특별시 구...	406751	176820	2.30	201065	205686	406245	177120	
1154500000	서울특별시 금...	233066	111000	2.10	118299	114767	232827	111287	
1156000000	서울특별시 영...	367916	175237	2.10	182504	185412	370108	176625	
1159000000	서울특별시 동...	395636	180862	2.19	191772	203864	395201	181268	
1162000000	서울특별시 관...	499869	269072	1.86	250931	248938	499587	269964	
1165000000	서울특별시 서...	431050	173388	2.49	206112	224938	431336	173635	
1168000000	서울특별시 강...	545938	233363	2.34	261190	284748	546436	233849	

step 2 새 페이지에 선 그래프를 추가한다.

먼저 새 페이지를 생성한다.

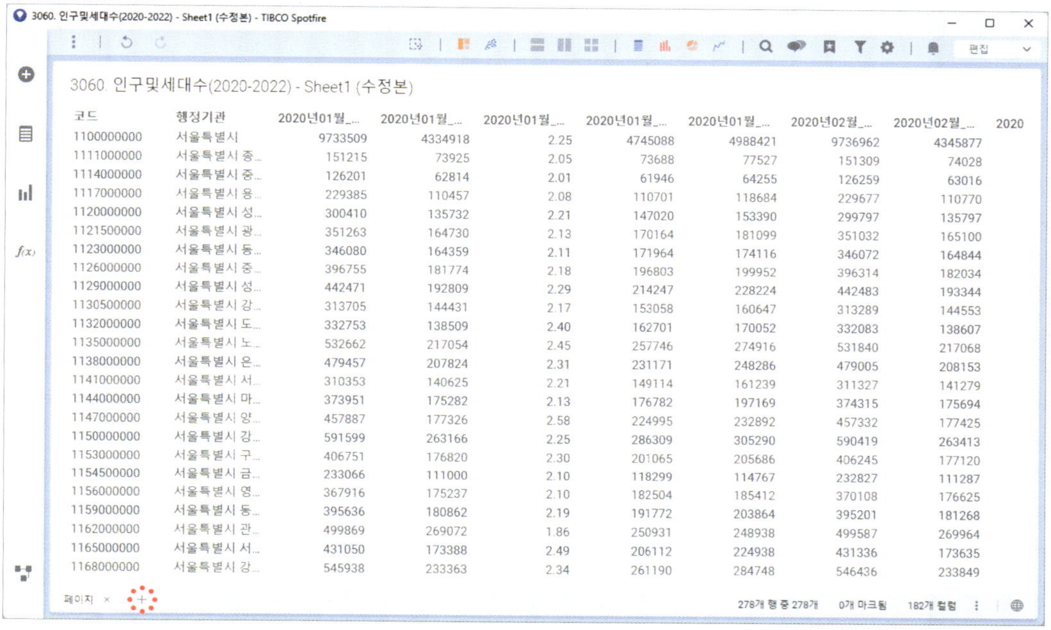

코드	행정기관	2020년01월_...	2020년01월_...	2020년01월_...	2020년01월_...	2020년01월_...	2020년02월_...	2020년02월_...	2020
1100000000	서울특별시	9733509	4334918	2.25	4745088	4988421	9736962	4345877	
1111000000	서울특별시 종...	151215	73925	2.05	73688	77527	151309	74028	
1114000000	서울특별시 중...	126201	62814	2.01	61946	64255	126259	63016	
1117000000	서울특별시 용...	229385	110457	2.08	110701	118684	229677	110770	
1120000000	서울특별시 성...	300410	135732	2.21	147020	153390	299797	135797	
1121500000	서울특별시 광...	351263	164730	2.13	170164	181099	351032	165100	
1123000000	서울특별시 동...	346080	164359	2.11	171964	174116	346072	164844	
1126000000	서울특별시 중...	396755	181774	2.18	196803	199952	396314	182034	
1129000000	서울특별시 성...	442471	192809	2.29	214247	228224	442483	193344	
1130500000	서울특별시 강...	313705	144431	2.17	153058	160647	313289	144553	
1132000000	서울특별시 도...	332753	138509	2.40	162701	170052	332083	138607	
1135000000	서울특별시 노...	532662	217054	2.45	257746	274916	531840	217068	
1138000000	서울특별시 은...	479457	207824	2.31	231171	248286	479005	208153	
1141000000	서울특별시 서...	310353	140625	2.21	149114	161239	311327	141279	
1144000000	서울특별시 마...	373951	175282	2.13	176782	197169	374315	175694	
1147000000	서울특별시 양...	457887	177326	2.58	224995	232892	457332	177425	
1150000000	서울특별시 강...	591599	263166	2.25	286309	305290	590419	263413	
1153000000	서울특별시 구...	406751	176820	2.30	201065	205686	406245	177120	
1154500000	서울특별시 금...	233066	111000	2.10	118299	114767	232827	111287	
1156000000	서울특별시 영...	367916	175237	2.10	182504	185412	370108	176625	
1159000000	서울특별시 동...	395636	180862	2.19	191772	203864	395201	181268	
1162000000	서울특별시 관...	499869	269072	1.86	250931	248938	499587	269964	
1165000000	서울특별시 서...	431050	173388	2.49	206112	224938	431336	173635	
1168000000	서울특별시 강...	545938	233363	2.34	261190	284748	546436	233849	

생성된 새 페이지에

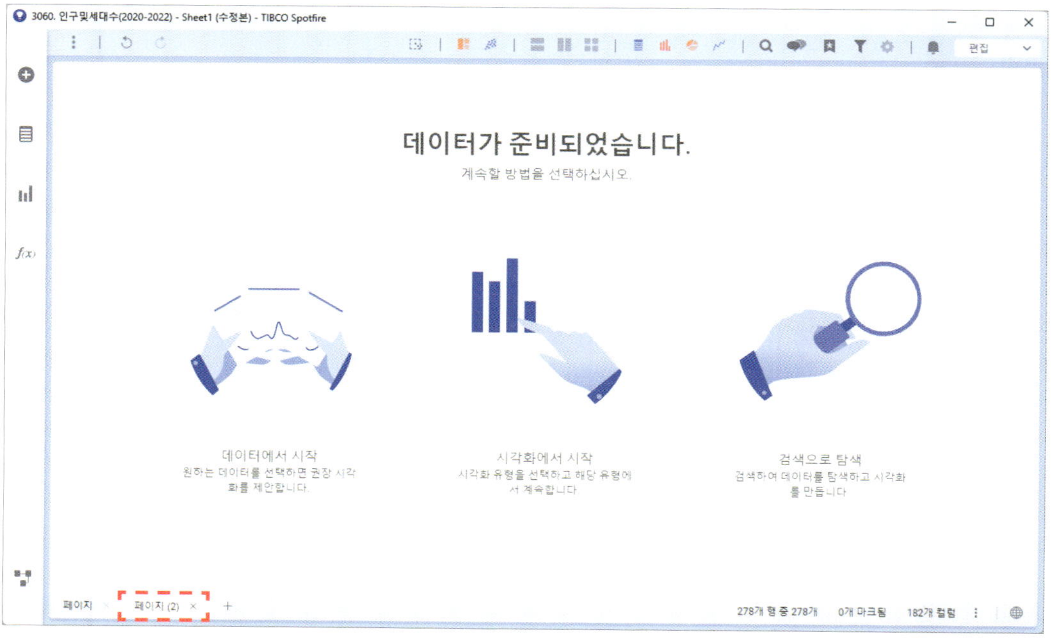

선 그래프를 추가한다. Spotfifre 화면의 좌측 상단에서 세 번째 아이콘(막대그래프 모양)을 클릭하면 오른쪽으로 차트 유형을 선택할 수 있는 추가 화면이 펼쳐진다. 이 중에서 [선 그래프]를 선택한다.

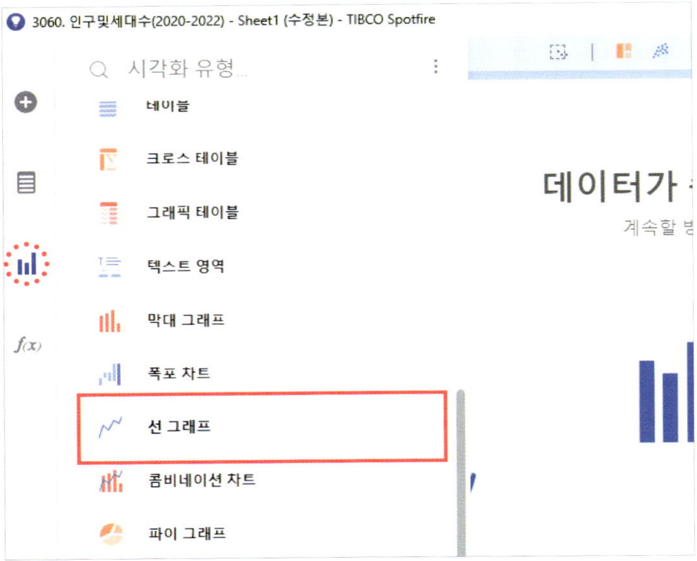

아래 그림처럼 기본(default) 설정이 적용된 선 그래프가 생성된다.

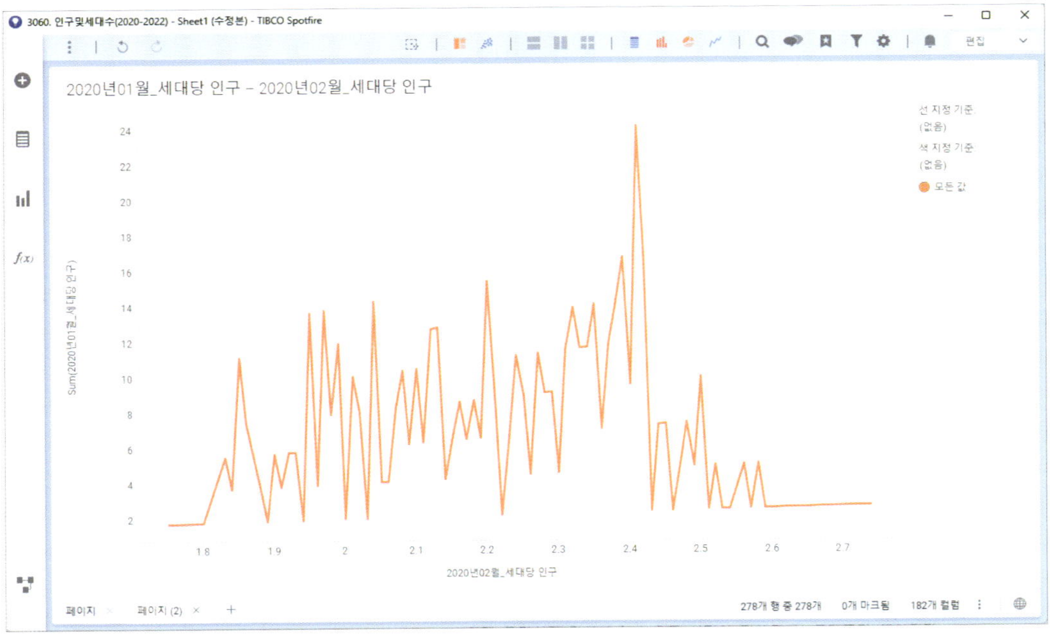

이번 과제의 목표는 36개월(2020.1.~2022.12.) 동안의 시군구별 인구 추이를 살펴보고 인구가 가장 많이 감소하는 시군구를 찾는 것이므로 선 그래프를 다음과 같이 설정한다.

- X축: 연월
- Y축: 인구수(Sum)
- 색상: 시군구

하지만 다음 그림에서 볼 수 있듯이, 현재 데이터 테이블 구조에서는 위에서 설정한 항목들을 선 그래프에서 바로 선택할 수 있도록 컬럼 형태로 되어 있지 않다.

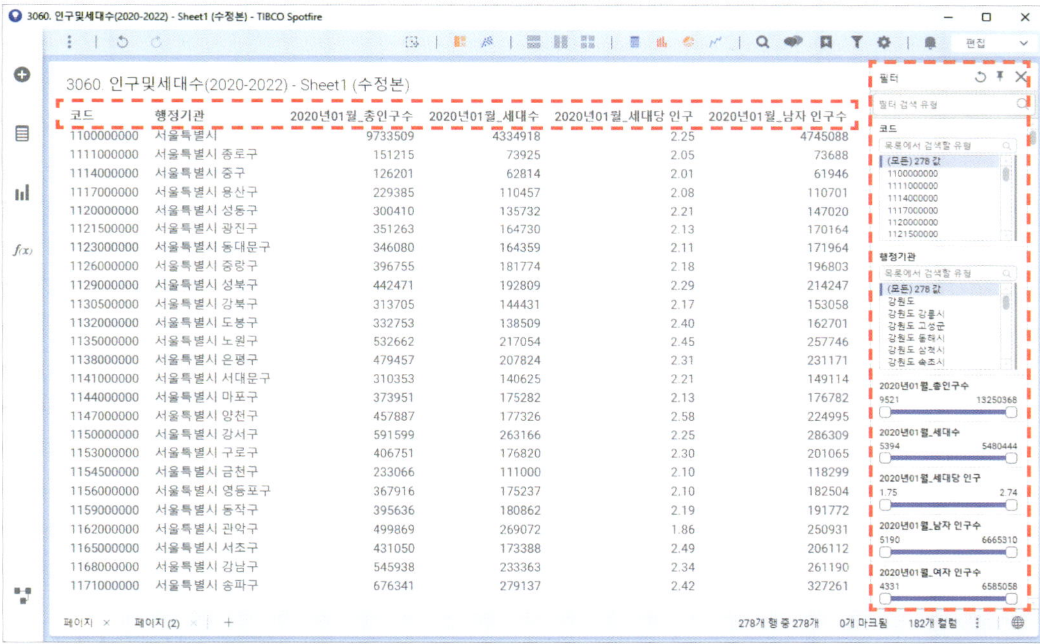

step 3 언피벗을 이용하여 데이터를 변환한다.

우리가 원하는 항목들('연월', '인구수', '시군구')을 컬럼 제목으로 선택할 수 있도록 하려면 현재 데이터에서 변환이 필요하다.

화면의 좌측 하단에서 ① 캔버스 아이콘을 선택하고, ② 데이터를 표시하는 사각형(노드) 우측의 + 모양을 클릭한 다음, ③ 아래에 표시된 메뉴들 중 [변환 추가]를 클릭한다.

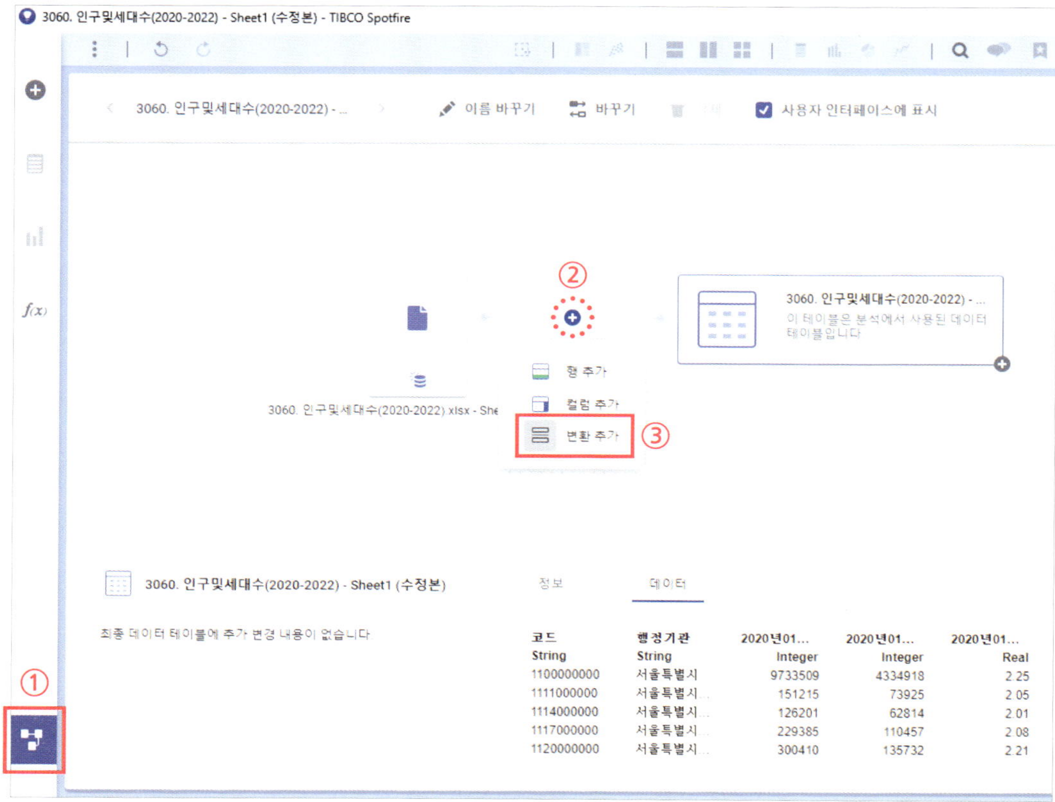

데이터 변환 설정창이 나타나면 [변환] 방법으로 '언피벗(Unpivot)'을 선택하고 [삽입] 버튼을 클릭한다.

→ 언피벗에 대한 상세 설명은 《Spotfire 초보자 가이드 개정2판》 pp. 595~603 참조

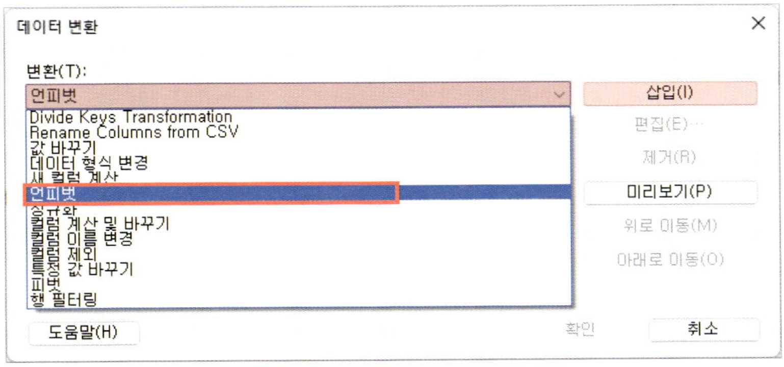

[언피벗 데이터] 설정창이 새로 나타난다.

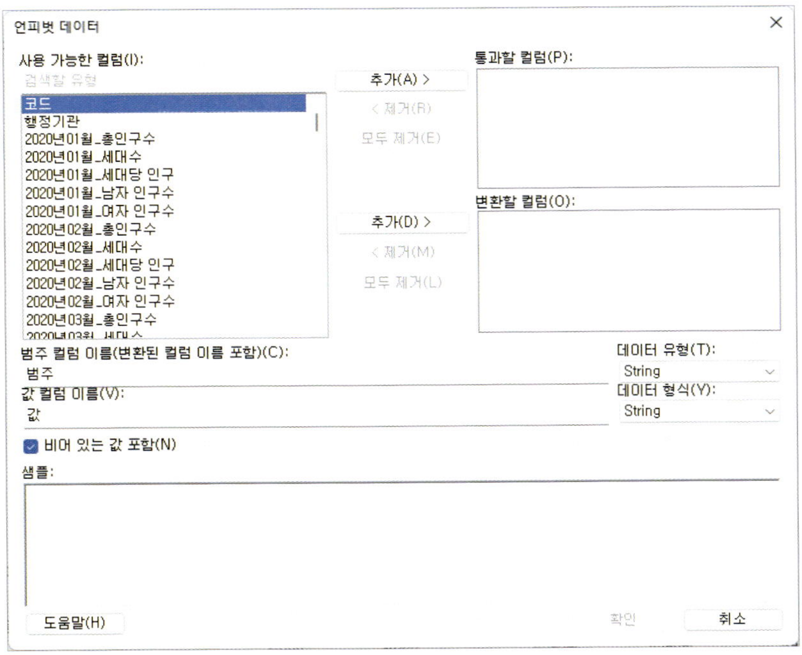

다음 그림처럼 왼쪽의 [사용 가능한 컬럼]에서 [코드]와 [행정기관] 2개 컬럼을 오른쪽 [통과할 컬럼]에 추가하고, 나머지 컬럼들은 모두 [변환할 컬럼]에 추가한 후 [확인] 버튼을 누른다.

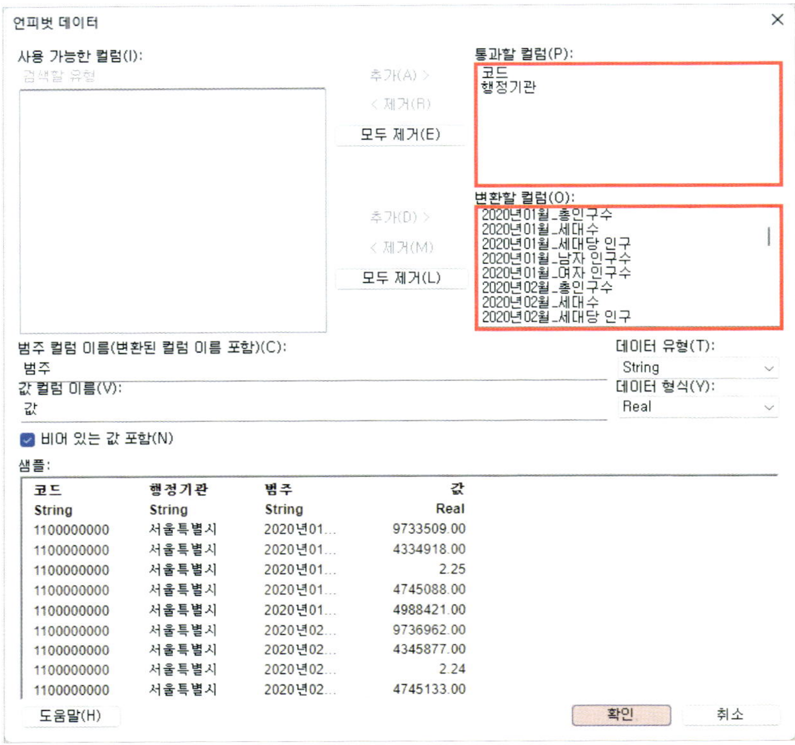

[데이터 변환] 설정창에 '언피벗'이 설정되어 있는지 확인하고 [확인] 버튼을 누른다.

설정창이 사라지고 데이터 캔버스 화면이 다시 나타나면 ① 노드의 우측 상단 모서리에 1개 작업을 설정했다는 표시와 ② 좌측 하단에 '언피벗'이라고 입력된 변환명을 확인한다. 확인 후 ③ 좌측 하단의 캔버스 아이콘을 클릭하여 캔버스 화면을 닫는다.

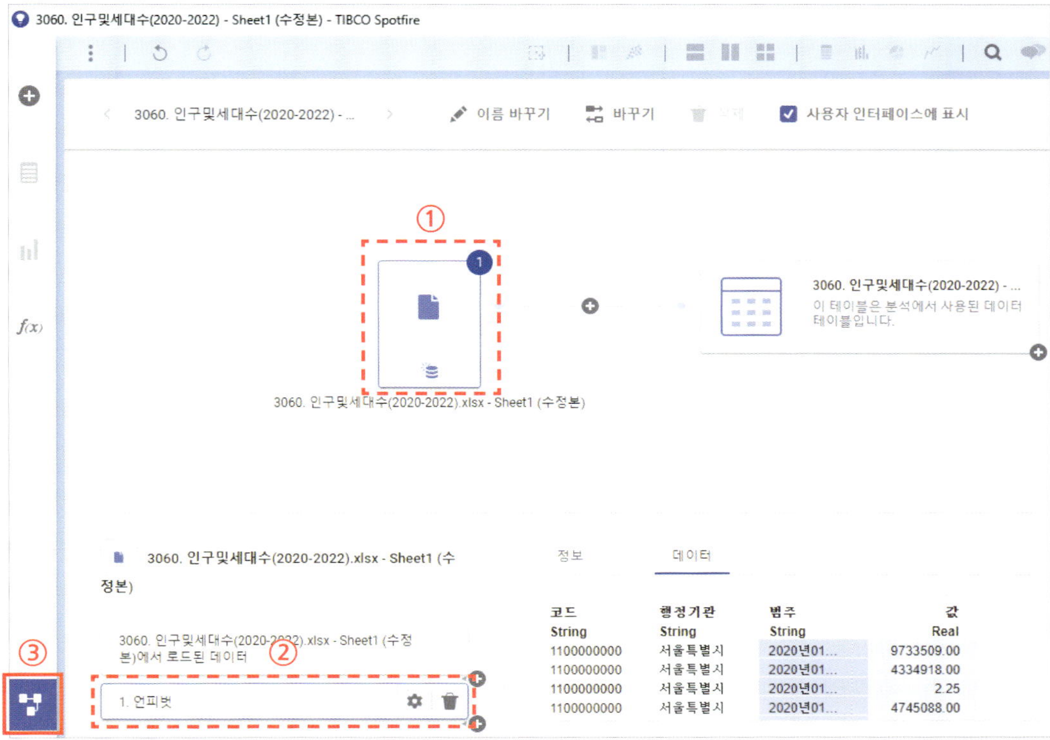

테이블 차트를 보면 데이터가 언피벗되었다.

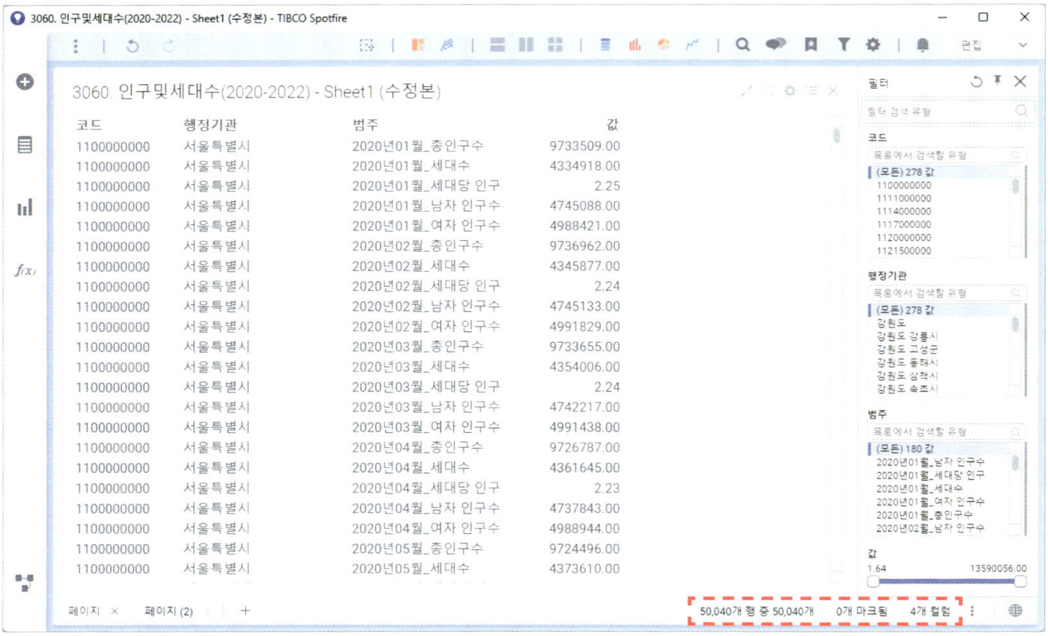

최초에 로딩했던 데이터 '278개 행, 182개 컬럼'의 데이터 테이블이 '50,040개 행, 4개 컬럼'으로 변환되었다. 다음 그림처럼 데이터 변환 전과 후의 변화를 각각 테이블 차트의 우측 하단에 있는 상태 정보에서 확인할 수 있다.

[데이터 변환 전]

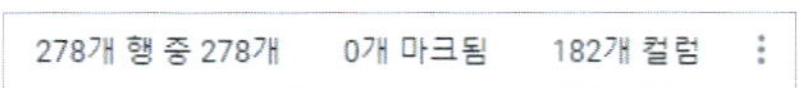

[데이터 변환 후]

step 4 컬럼 분할을 이용하여 [행정기관] 컬럼에서 '시도명'과 '시군구명'을 분리한다.

과제 수행을 위해서 시군구 이름을 사용해야 하는데 현재 데이터는 '시도명'과 '시군구명'이 한 컬럼에 섞여서 표시되어 있다.

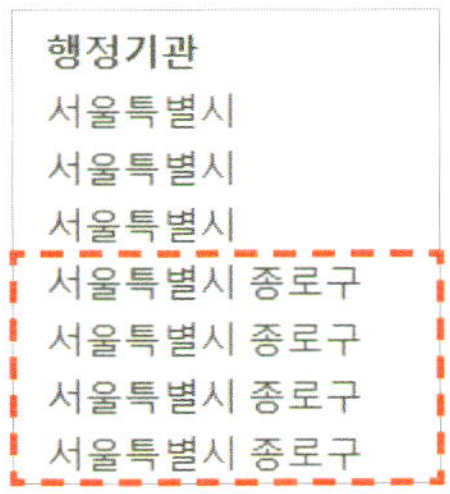

이 컬럼에서 '시도명'과 '시군구명'을 '컬럼 분할(Column Split)'을 사용하여 분리한다.

→ 컬럼 분할에 대한 상세 설명은 《Spotfire 초보자 가이드 개정2판》 pp. 145~149 참조

① 화면 좌측 상단에서 두 번째 아이콘(분석의 데이터)을 클릭한다. ② [행정기관] 컬럼을 선택하고, ③ 우측 상단에 있는 톱니바퀴 모양의 '선택한 컬럼의 상세 정보' 아이콘을 누른 다음, ④ [작업] 아래 [컬럼 분할] 버튼을 클릭한다.

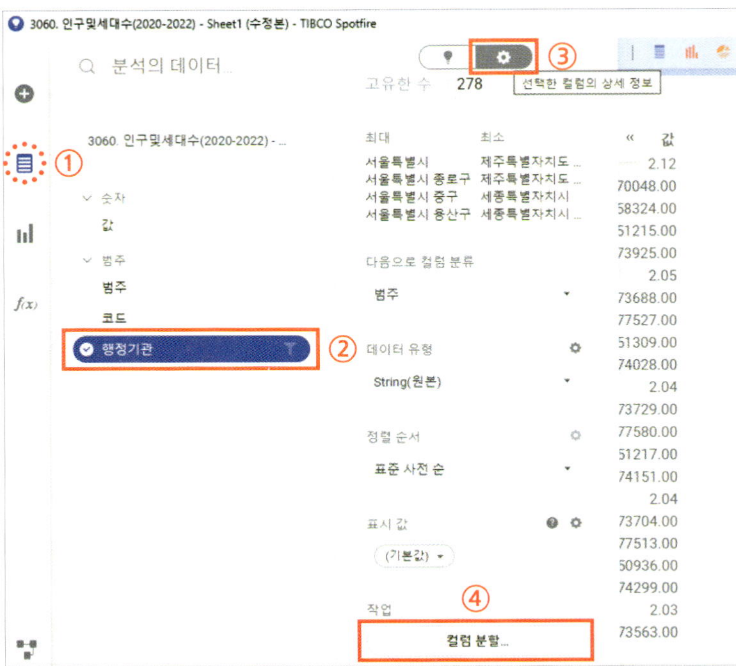

[컬럼 분할] 설정창이 나타나면 아래 그림처럼 입력하고 [확인] 버튼을 클릭한다.

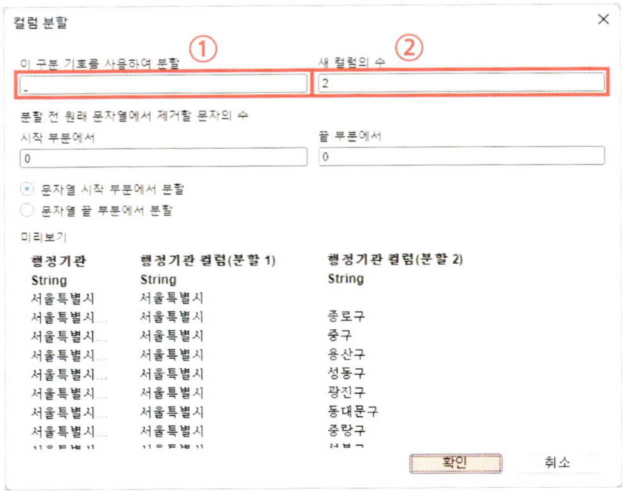

① 이 구분 기호를 사용하여 분할

컬럼을 분할할 때 사용하는 구분자를 입력하는 칸이다. 이번 데이터에는 빈칸('서울특별시 종로구'에서 '서울특별시'와 '종로구' 사이의 빈칸)이 구분자로 사용되었다.

입력창을 클릭하여 Backspace 키로 완전히 지운 후, Space 키를 눌러 빈칸을 한 번만 입력한다. 이때 빈칸이 원래 컬럼 값에 사용된 구분자와 다르게 여러 번 들어가지 않도록 주의한다.

TIP

구분자를 정확하게 확인하는 가장 좋은 방법은 MS 엑셀에서 원본 파일을 열어보는 것이다. 원본 데이터 파일을 열어서 아래 그림과 같이 입력창(위쪽 점선 사각형)을 살펴보면 '시도명(서울특별시)'과 '시군구명(종로구)' 사이에 빈칸이 하나(서울특별시 종로구) 사용된 것을 알 수 있다.

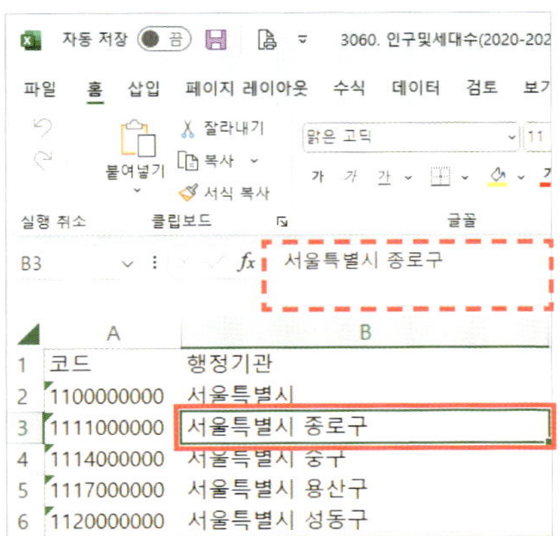

② 새 컬럼의 수

원본 컬럼('행정기관')을 몇 개의 컬럼으로 분리할지 입력하는 부분이다. 입력창을 클릭하여 Backspace 키로 완전히 지운 후, '2'를 입력(여기서는 '시도명'과 '시군구명' 2개로 분할해야 하므로)한다.

설정창이 사라지고 이전 화면으로 돌아간다. [범주] 카테고리의 [행정기관] 컬럼 아래에 원래 [행정기관] 컬럼으로부터 생성된 2개의 컬럼이 보인다.

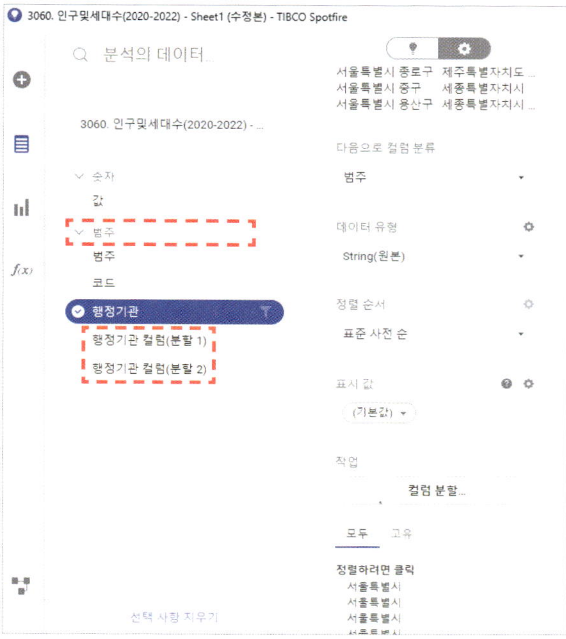

좌측 상단 두 번째 아이콘(분석의 데이터)을 클릭하여 초기 화면으로 돌아간다.

테이블 차트에서 컬럼 이름 전체를 볼 수 있도록 테이블 중앙에서 마우스 우클릭한 후 [컬럼 크기를 조정하여 맞춤]을 선택하면 테이블의 컬럼값들을 더 잘 볼 수 있다.

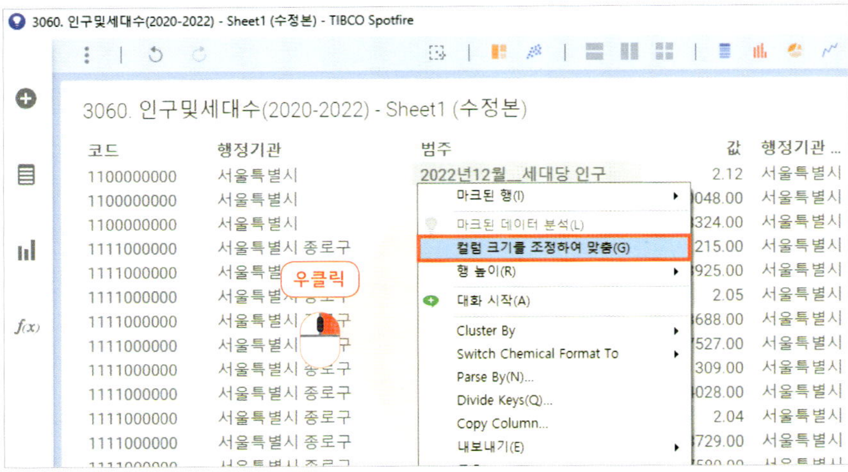

새로 생성된 2개의 컬럼은 테이블 차트의 오른쪽 마지막 부분이나 필터 패널의 끝부분에서 확인할 수 있다.

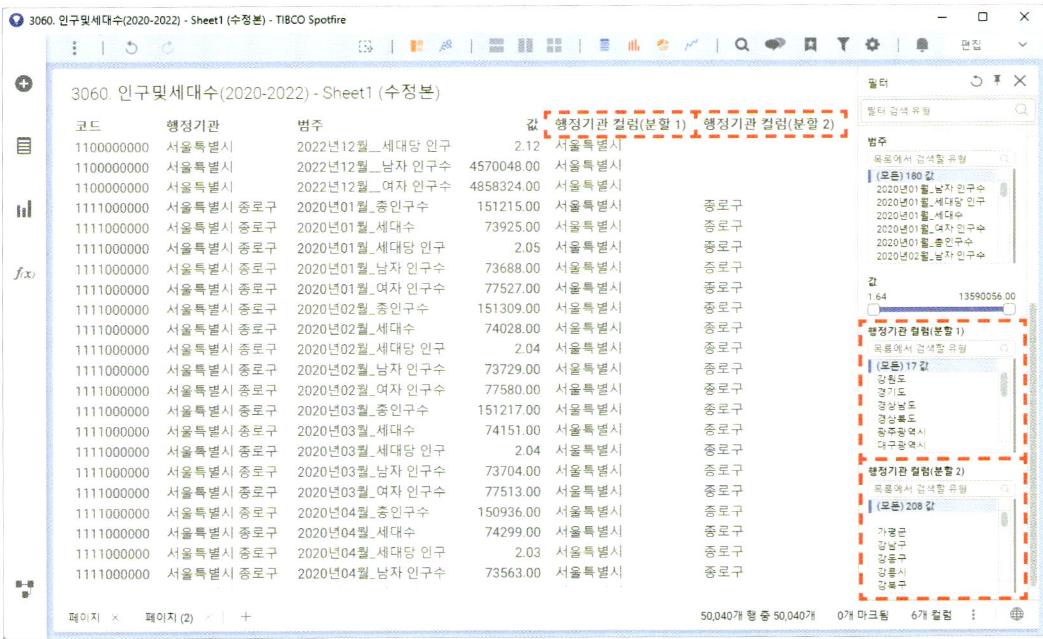

새로 생성된 2개의 컬럼 이름을 각각 '시도명'과 '시군구명'으로 변경해보자.

필터 패널의 해당 컬럼에서 마우스 우클릭한 후 [이름 바꾸기]를 선택하여 각각 수정한다.

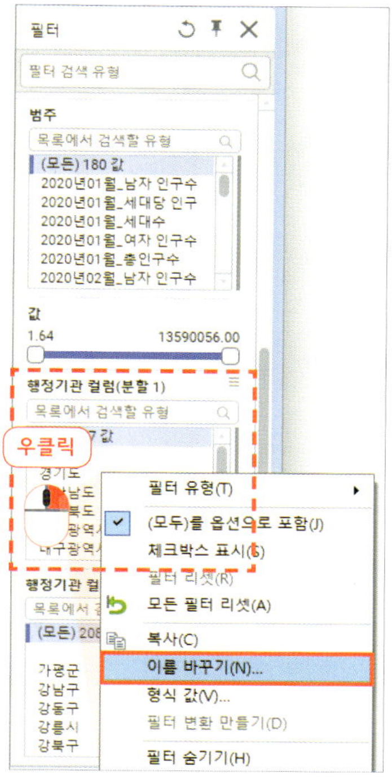

다음은 컬럼 제목을 수정한 이후의 화면이다.

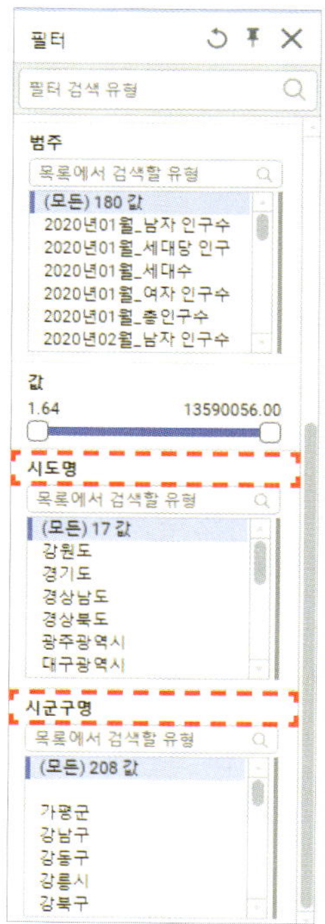

step 5 컬럼 분할을 이용하여 [범주] 컬럼에서 '연월'과 '항목 표시' 부분을 분리한다.

선 그래프에서 연월을 X축으로 사용해야 하는데 현재 데이터에는 연월을 의미하는 이름과 항목을 표시하는 이름이 아래 그림처럼 하나의 컬럼('범주') 안에 밑줄(_) 기호로 연결되어 있다.

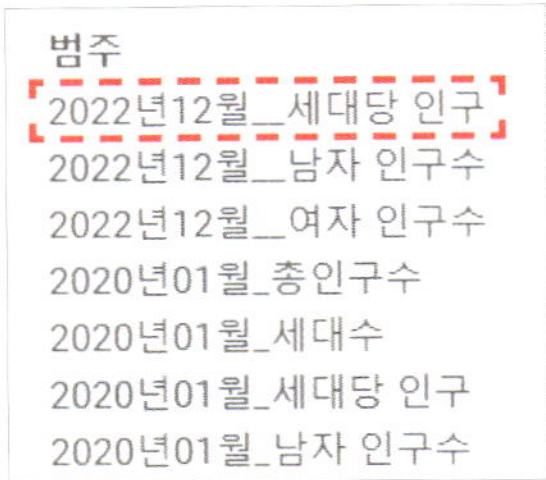

컬럼 분할 기능을 이용하여 이를 2개의 컬럼으로 분리한다.

① 화면 좌측 상단에서 두 번째 아이콘(분석의 데이터)을 클릭한다. ② [범주] 카테고리 아래의 [범주] 컬럼을 선택하고, ③ 상단에 보이는 톱니바퀴 모양(선택한 컬럼의 상세 정보) 아이콘을 누른 다음, ④ [작업]의 [컬럼 분할] 버튼을 클릭한다.

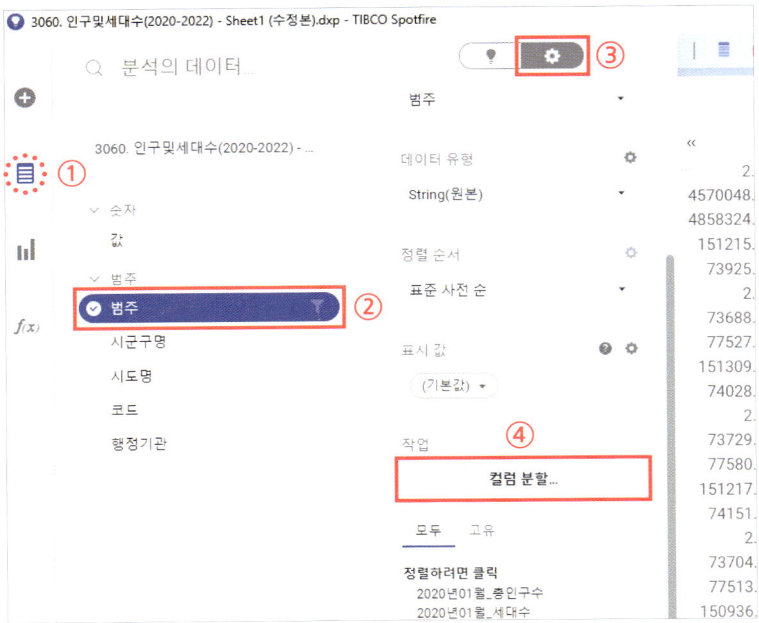

[컬럼 분할] 설정창이 나타나면 다음과 같이 입력하고 [확인] 버튼을 클릭한다.

① 이 구분 기호를 사용하여 분할

이번 경우에는 밑줄(_)이 한 번 사용되었다(예: 2020년01월_총인구수). 이 부분의 입력창을 클릭하여 Backspace 키로 기존 값을 완전히 지운 후, 밑줄을 한 번만 입력해준다.

② 새 컬럼의 수

입력창을 클릭하고 Backspace 키로 기존 값을 완전히 지운 후, '연월'과 '항목 표시' 2개로 분할되도록 숫자 '2'를 입력한다.

설정창이 사라지고 이전 화면으로 돌아간다. [범주] 컬럼 아래 2개의 컬럼이 새로 생성된 것이 보인다.

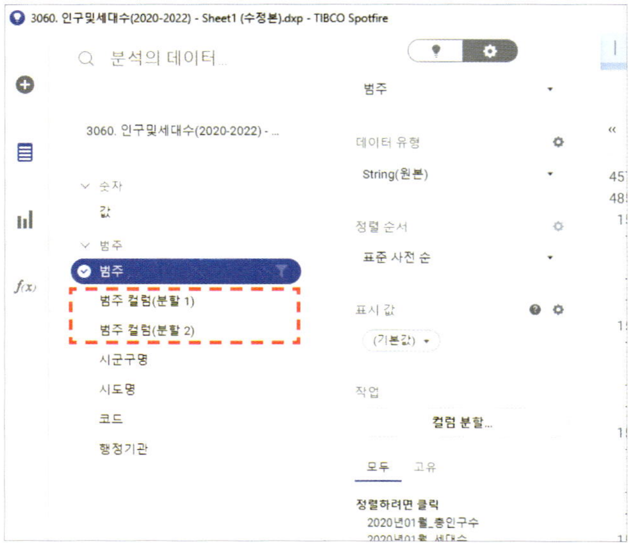

좌측 상단 두 번째 아이콘(분석의 데이터)을 클릭하여 초기 화면으로 돌아간다.

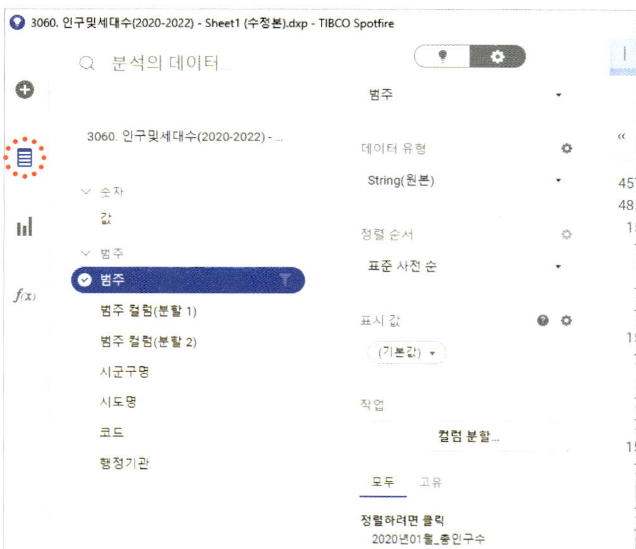

새로 생성된 2개의 컬럼을 확인하고,

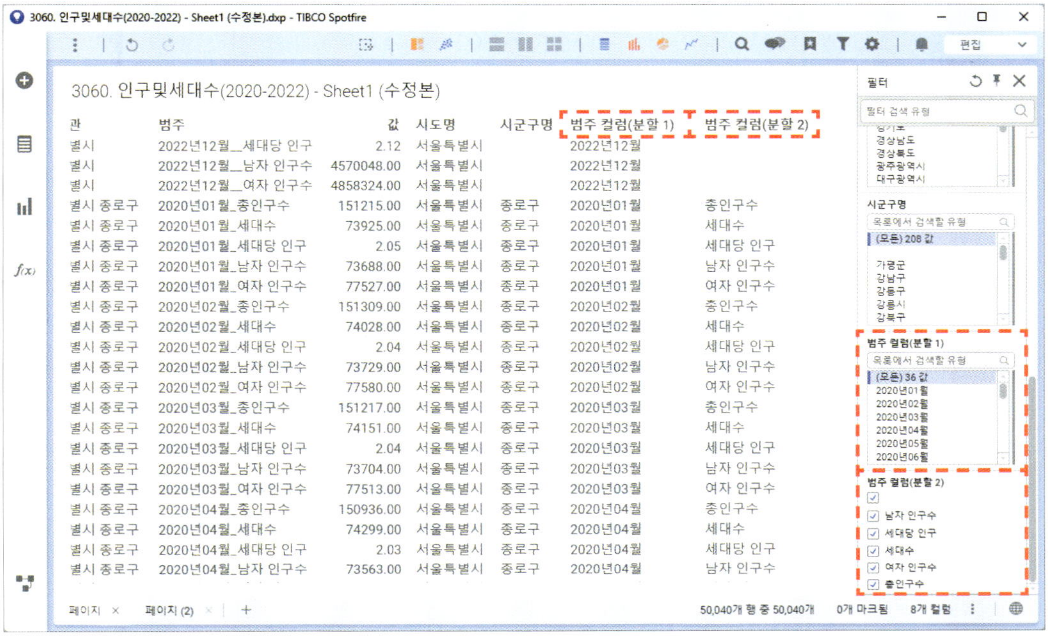

아래 그림처럼 컬럼 이름을 '연월'과 '항목 표시'로 각각 변경한다.

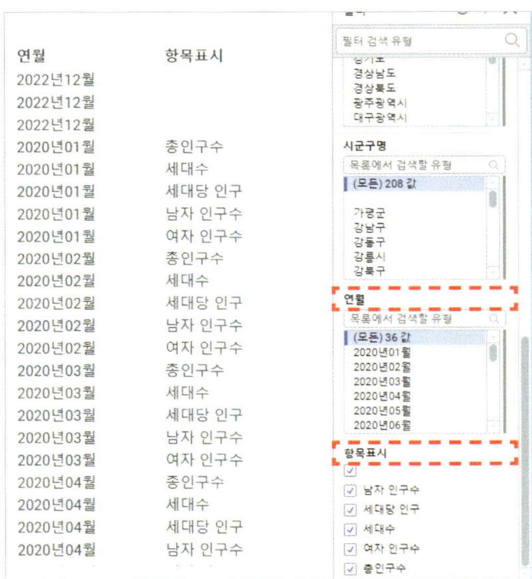

step 6 선 그래프에서 X축(연월), Y축(값), 색 지정 기준(행정기관) 설정을 변경한다.

원하는 컬럼 제목을 선택할 수 있도록 데이터 형태를 변환하였으므로 선 그래프에서 X축, Y축, 색 지정 기준 설정을 다음과 같이 변경한다.

- X축: 연월
- Y축: 값(Sum)
- 색 지정 기준: 행정기관

다음은 설정이 완료된 화면이다.

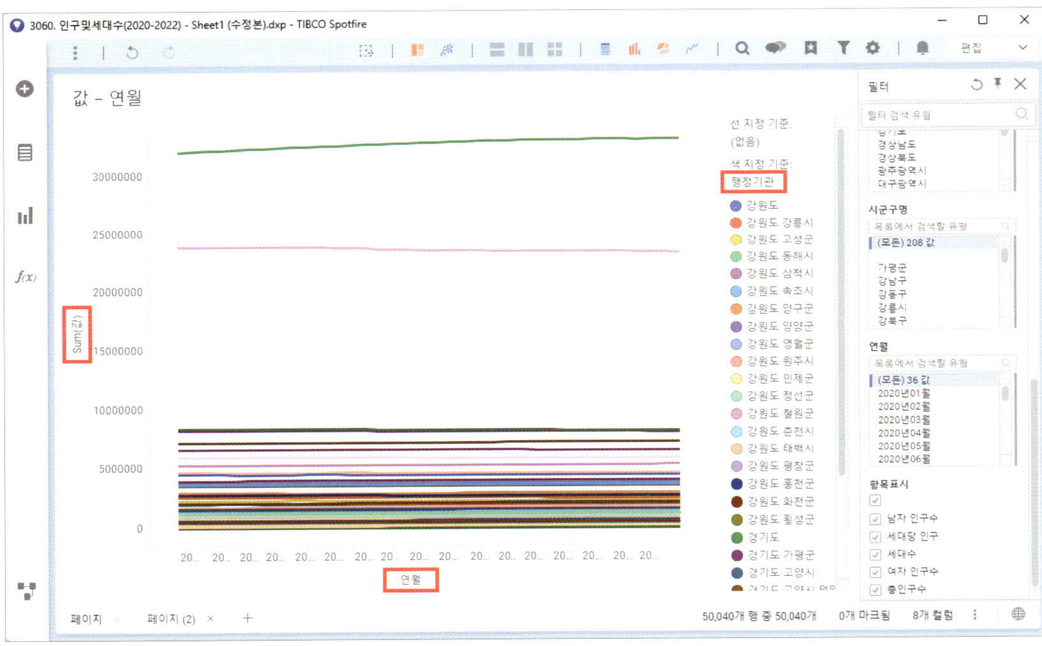

선 그래프 가장 윗부분에 2개의 선이 보이는데, 여기에 마우스 커서를 가져다 대면 툴팁(tooltip)으로 '경기도'와 '서울특별시'임을 확인할 수 있다.

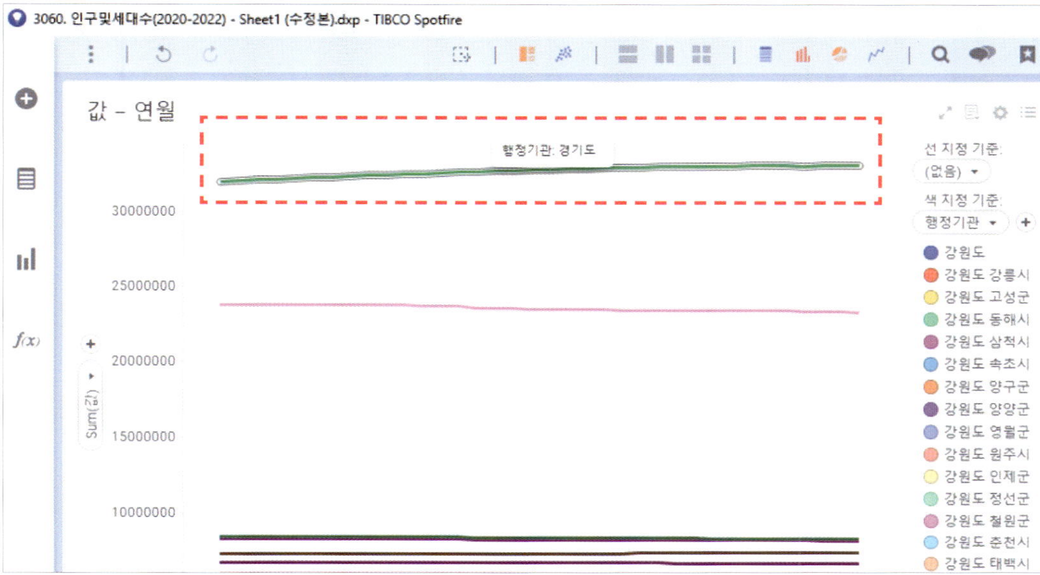

우리가 원하는 것은 '시도명(즉, 시도 전체 통합 인구)'이 아니라 '시군구명(시도명 아래에 있는 시, 구, 군 이름들)'이다. 다음 그림에서 [색 지정 기준]을 보면 알 수 있듯이(강원도, 강원도 강릉시, 강원도 고성군, …) '행정기관' 컬럼 안에는 '시도명'과 '시군구명'이 혼재되어 있다.

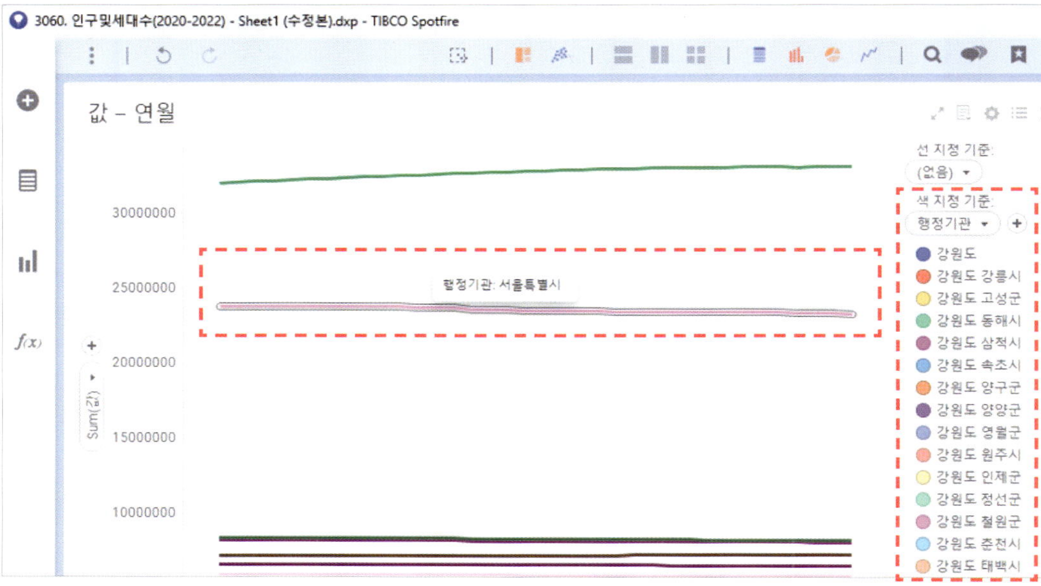

또한 Y축으로 '값' 컬럼을 설정하였는데, 필터 패널을 보면 '총인구수'만 표시되어 있는 것이 아니고 '남자 인구수', '세대당 인구', '세대수', '여자 인구수', '총인구수', 표시 없음 등 6개 항목들이 모두 합쳐서 표시되어 있다.

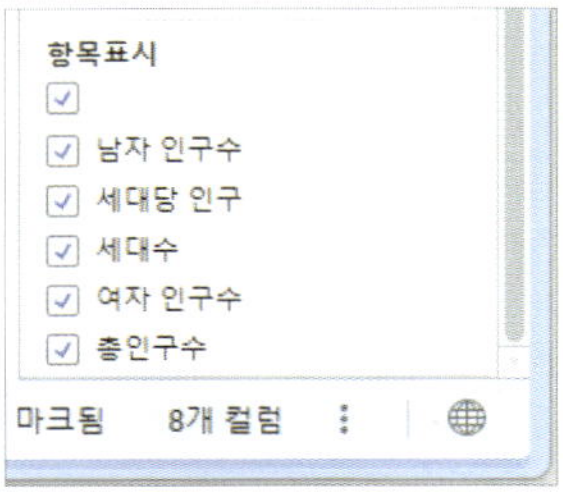

우리가 원하는 부분들만 반영하여 차트가 생성되도록, 필터링하여 '시군구명'별로 '총인구수'만 표시되도록 해야 한다.

step 7 [항목 표시] 컬럼 값들 중에서 '총인구수'만으로 필터링한다.

필터 패널에서 '총인구수'를 제외한 나머지 체크박스들을 해제하여 [항목 표시] 컬럼 값들 중 '총인구수'만으로 필터링한다. 그 결과 50,040개의 데이터 중 10,008개만 남았음을 상태 정보창에서 확인할 수 있다.

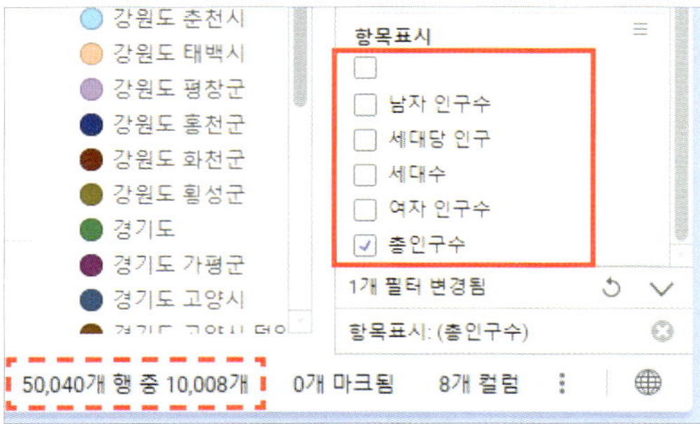

step 8 [시군구명] 컬럼 값들 중에서 컬럼 값이 표시된 부분들만으로 필터링한다.

시도명 전체를 나타내는 데이터(강원도, 경기도, … 등)들만 화면에서 제거(필터링)하기 위하여 '시군구명' 컬럼 값들 중 컬럼의 값이 표시된 부분들만으로 필터링한다. 시군구명 표시가 없다는 것은 시도명 전체를 표시한다는 의미이므로, 필터에서 시군구명이 표시되어 있는 부분들만 모두('가평군'부터 맨 끝 '횡성군'까지) 마킹한다.
필터링 후 50,040개의 데이터 중 9,396개의 데이터만 남았다.

[변경 전]

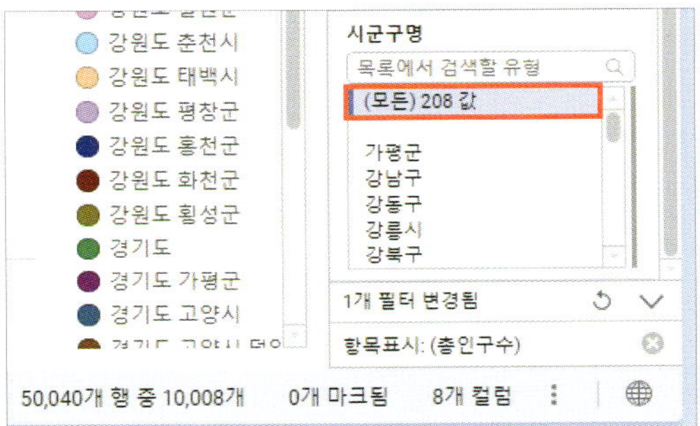

[변경 후]

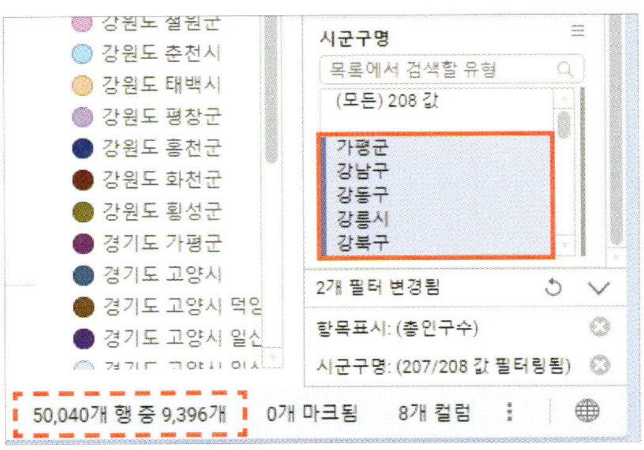

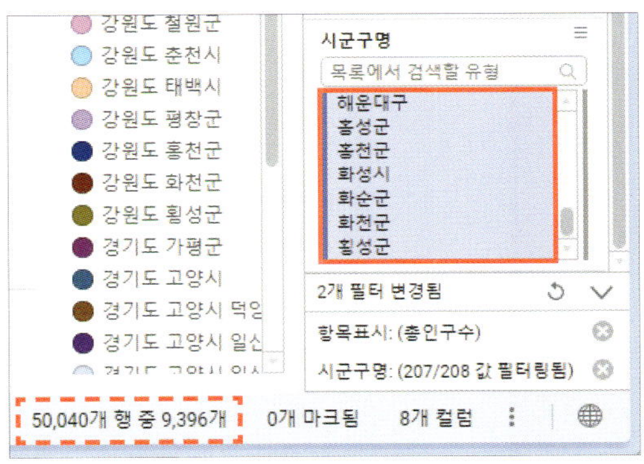

다음 화면을 보면 툴팁 기능을 이용하여 라인의 정보를 보여주고 있다. 인구가 가장 많은 시군구는 '경기도 수원시'로 총(Sum) 인구는 매년 대략 1,200,000명 정도이고,

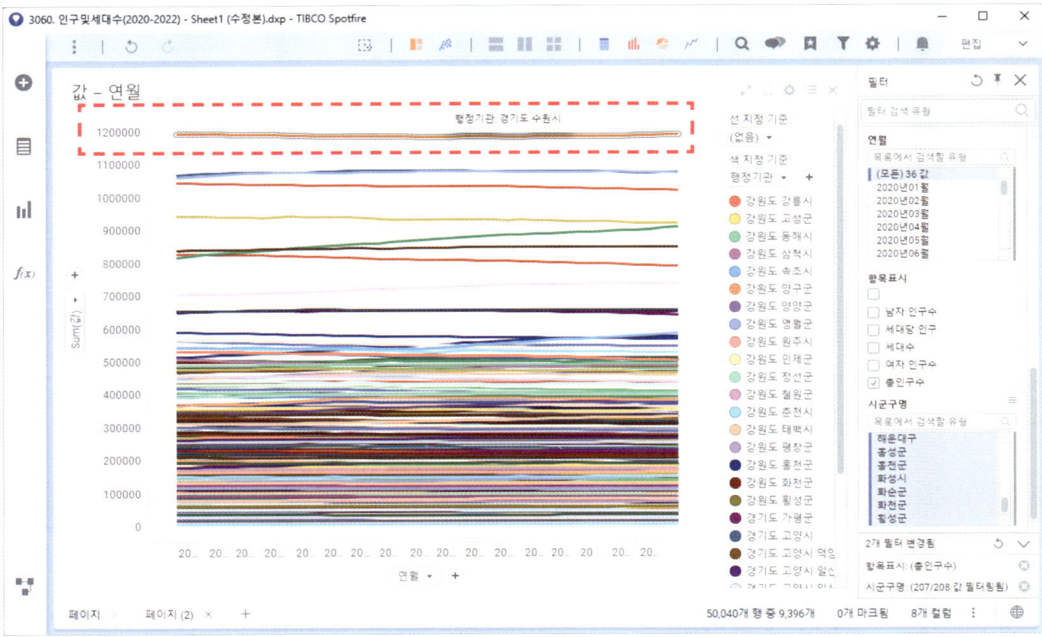

총 인구수가 가장 적은 경상북도 울릉군(매월 대략 10,000명 이하)은 아래 그림처럼 맨 밑에 위치하고 있다.

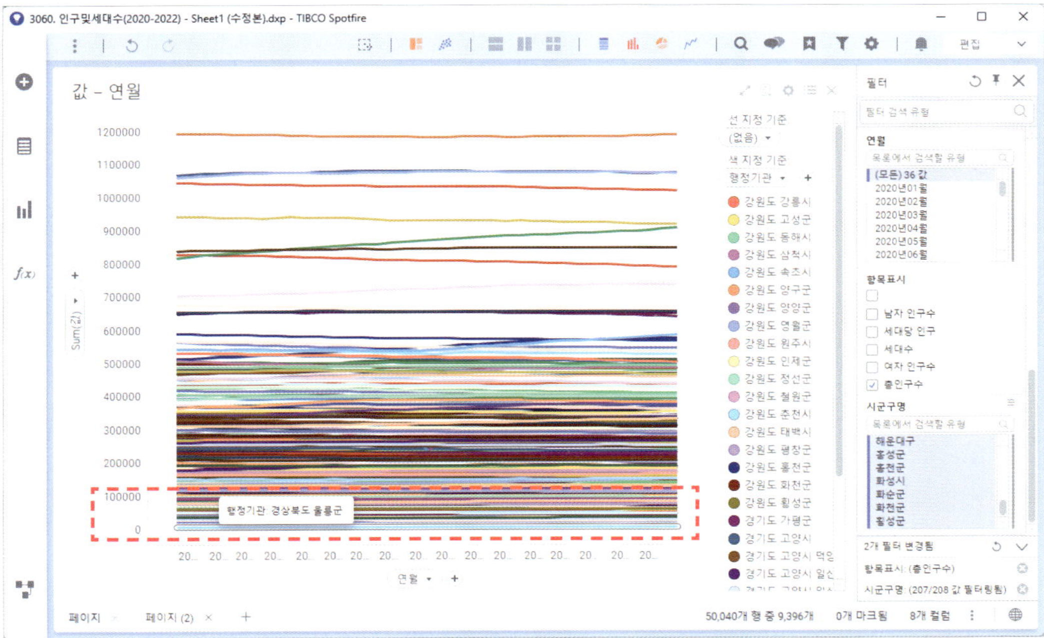

현재 화면에서는 총 인구수의 편차가 커서 전체를 동일한 척도에서 볼 때 마치 36개월 동안 인구 추이의 변화가 없는 것처럼(편평하게) 보인다. 하지만 실제로 척도를 시군구별로 다르게(다중 척도) 보면 인구 추이 패턴이 다양하게 존재함을 알 수 있다.

step 9 선 그래프의 Y축 설정을 '다중 척도'로 변경하여 여러 시군구들의 추세를 확인해보자.

마우스 커서를 선 그래프 Y축 척도 라벨 쪽으로 이동하면 아래 그림처럼 Y축에 연한 회색의 사각형 박스가 표시된다.

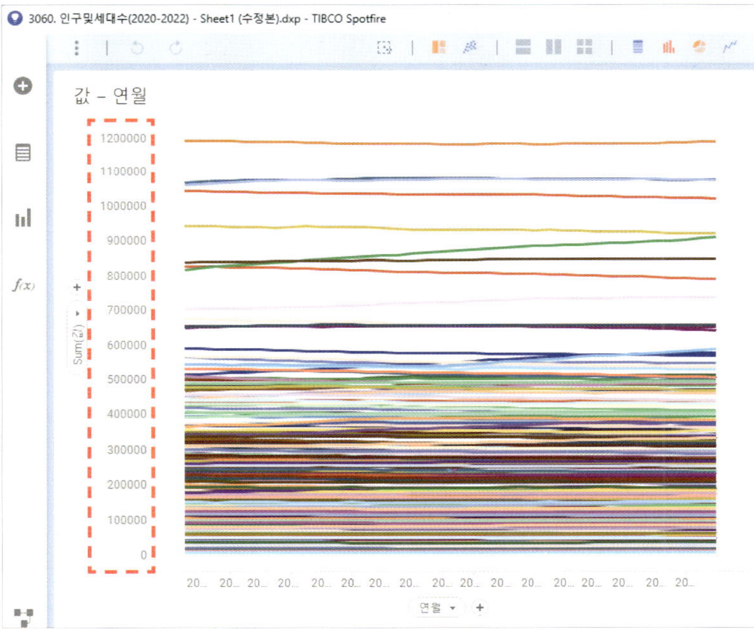

그 상태에서 마우스 우클릭하여 [다중 척도]를 선택한다.

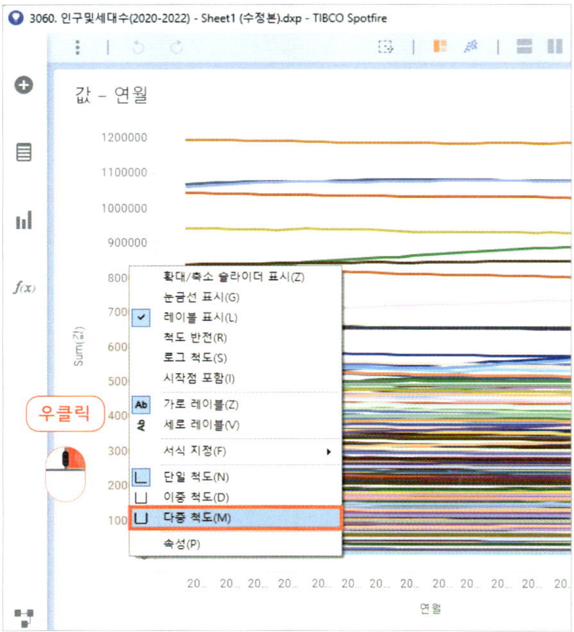

선 그래프에서 각 선(시군구명)에 따라 척도가 다르게 적용되어 추세를 상세하게 확인할 수 있다.

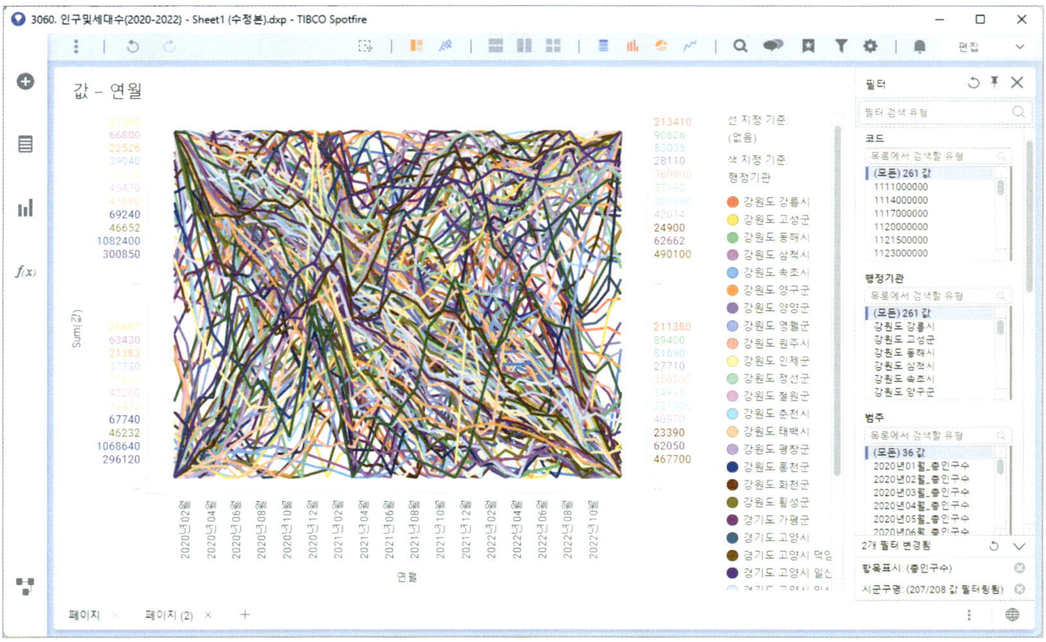

이번 과제에서 가장 중요한 단계는 여러 선(시군구)들 중에서 추세가 가장 하락하는(인구 감소 추세가 가장 심한) 시군구명을 순서대로 나열하는 작업이다. 여기서 한 가지 주의할 점은 추세가 하락하는 기준은 절대값과는 다르다는 것이다. 즉, 인구가 많고 적음의 문제(절대값)가 아니라 감소하는 비율(추세)을 기준으로 한다.

step 10 라인 유사성 기능을 이용하여 추세를 설정하고 [라인 유사성]을 실행하여 유사도와 유사도 순서를 구해보자.

메인 메뉴에서 [도구] → [라인 유사성]을 클릭한다.

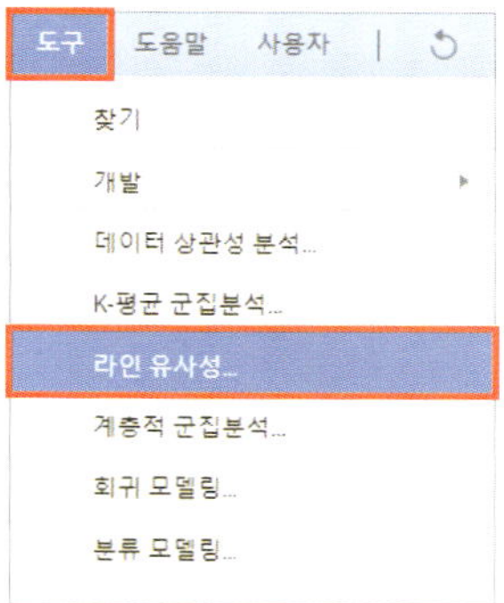

[라인 유사성] 설정창이 나타나면 [마스터 라인]의 2개 메뉴 중에서 [사용자 지정] 앞의 라디오버튼을 체크하고, 그 아래 '오름차순'을 클릭한다.

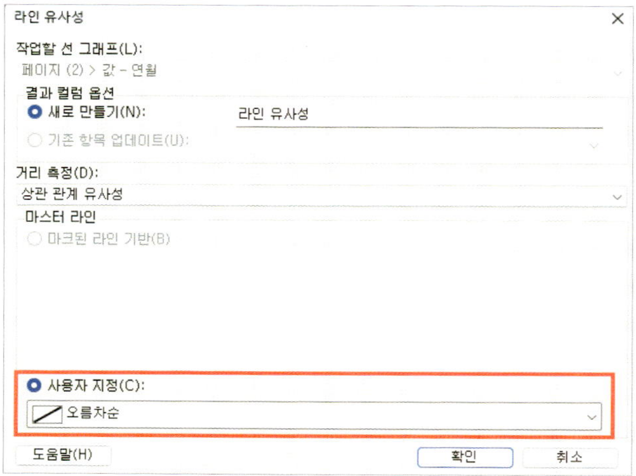

사용자 지정 패턴으로 Spotfire에서 미리 설정해놓은 8가지 패턴 목록이 펼쳐진다. 감소 추세를 찾아야 하므로 이 중에서 '내림차순'을 선택한다.

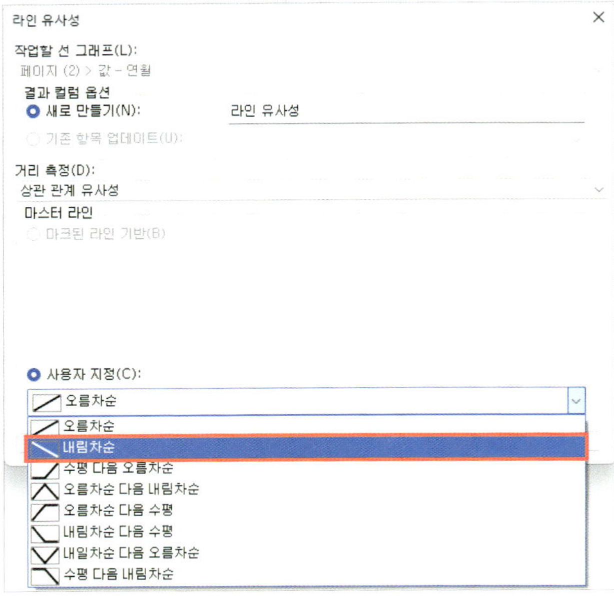

지금 수행하는 감소 추세의 분석 결과는 새로운 컬럼으로 생성된다. 따라서 분석 결과 컬럼에 대한 제목을 아래 그림처럼 [결과 컬럼 옵션]의 [새로 만들기] 입력창에 '라인 유사성-감소 추이'라고 입력한다. [사용자 지정] 패턴이 '내림차순'으로 설정되었는지 확인한 다음 [확인] 버튼을 누른다.

잠시 수행 화면이 표시되고 새로운 2개의 컬럼이 생성된다. 하지만 현재 작업 중인 선 그래프 자체에는 결과가 표시되지 않는다.

필터 패널의 마지막 부분에서 다음과 같이 2개의 새 컬럼을 확인할 수 있다.

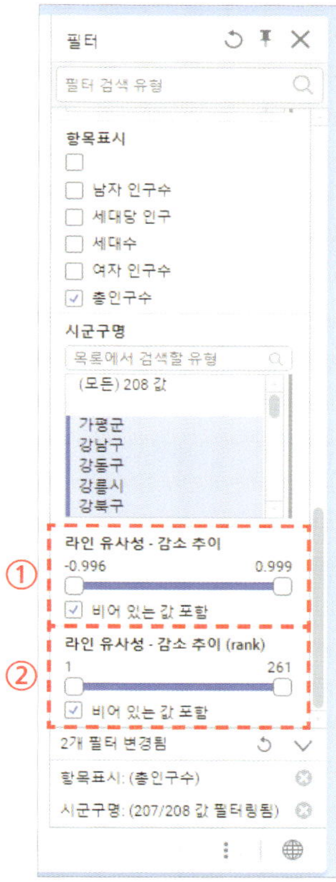

① 라인 유사성: [라인 유사성 – 감소 추이] 컬럼

사용자가 지정한 마스터 라인과 얼마나 유사한 패턴을 보이는지를 나타내는 값으로 -1 ~ 1 사이의 값으로 표시된다. 이 값이 '1'에 가까울수록 사용자가 지정한 마스터 라인(이 경우에는 내림차순)과 가장 유사함을 의미하며 '-1'은 가장 반대로 유사함을 의미한다. 이 값이 '0.999'라는 것은 사용자가 선택 기준으로 지정(마킹)한 라인과 거의(99.9%) 유사한 패턴임을 의미한다.

② 라인 유사성(rank): [라인 유사성 – 감소 추이(rank)] 컬럼

사용자가 지정한 마스터 라인과 얼마나 유사한 패턴을 보이는지 순위를 나타내는 값으로, 등수가 낮을수록(값이 작을수록) 사용자가 마킹한 마스터라인과 패턴이 더 유사함을

의미한다. 내림차순으로 지정한 마스터라인 기준으로 순위(rank)가 1(등)이면 내림차순(감소) 추세가 가장 심하다는 것을 의미하며 261(등)이라는 것은 내림차순과 가장 반대로, 즉 오름차순으로 1등이라는 의미다.

➔ 라인 유사성에 대한 상세 설명은 《Spotfire 초보자 가이드 개정2판》 pp. 690~701 참조

step 11 선 그래프에서 패널 격자 표시로 순서를 설정하여 어느 시군구에서 인구가 가장 많이 감소하는지 확인한다.

선 그래프에서 어느 시군구의 인구가 가장 많이 감소하는지 step 10의 실행 결과를 이용하여 확인해보자.

선 그래프에서 마우스 우클릭하여 [격자 표시]를 누른 후,

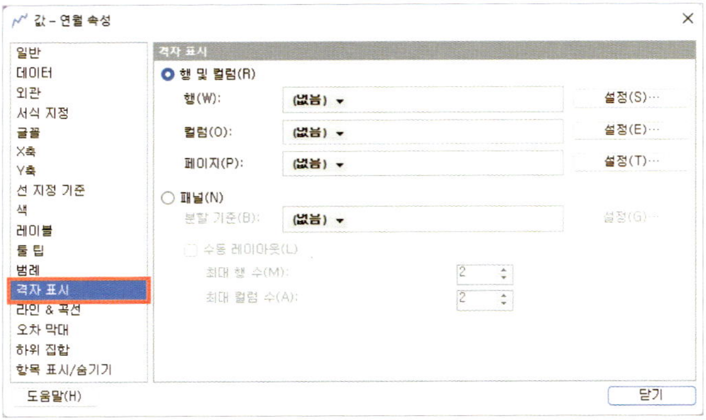

[패널]의 [분할 기준]을 다음과 같이 설정한다.

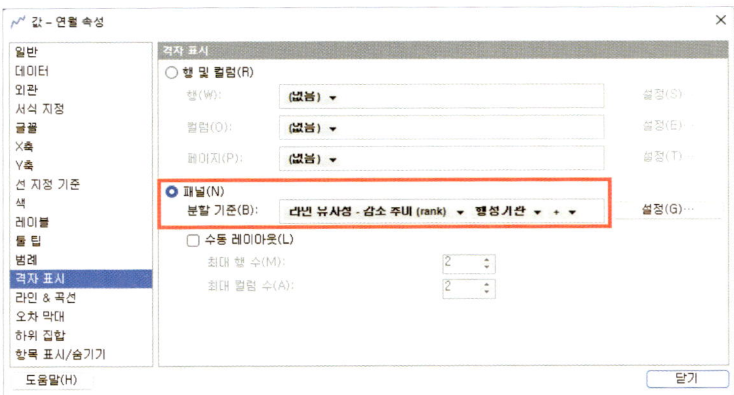

[수동 레이아웃]을 다음과 같이 변경하고 [닫기]를 누른다.

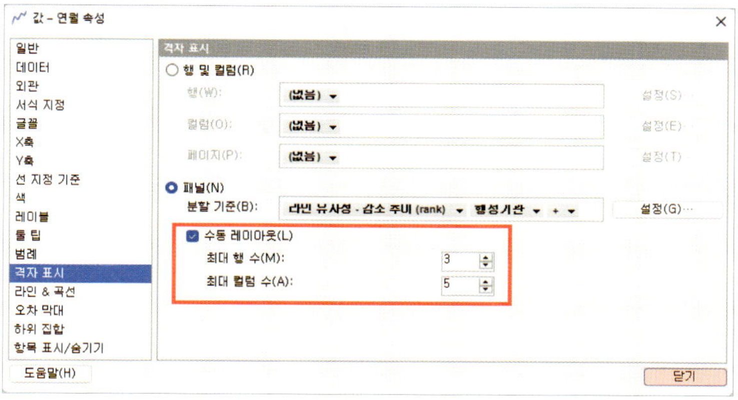

다음은 선 그래프에 격자 표시가 설정된 최종 화면이다.

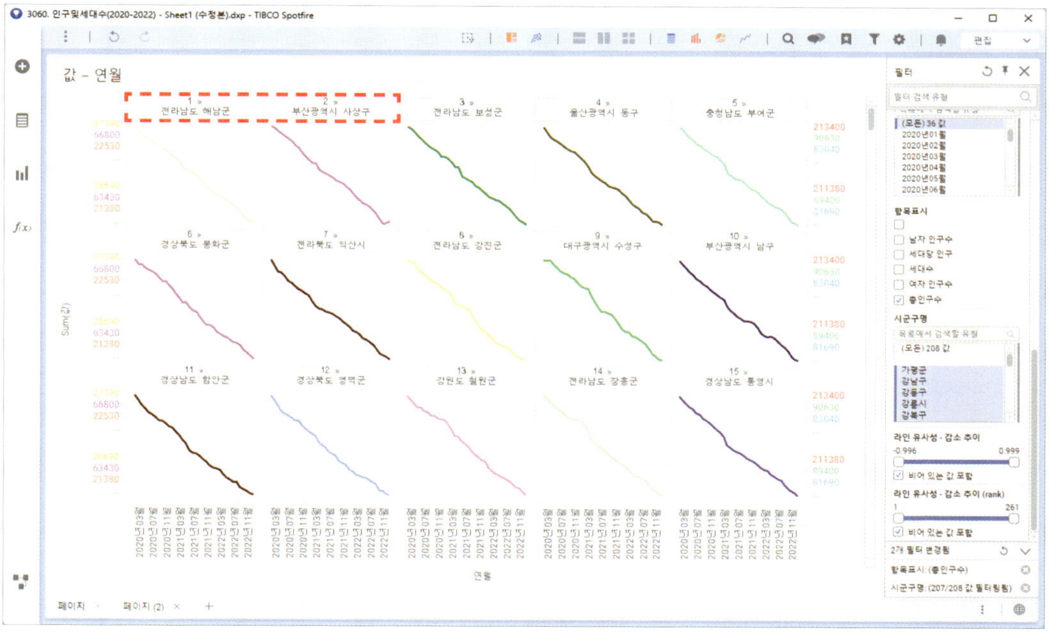

위 그림을 보면, 2020년 1월부터 2022년 12월까지 36개월 동안 전국에서 인구 감소 추세가 가장 크게 나타난 지역은 '전라남도 해남군'이고 그다음은 '부산광역시 사상구'이다.

step 12 인구가 가장 많이 감소한 상위 20개 시군구는 어느 시도에 해당되는지 차트로 확인한다.

앞의 분석 결과에서 1등부터 261등까지 시군구의 인구 감소 순서를 알 수 있다. 그러면 인구 감소 상위(Top) 20개 시군구들만 보았을 때 이 지역들이 어느 시도에 가장 많이 해당되는지 알아보자. 즉, 인구 감소 추세 상위 20위 안에 드는 시군구들이 주로 전라남도 지역에 많이 해당하는지, 혹은 부산광역시나 서울특별시 등에 해당하는지를 알아보고자 하는 것이다.

이를 위해서는 드릴다운 차트를 활용한다. 먼저 설정창에서 현재 '3행×5컬럼'으로 구성된 격자 표시의 [수동 레이아웃] 체크를 해제하고 [닫기]를 클릭한다.

이전의 3×5 배열보다 훨씬 많은 전체 시군구들이 순서대로 화면에 표시된다.

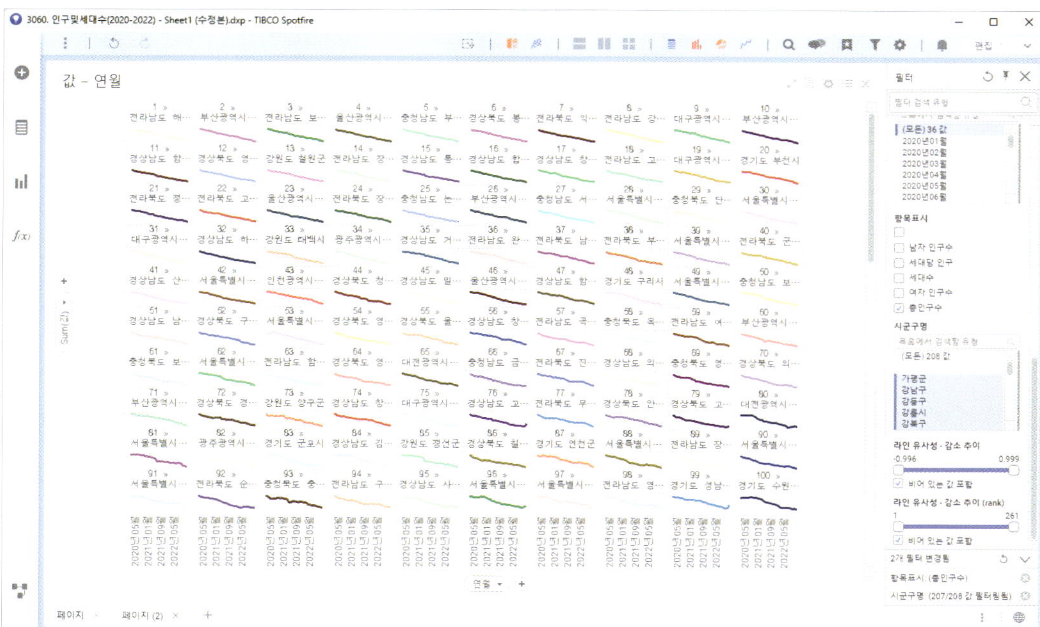

화면 중앙에서 마우스 우클릭하여 [상세 정보 시각화 만들기] → [파이 그래프]를 클릭한다.

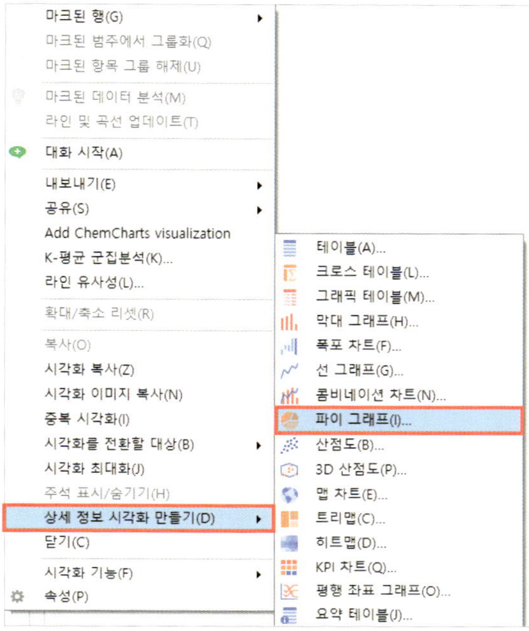

현재 화면 아래에 드릴다운될 차트가 빈 화면 형태(아직 좌측에서 마킹하지 않았기 때문에)로 생성된다.

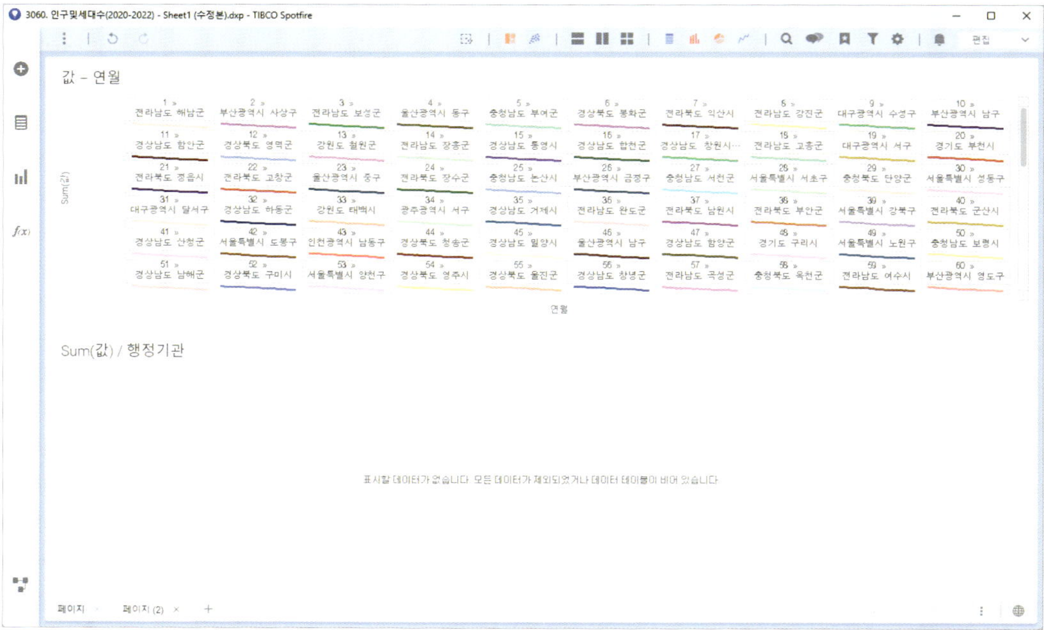

화면 정렬을 위아래 형태에서 좌우로 나란히 보이도록 변경하고,

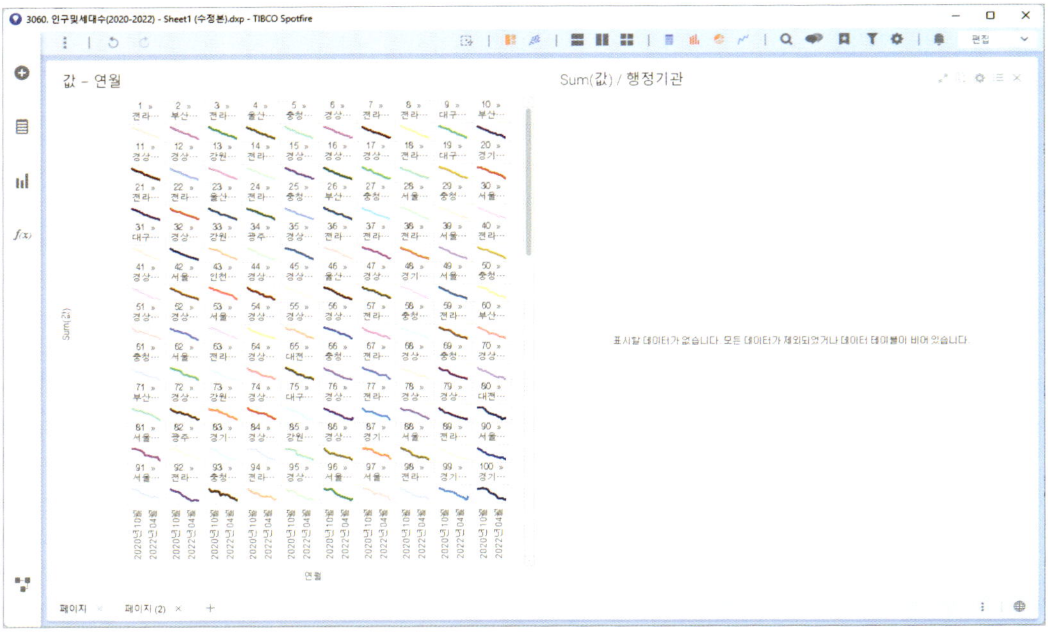

좌측(마스터) 차트에서 1등부터 20등까지 마킹한다.

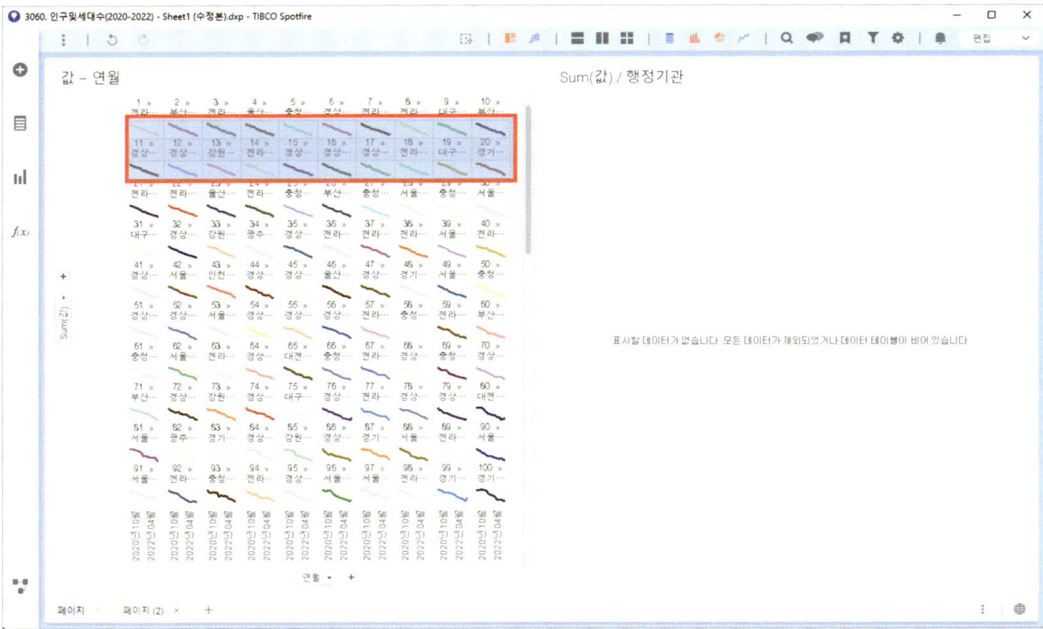

우측에 드릴다운된 결과가 표시되는데, 순서대로 격자 표시할 필요는 없으므로

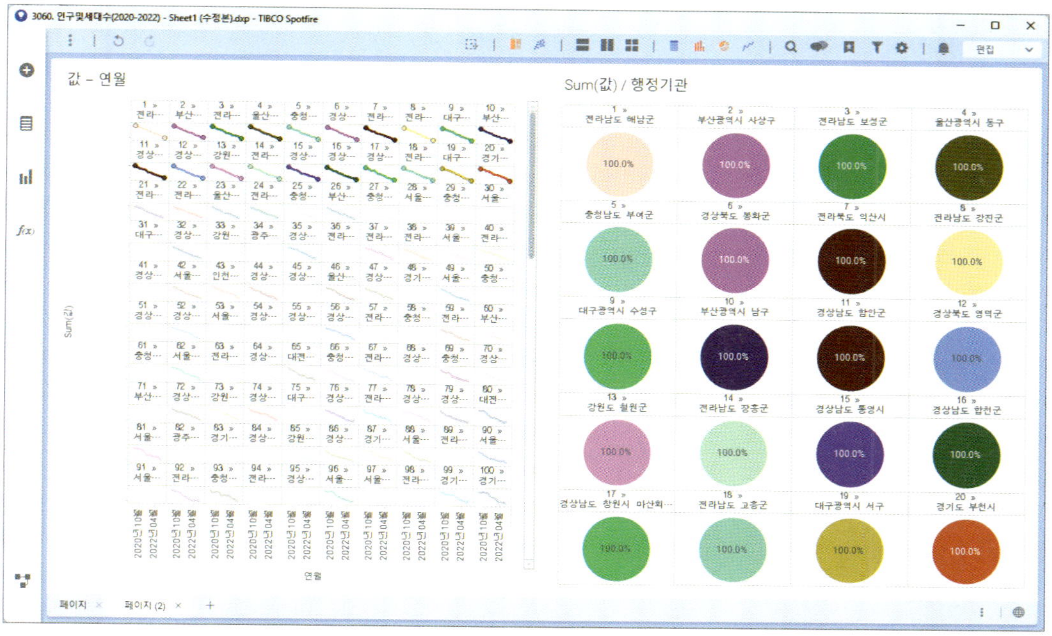

우측의 드릴다운(파이) 차트에 범례를 표시하고, 범례 부분 설정을 다음과 같이 변경한다. 격자 표시 기준(2개)을 모두 제거하고, [색 지정 기준]을 '시도명'으로, [섹터 크기 기준]을 'Count(시도명)'로 선택한다.

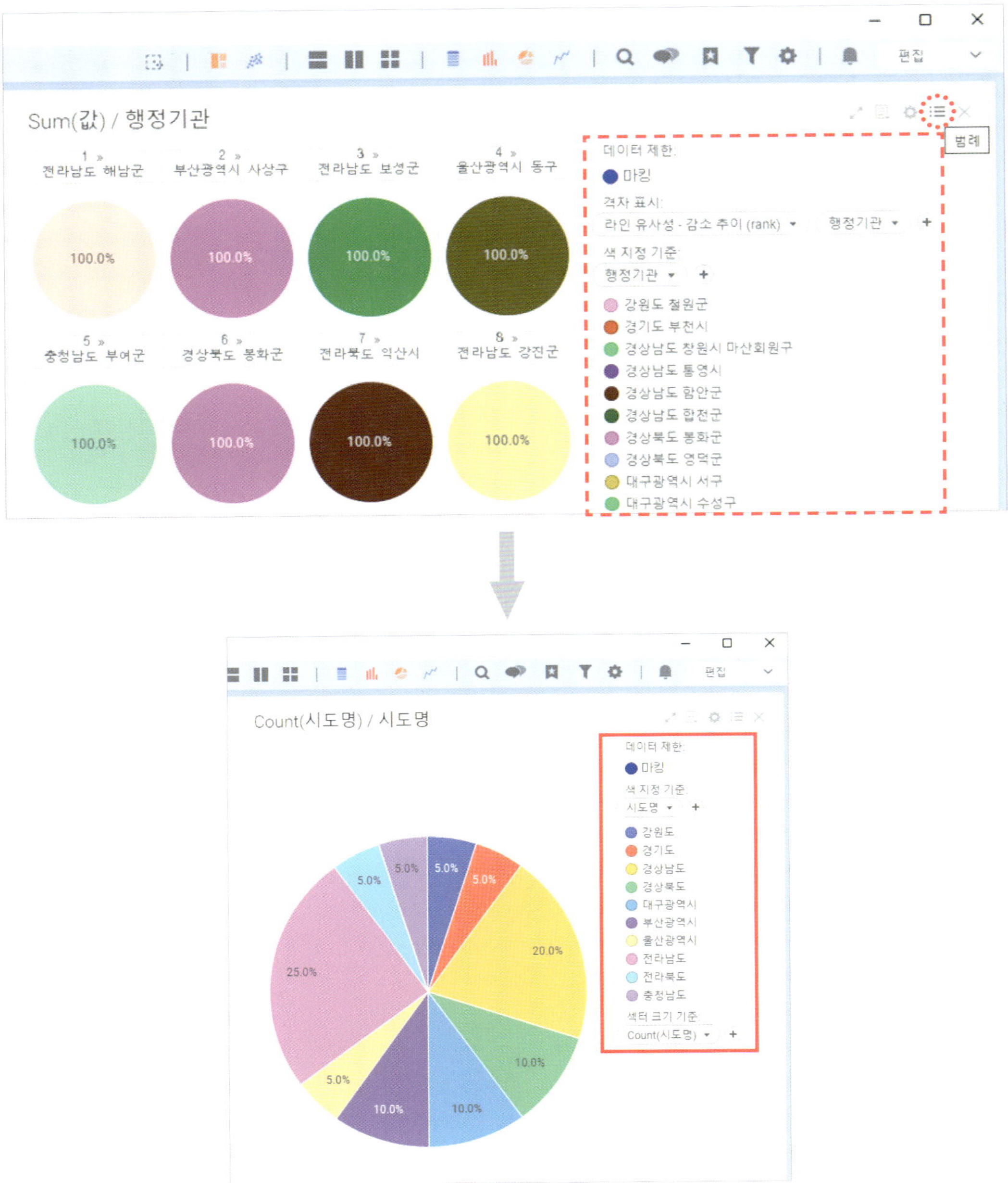

파이 차트에서 마우스 우클릭하여 [속성] → [외관]을 눌러 [크기 별로 부문 정렬] 앞의 체크박스를 선택하고,

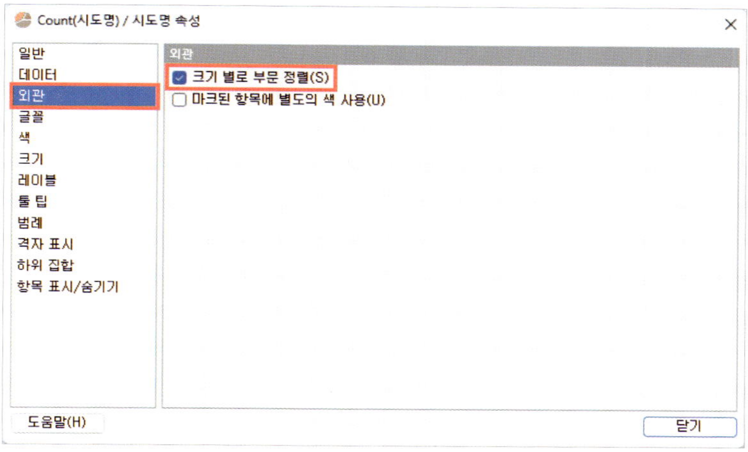

[레이블] 탭을 선택하여 [레이블에 표시]에서 [부문 범주] 앞의 체크박스를 선택한 후, [닫기] 버튼을 누른다.

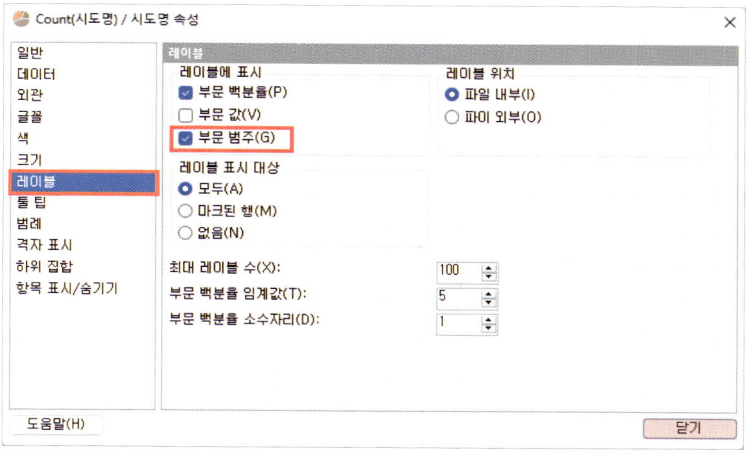

최종적으로 상위 20위권에 해당하는 시도들의 이름과 비율이 파이 차트에 표시된다.

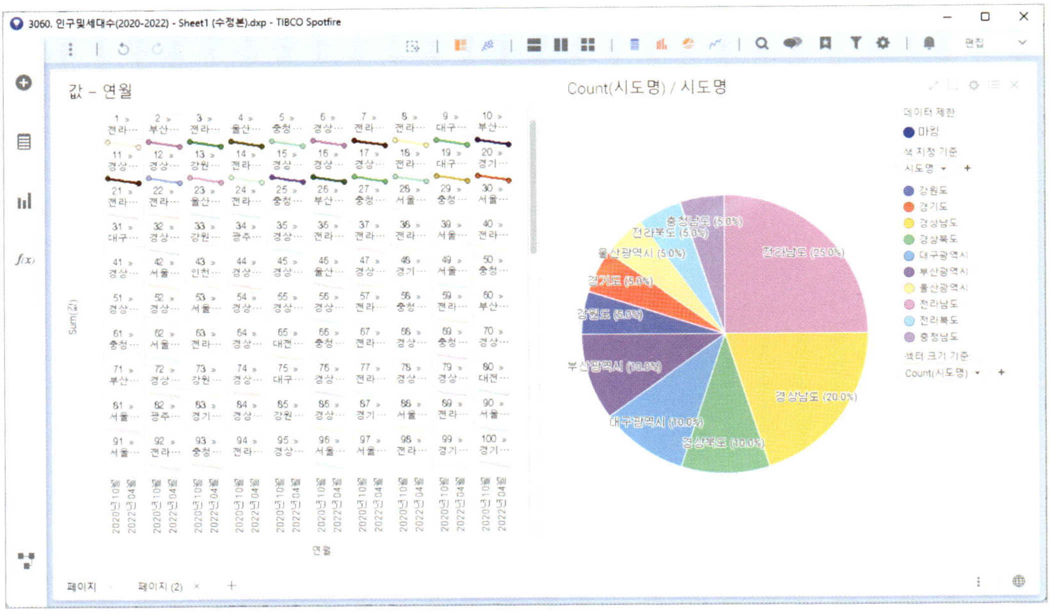

인구가 가장 가파르게 감소하는 상위 20개 지역 중에서는 '전라남도'가 25%로 가장 비중이 높다. 즉, 20개×25%=5개이므로 인구 감소 상위 20위 중 5개 지역이 '전라남도'에 속하는 것이다. 두 번째는 '경상남도'로 20%(4개), 세 번째는 '경상북도'와 '대구광역시'로 각각 10%(2개)씩을 차지한다.

전체 파이 차트에서 '서울특별시'는 하나도 없다. 이는 인구가 감소하는 상위 20개 지역 중 서울특별시에 속하는 구가 하나도 없다는 뜻이다.

이번에는 인구가 가장 감소하는 추세에서 꼴찌인, 즉 인구가 가장 증가 추세를 보이는 상위 20개 지역이 속해 있는 시도명을 확인해보자. 좌측 선 그래프에서 올가미(lasso) 마킹을 이용해도 되지만, 이번에는 필터를 이용하여 뒤에서부터 20개, 즉 순위(rank) 242~261에 해당하는 시도를 확인하는 방법으로 수행해보자.

필터 맨 마지막에 있는 [라인 유사성-감소 추이(rank)] 컬럼을 찾아서 최소값 '1'을 더블 클릭하고 '242'를 입력한다.

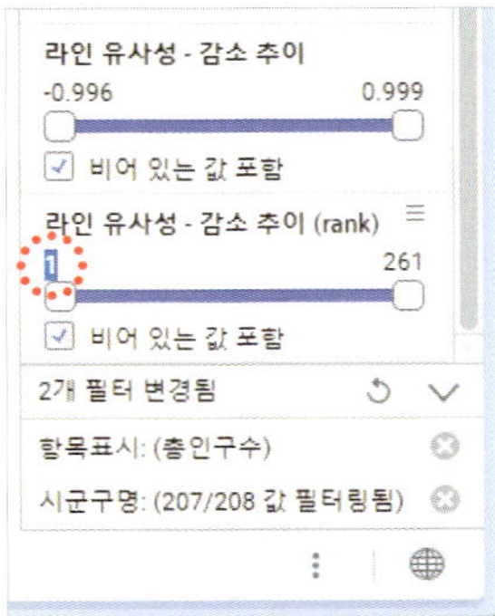

아래 그림처럼 좌측 선 그래프에 순위가 242~261까지인 하위 20개만 남는다.

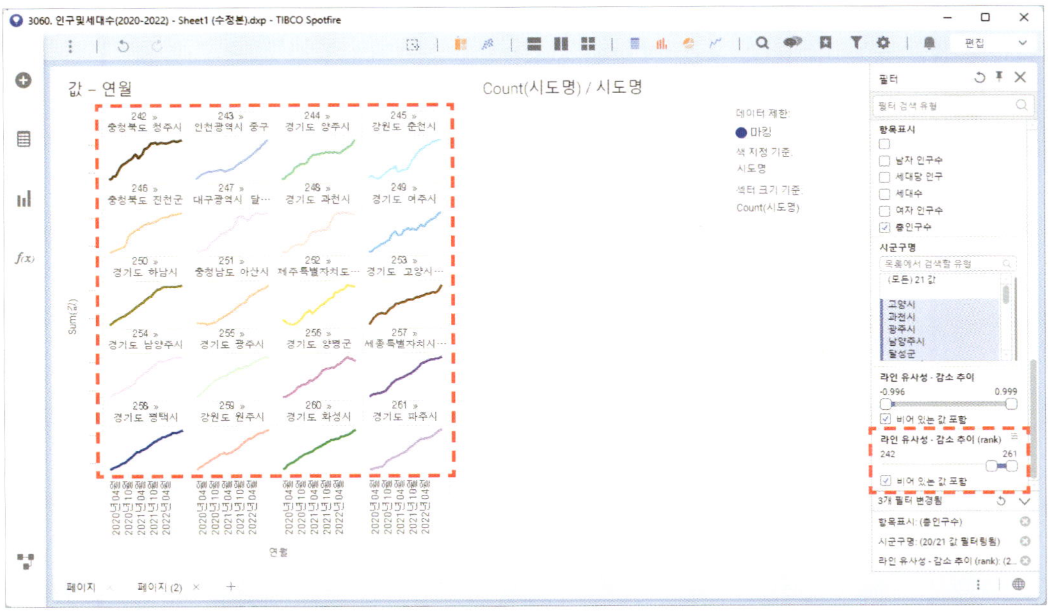

좌측에서 20개 시군구가 표시된 선 그래프의 차트를 모두 마킹하면, 우측에 시도별 비중이 드릴다운되어 표시된다. 서울특별시는 이번에도 표시되지 않았는데, 이는 인구가 가장 증가하는 상위 20개 지역 중에 서울특별시에 해당하는 구가 하나도 없음을 뜻한다.

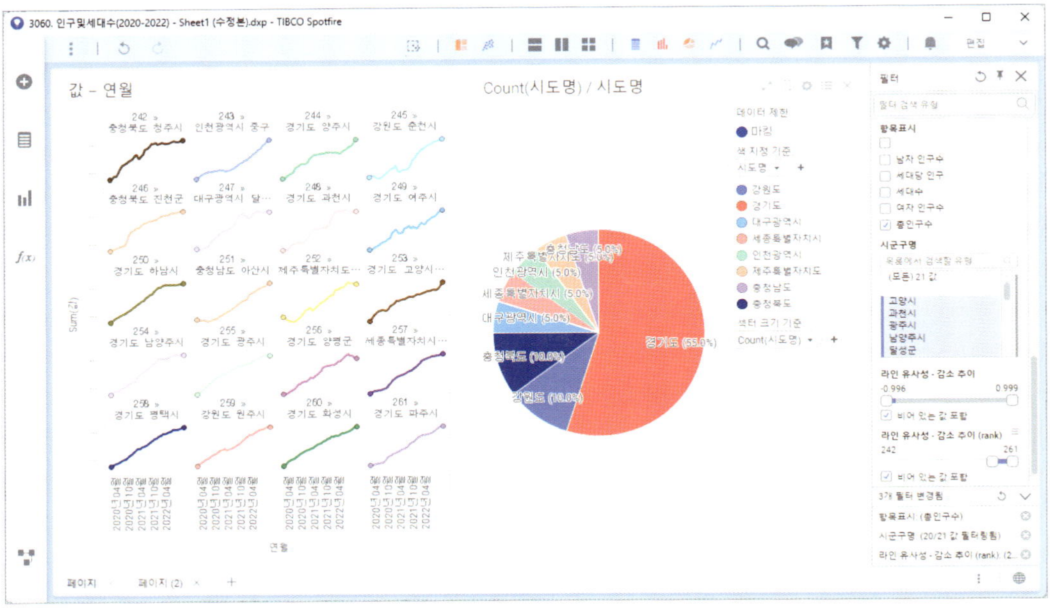

인구가 가장 감소하지 않는, 즉 인구가 가장 증가하는 추세의 상위 20개 지역 중 가장 많은 비율을 차지하고 있는 시도는 '경기도'로서 20개 가운데 65%(13개)의 시군구가 이에 해당한다.

과제 5 라인 유사성 – 마크된 라인 기준

우리나라 시군구별 인구 데이터를 이용하여 사용자가 지정한 특정 시군구와 가장 유사한 인구 변화 추이를 보이는 시군구를 찾아보자.

사용 데이터 : 3060. 인구및세대수(2020-2022).xlsx

핵심 키워드 : 언피벗(Unpivot), 컬럼 분할(Column Split), 선 그래프(Line Chart), 라인 유사성(Line Similarity), 마스터 라인(마크된 라인 기반; Based on marked lines), 격자 표시(Trellis)

✔ 전체 step 한눈에 보기

step 1	Spotfire에 데이터를 로딩한다.
step 2	새 페이지에 선 그래프를 추가한다.
step 3	언피벗을 이용하여 데이터를 변환한다.
step 4	컬럼 분할을 이용하여 [행정기관] 컬럼에서 '시도명'과 '시군구명'을 분리한다.
step 5	컬럼 분할을 이용하여 [범주] 컬럼에서 '연월'과 '항목 표시' 부분을 분리한다.
step 6	선 그래프에서 X축(연월), Y축(값), 색 지정 기준(행정기관) 설정을 변경한다.
step 7	[항목 표시] 컬럼 값들 중에서 '총인구수'만으로 필터링한다.
step 8	[시군구명] 컬럼 값들 중에서 컬럼의 값이 표시된 부분들만으로 필터링한다.
step 9	선 그래프의 Y축 설정을 '다중 척도'로 변경하여 여러 시군구들의 추세를 확인한다.
step 10	[라인 유사성]을 실행하여 설정창에서 특정 시군구를 지정(마킹)한다.
step 11	[라인 유사성]을 실행하여 유사도와 유사도 순서를 구한다.
step 12	선 그래프에서 패널 격자 표시로 순서를 설정하여 특정 시군구와 가장 유사한 추이를 보이는 시군구를 찾아본다.

이번 과제에서는 앞서 과제 4와 동일하게 우리나라 시군구별 인구 데이터(2020.1.~ 2022.12.)를 이용하여 여러 시군구들 중에서 사용자가 지정한 특정 시군구와 가장 유사한 인구 변화 추이를 보이는 시군구를 유사한 순서대로 나타내볼 것이다.

수행 과정 중 step 1~9까지는 과제 4와 동일하게 진행하므로 이 부분은 과제 4의 pp. 103~129를 참조하여 따라한다. 여기서는 그다음 단계부터 설명을 시작한다.

과제 4의 step 9까지(pp. 103~129) 진행했다면 다음과 같은 화면이 표시된다.

선 그래프에 총 207개 시군구의 36개월간 인구수(Sum)가 표시되어 있다.

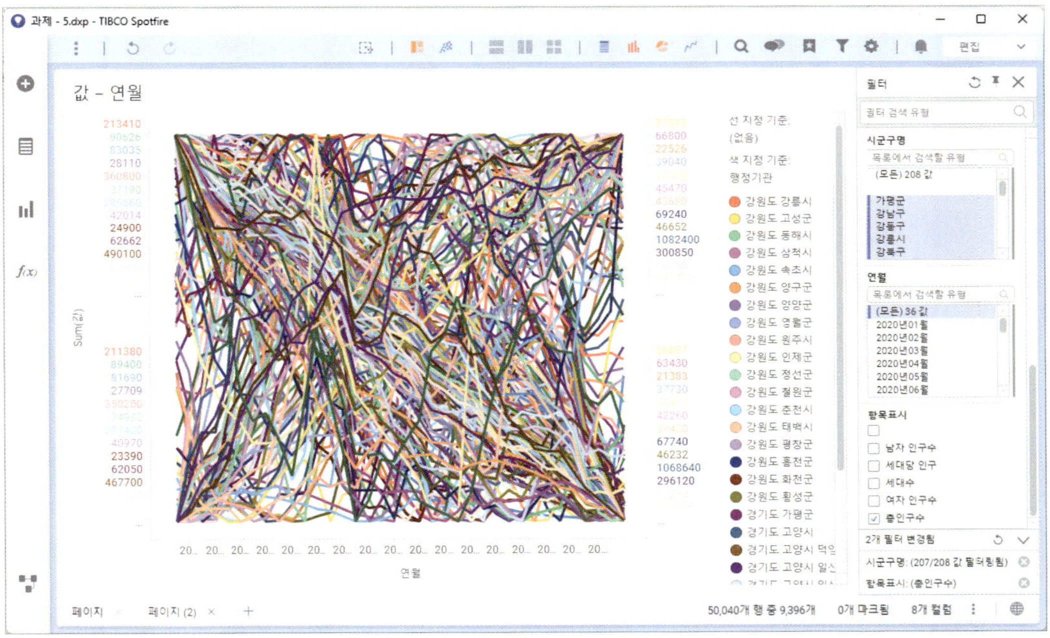

과제 4에서는 비교 대상(마스터 라인)을 라인 유사성 실행 전에 마킹하지 않고, Spotfire에서 미리 설정해놓은(사용자 지정) 기본 패턴들 중에서 선택하는 방식으로 수행했다. 반면 이번 과제에서는 미리 비교 대상을 마킹해놓고 라인 유사성 기능을 실행해야 한다.

→ 라인 유사성에 대한 상세 설명은 《Spotfire 초보자 가이드 개정2판》 pp. 690~701 참조

step 10 [라인 유사성]을 실행하여 설정창에서 특정 시군구를 지정(마킹)한다.

이번 과제는 이들 중 특정 라인(시군구)을 지정하고 그 라인과 가장 유사한 패턴을 보이는 라인(시군구)을 순서대로 찾는 것이다.

특정 라인을 지정하는 방법에는 선 그래프상에서 라인을 하나씩 보면서 지정하는 방법도 있지만, 이번 과제에서는 '시군구명'을 필터에서 지정하는 방식으로 진행할 것이다. 편의상 과제 4에서 수행했던 결과를 참조하여 전국에서 인구가 가장 가파르게 감소하고 있는 '전라남도 해남군'을 마스터 라인으로 지정하고, 이와 가장 유사한 인구 패턴을 보이는 시군구를 찾아보자. 물론 이는 예시일 뿐이므로 원한다면 다른 지역을 마스터 라인으로 지정해도 무방하다.

'전라남도 해남군'을 마킹(지정)하기 위하여 필터 패널에서 ① [시군구명] 컬럼의 '목록에서 검색할 유형'이라고 표시되어 있는 입력창에 '해남'이라고 입력한다. 만일 동일한 이름으로 시작하는 시군구가 더 있다면 '해남군'이라고 모두 입력해야 한다. ② 현재는 아직 필터링을 실행한 것이 아니고 원하는 값만 찾은 상태이므로 '해남군'이 표시되면 이를 클릭한다.

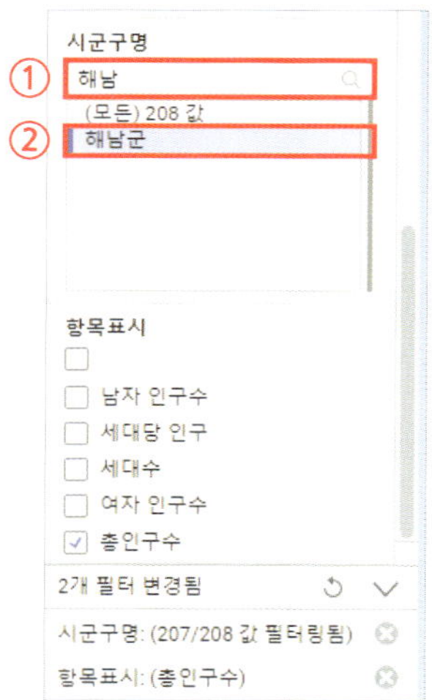

필터링이 적용되어 '해남군'만 화면에 표시된다.

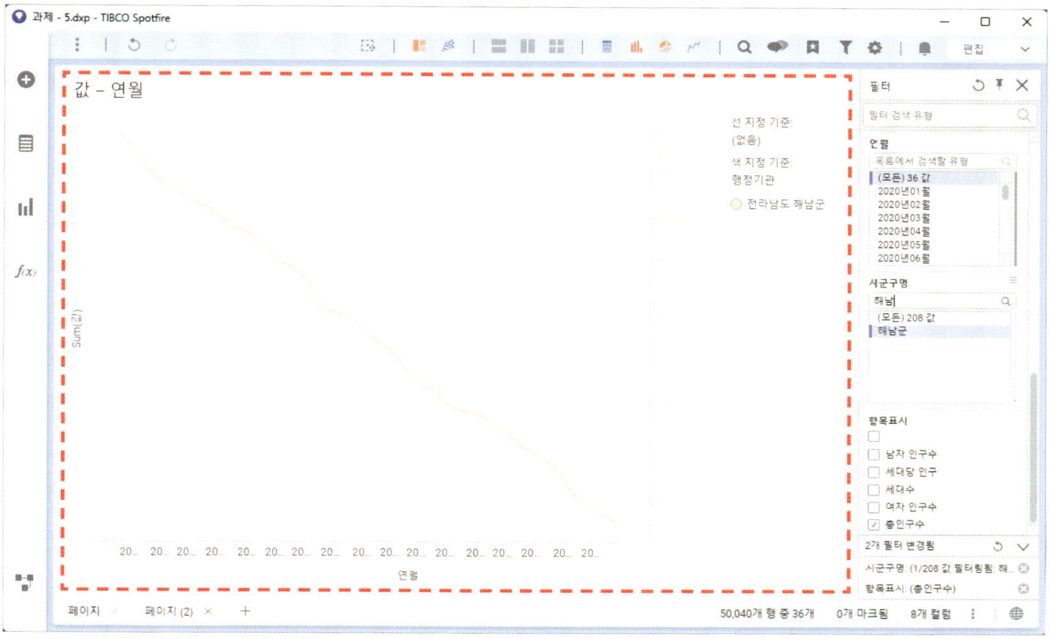

이제 '해남군'을 마킹해야 하는데, 2가지 방법이 있다.

다음과 같이 선의 중간 부분을 가볍게 클릭하거나,

오른쪽에 있는 범례에서 '전라남도 해남군'이라고 표시된 글씨 부분을 클릭한다.

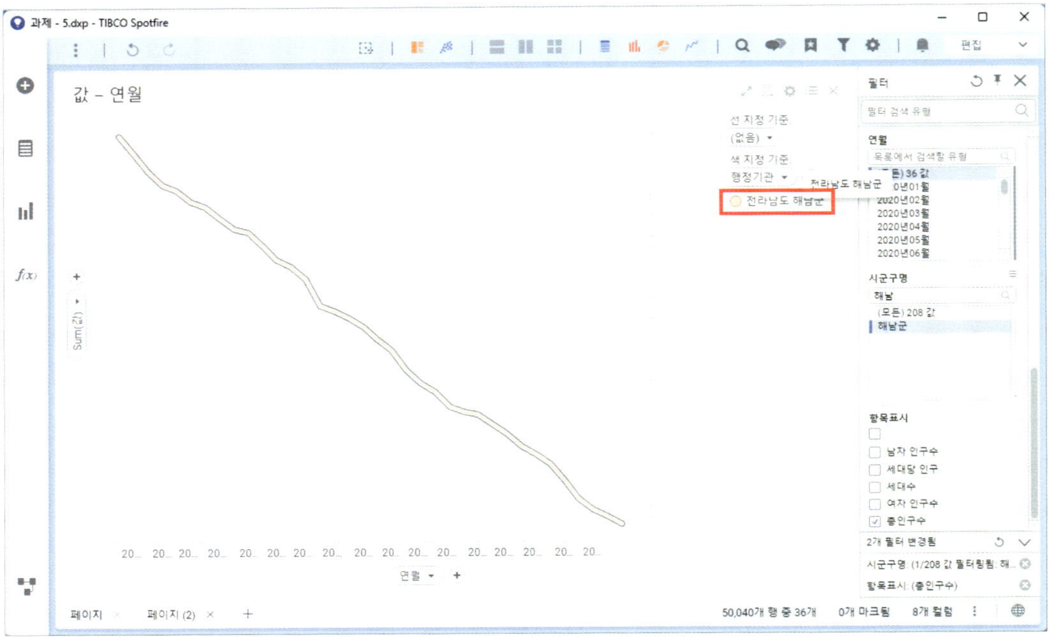

아래 그림처럼 선의 양쪽 끝부분이 동그란 마커로 표시되고, 우측 하단의 상태 정보창에 'xx개 마크됨'이라는 표시가 보여야 마킹이 제대로 된 것이다. 아래 그림에는 '36개 마크됨'이라고 표시되어 있는데, 이는 데이터 테이블에서 36개의 행이 마킹되었다는 의미다.

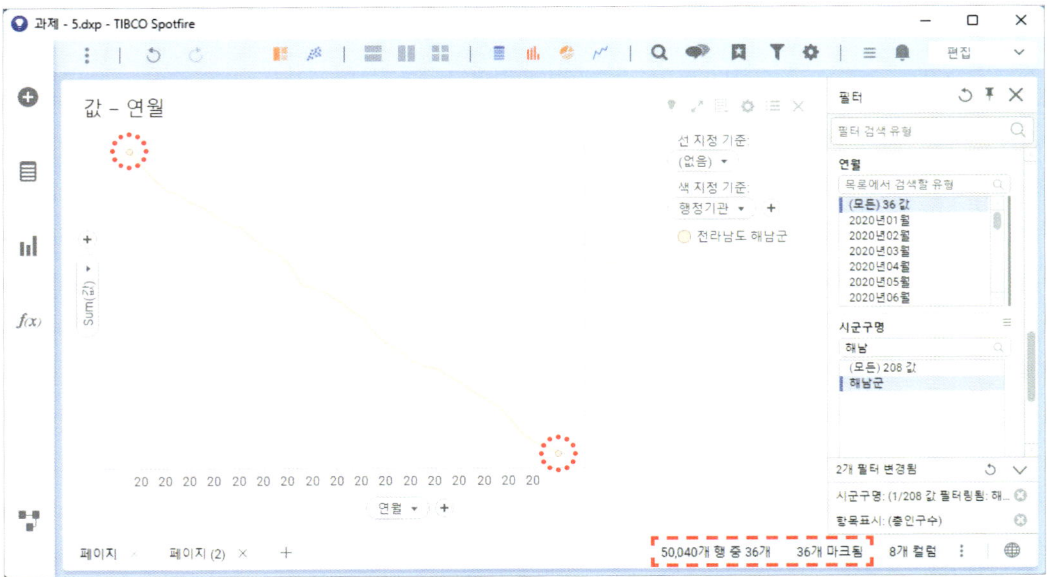

마킹이 완료되었으면 라인 유사성 수행이 완료될 때까지 이를 해제하지 말고 계속 마킹 상태를 유지해야 한다. 이처럼 마킹을 유지한 상태에서 나머지 선들이 모두 화면에 보이도록 필터를 조정해야 하는 이유는, 비교할 선들이 선 그래프에 표시되어 있지 않으면 비교 대상이 없으므로 유사도를 수행해도 결과가 제대로 나오지 않기 때문이다.

다음 그림처럼 [시군구명] 컬럼의 '목록에서 검색할 유형'에 입력했던 '해남'이라는 글자를 지우면 나머지 값들이 모두 다시 나타난다. 여기서 '가평군'부터 '횡성군'까지 모두 선택한다.

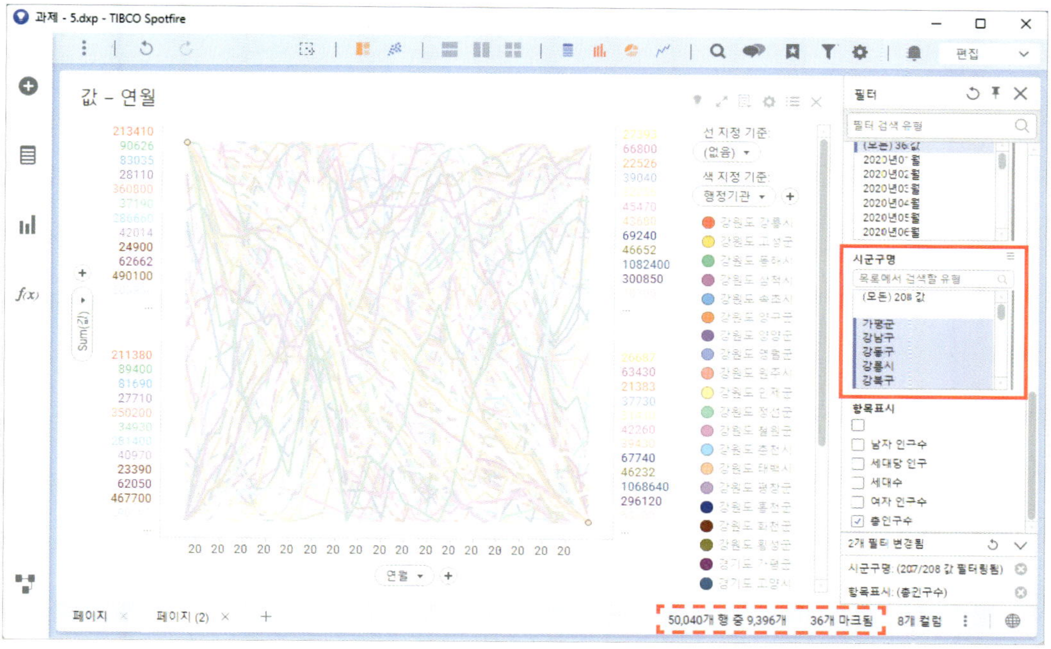

'전라남도 해남군'만 필터링했을 때는 36개의 데이터를 이용한 선(전라남도 해남군 1개)만 표시되었지만, 필터 변경 후에는 50,040개 데이터(행) 중에서 9,396개의 데이터를 이용한 선들(208개 시군구)이 화면에 표시되었다.

step 11 [라인 유사성]을 실행하여 유사도와 유사도 순서를 구한다.

이제 모든 준비가 완료되었으므로 [라인 유사성]을 실행하여 유사도(similarity)와 유사도 순서(similarity rank)를 구해보자.

화면 상단의 메인 메뉴에서 [도구] → [라인 유사성]을 클릭한다.

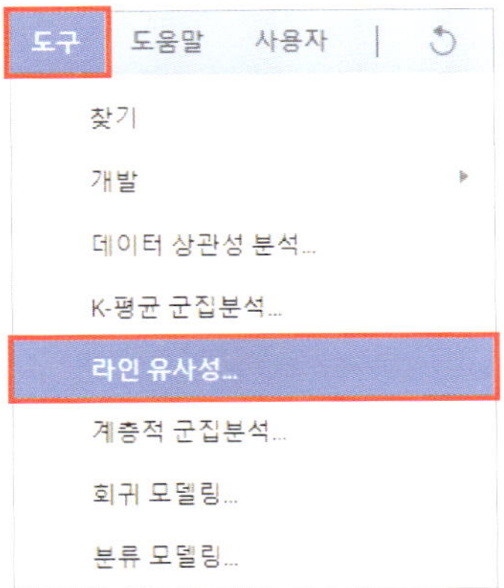

다음 그림과 같이 [마스터 라인]에 [마크된 라인 기반] 앞 라디오버튼이 체크되어 있는지, 그 아래의 선 모양은 앞에서 지정한 선(전라남도 해남군) 모양과 유사한지 확인한다. [결과 컬럼 옵션]의 [새로 만들기] 옆 입력창에 '라인 유사성-전남 해남군'이라고 입력한 다음 [확인]을 클릭한다.

라인 유사성 수행 결과 라인 유사도와 유사도 순서에 해당하는 새로운 컬럼이 2개 생성된다. 이렇게 마스터 라인으로 사용한 기준을 컬럼 이름에 반영하여 입력해놓으면, 나중에 다른 기준으로 라인 유사성을 여러 번 수행하더라도 생성된 여러 컬럼 이름들을 혼동 없이 구분할 수 있다.

잠시 실행 화면이 지나간 후 '라인 유사성-전남 해남군'과 '라인 유사성-전남 해남군(rank)'이라는 새로운 컬럼 2개가 생성된 것을 필터 하단에서 확인할 수 있다.

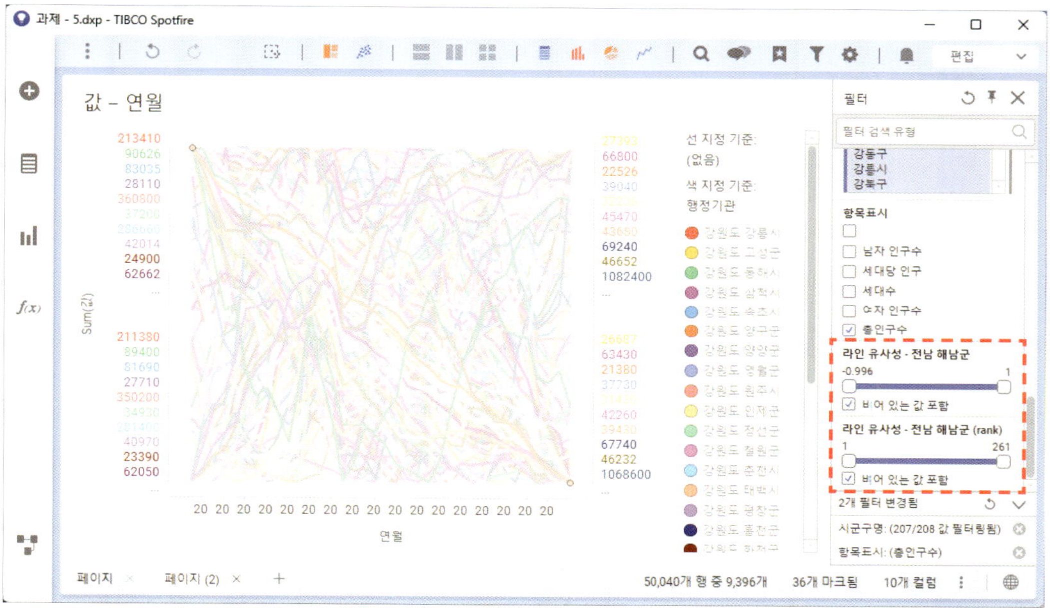

step 12 선 그래프에서 패널 격자 표시로 순서를 설정하여 특정 시군구와 가장 유사한 추이를 보이는 시군구를 찾아본다.

앞서 구한 순서(rank)대로 '전라남도 해남군'과 가장 유사한 추이를 보이는 시군구가 어느 지역들인지 선 그래프에서 확인해보자.

선 그래프에서 마우스 우클릭 후 [속성] → [격자 표시] 탭을 선택한다. [패널]의 [분할 기준]으로 다음 그림과 같이 '라인 유사성-전남 해남군(rank)', '행정기관', '라인 유사성-전남 해남군' 순서로 3개 컬럼을 지정하고 [닫기]를 누른다.

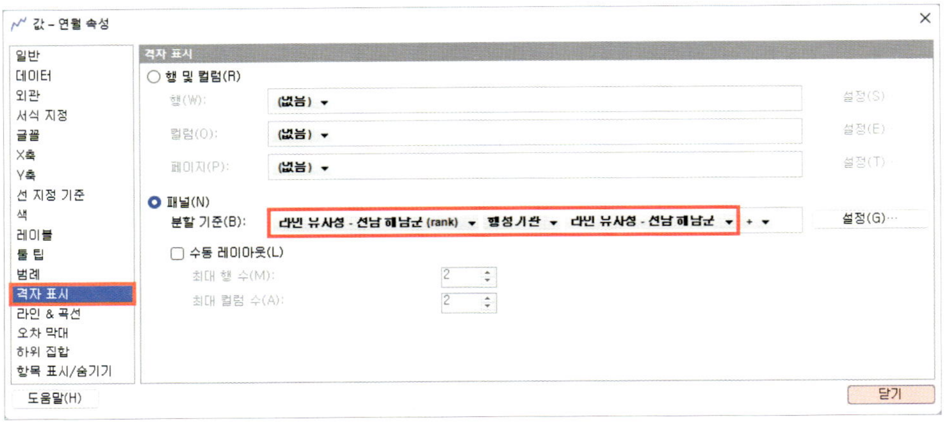

아래 그림처럼 화면이 완성된다.

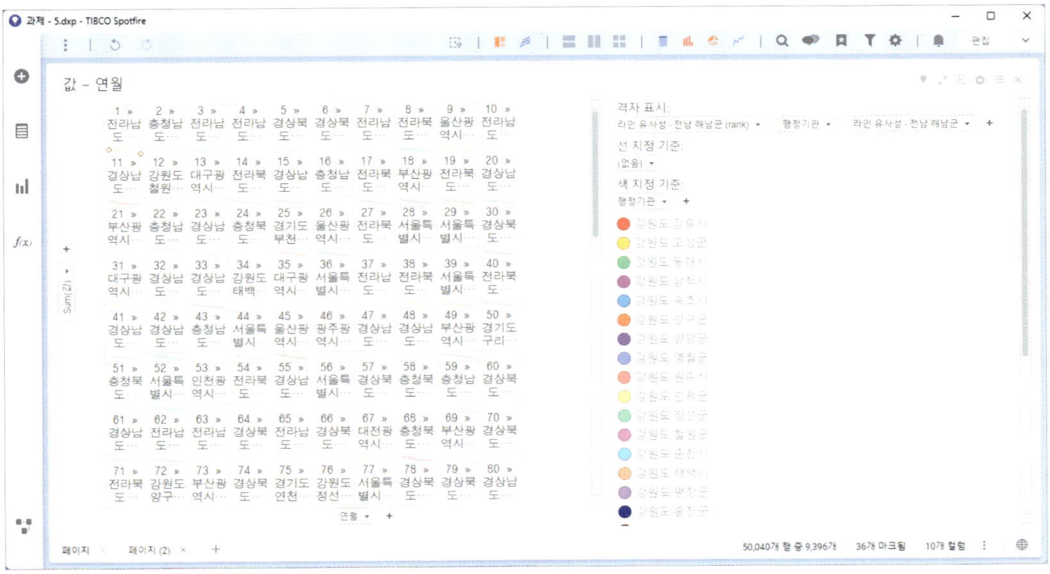

하지만 선 그래프 화면이 너무 작아서 선의 패턴과 격자 표시 타이틀을 모두 보기가 어렵다. 한 화면에서 조금씩 나누어 볼 수 있도록 격자 표시 배열을 다음과 같이 변경한다.

선 그래프에서 마우스 우클릭 후 [속성] → [격자 표시] 탭을 선택한다. [패널]의 [수동 레이아웃] 앞 체크박스를 클릭한 다음, [최대 행 수]를 '3'으로, [최대 컬럼 수]를 '5'로 변경하고 [닫기]를 누른다.

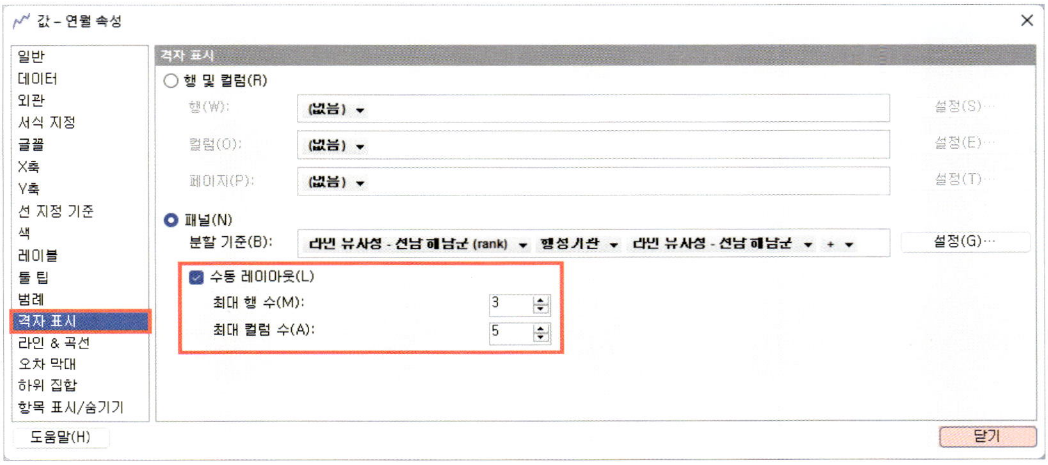

다음은 범례와 필터를 모두 화면에서 제거하여 선 그래프만 표시한 최종 결과이다.

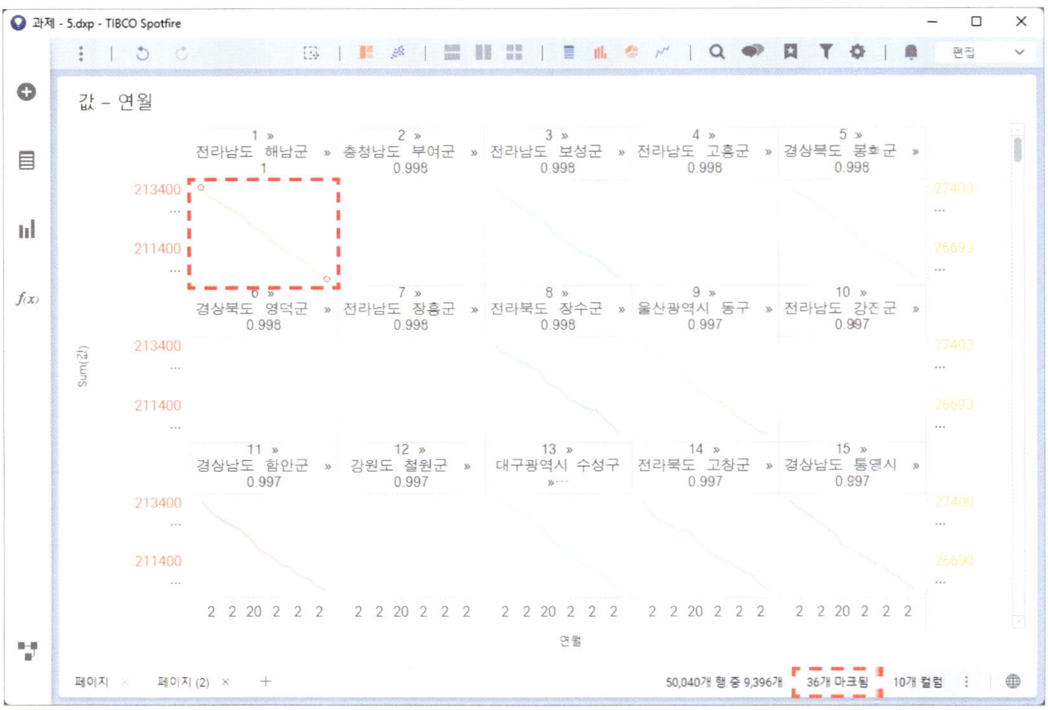

그런데 앞의 화면에서 rank 1의 선 그래프에 여전히 마킹이 유지되고 있어 나머지 선들이 희미하게 보인다. 나머지 선들을 모두 원래대로 진하게 볼 수 있도록 빈 공간을 클릭하여 마킹을 해제한다. 다음은 마킹을 해제하고 난 후의 화면이다.

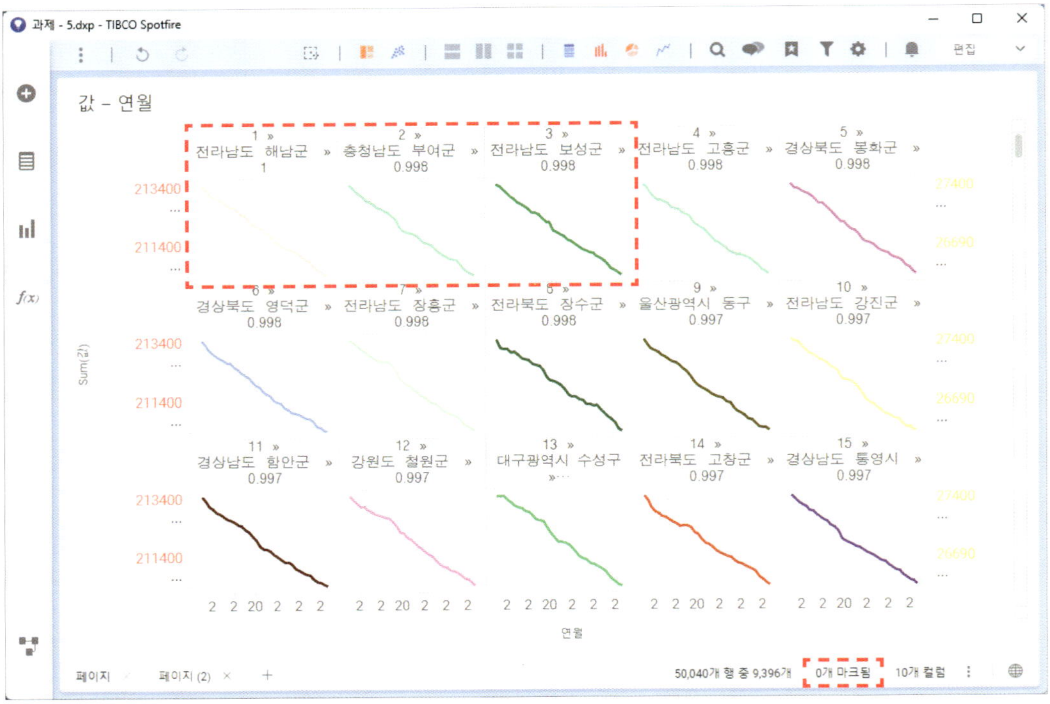

마스터 라인으로 지정한 '전라남도 해남군'(1등)과 가장 유사한(2등) 지역은 '충청남도 부여군'으로 '전라남도 해남군'과 99.8% 유사한 모양이고, 그다음은 '전라남도 보성군'으로 '전라남도 해남군'과 99.8% 유사한 모양임을 확인할 수 있다.

다음 그림을 보면 '전라남도 해남군'과 가장 반대로 유사한(rank 261) 지역은 '경기도 파주시'이다. '경기도 파주시'는 '전라남도 해남군'과 반대로(마이너스 값) 99.6% 유사한 모양을 보이고 있다. '반대로 유사하다'는 것은 '전라남도 해남군'의 인구가 증가할 때 '경기도 파주시'의 인구는 감소하고, 감소할 때는 증가한다는 의미이다.

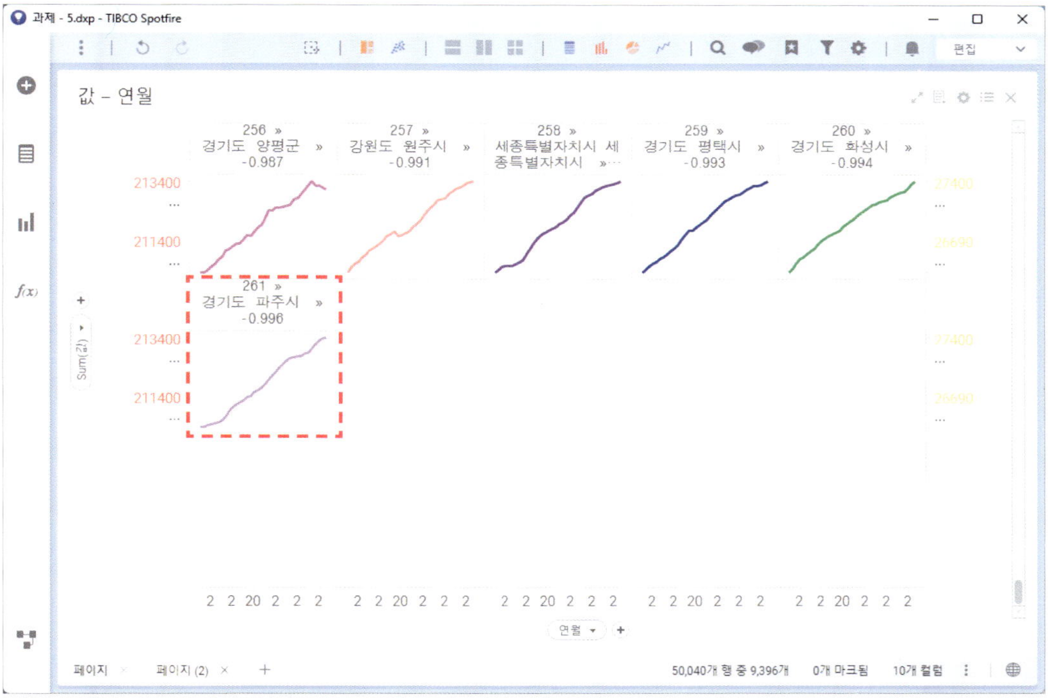

과제 6 K-평균 군집분석

우리나라 시군구별 인구 데이터를 이용하여 인구변화 추이가 유사한 패턴을 보이는 시군구끼리 몇 개의 군집(그룹)으로 나눠보고, 해당 군집별로 어느 시도의 비중이 높게 나타나는지 확인해보자.

사용 데이터: 3060. 인구및세대수(2020-2022).xlsx

핵심 키워드: 언피벗(Unpivot), 컬럼 분할(Column Split), 선 그래프(Line Chart), K-평균 군집분석(K-means Clustering), 격자 표시(Trellis), 드릴다운(Drill down)

전체 step 한눈에 보기

step 1	Spotfire에 데이터를 로딩한다.
step 2	새 페이지에 선 그래프를 추가한다.
step 3	언피벗을 이용하여 데이터를 변환한다.
step 4	컬럼 분할을 이용하여 [행정기관] 컬럼에서 '시도명'과 '시군구명'을 분리한다.
step 5	컬럼 분할을 이용하여 [범주] 컬럼에서 '연월'과 '항목 표시' 부분을 분리한다.
step 6	선 그래프에서 X축(연월), Y축(값), 색 지정 기준(행정기관) 설정을 변경한다.
step 7	[항목 표시] 컬럼 값들 중에서 '총인구수'만으로 필터링한다.
step 8	[시군구명] 컬럼 값들 중에서 컬럼의 값이 표시된 부분들만으로 필터링한다.
step 9	선 그래프의 Y축 설정을 '다중 척도'로 변경하여 여러 시군구들의 추세를 확인한다.
step 10	몇 개의 군집으로 나눌지 정하고 [K-평균 군집분석] 기능을 실행한다.
step 11	최대 클러스터 수를 변경해가면서 적절한 최대 클러스터 수를 결정한다.
step 12	최종 결정된 군집 개수를 기준으로 해당하는 시군구의 목록을 작성한다.
step 13	선 그래프에 드릴다운으로 파이 차트를 추가하여 마킹한 군집별로 어느 시도가 비중을 많이 차지하는지 확인한다.

이번 과제에서는 앞서 과제 4와 동일하게 우리나라 시군구별 인구 데이터(2020.1.~ 2022.12.)를 이용하여 여러 시군구들을 유사한 패턴끼리 원하는 개수만큼의 군집(그룹)으로 나누어본다. 또한 해당 군집별로 어느 시도에 많이 속하는지도 알아본다.

수행 과정 중 step 1~9까지는 과제 4와 동일하게 진행하므로 이 부분은 과제 4의 pp. 103~129를 참조하여 따라한다. 여기서는 그다음 단계부터 설명을 시작한다.

과제 4의 step 9까지(pp. 103~129) 진행했다면 다음과 같은 화면이 표시된다.

선 그래프에는 총 207개 시군구의 36개월간 인구수 추이가 표시되어 있다. 시군구 하나씩 각각의 추이를 살펴보면 서로 다른 여러 패턴을 갖고 있음을 확인할 수 있다.

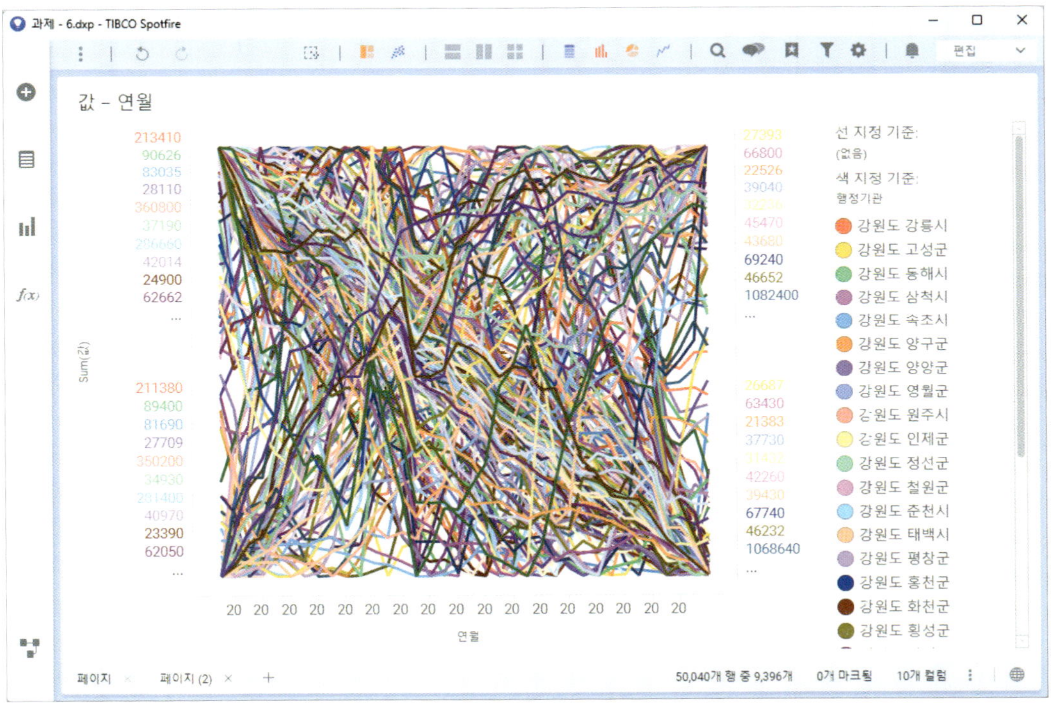

예를 들어 '강원도 강릉시'의 인구 추이는 다음과 같이 감소하는 추세를 보인다.

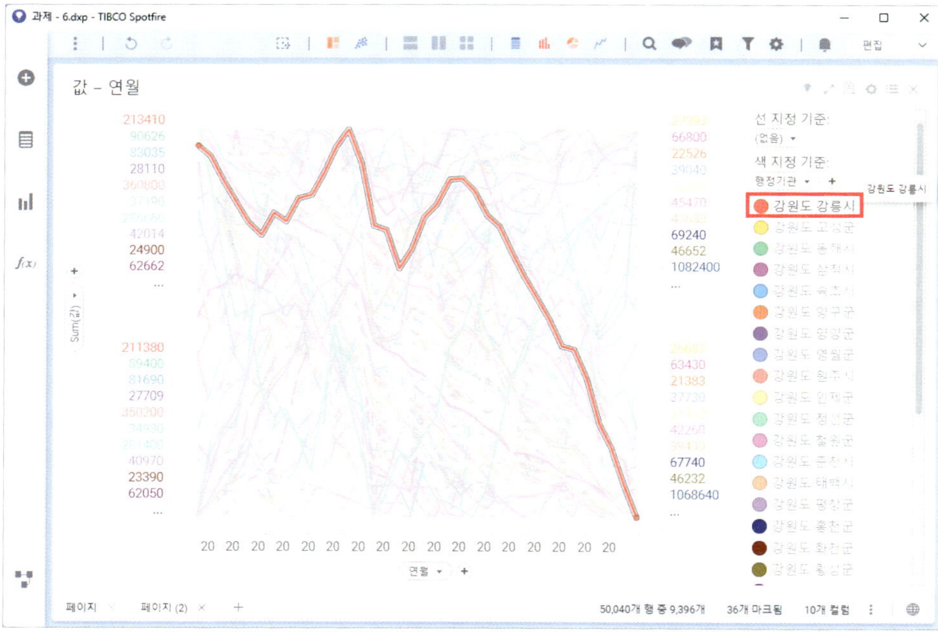

한편 '강원도 원주시'의 인구 추이는 다음과 같이 증가하는 추세를 보인다.

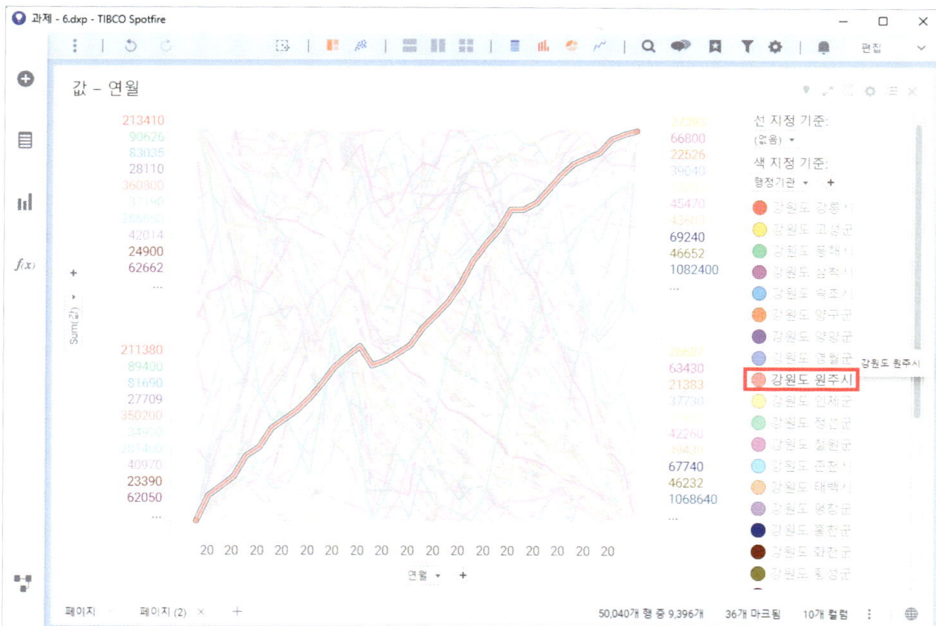

이렇게 서로 다른 여러 개의 패턴들을 원하는 개수만큼의 군집으로 분류해보자.

step 10 몇 개의 군집으로 나눌지 정하고 [K-평균 군집분석] 기능을 실행한다.

K-평균 군집분석(K-means Clustering)은 미리 몇 개의 군집으로 나눌지 개수를 정해놓고 실행하는 방식이다. K-평균 군집분석은 사용하기 쉽다는 장점이 있는 반면, 군집 개수를 적절한 수보다 적게 설정하면 원하는 모양대로 군집이 나눠지지 않는다는 단점이 있다. 그래서 군집의 개수를 처음부터 너무 적게 설정하지 말고 어느 정도 큰 개수로 시작한 다음, 결과를 살펴보며 유사한 패턴의 군집들을 하나로 묶는 방식으로 점차 군집의 수를 줄여나가는 것이 좋다. 군집분석은 최종적으로 유사한 패턴들을 하나로 묶어서 분류하는 분석 방법이므로 군집의 숫자를 가능한 한 줄이는 것을 목표로 해야 함에 유의하자.

→ K-평균 군집분석에 대한 상세 설명은 《Spotfire 초보자 가이드 개정2판》 pp.657~662 참조

Spotfire에는 몇 개의 군집으로 나누는 것이 적절한지를 명확하게 알려주는 기능은 없다. 적당히 많은 수의 군집으로 시작하기 위하여 일단 20개 정도로 군집을 설정해보자.
메인 메뉴에서 [도구] → [K-평균 군집분석]을 클릭한다.

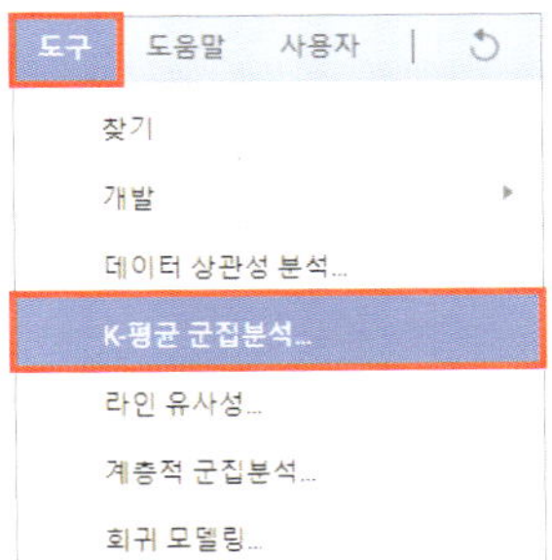

K-평균 군집분석 설정창이 나타나면 다음과 같이 ① [최대 클러스터 수]를 '20'으로 설정하고, ② [결과 컬럼 옵션]의 [새로 만들기] 입력창에 'K-평균 군집분석 - 20'이라고 입력한 다음, ③ [확인] 버튼을 누른다.

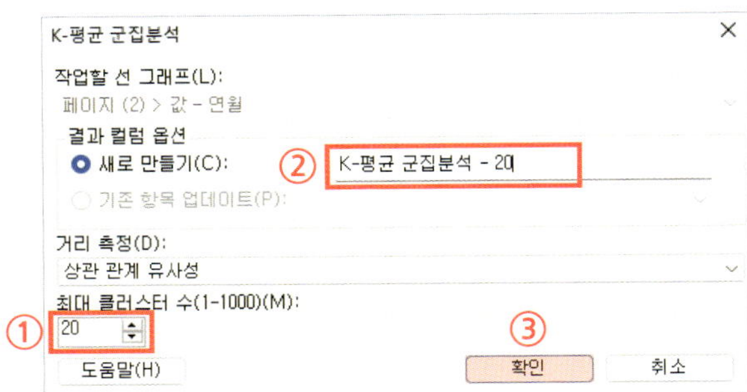

K-평균 군집분석을 수행할 때마다 결과 컬럼을 '새로 만들기'로 설정하여 수행하면, 그때마다 군집 번호를 표시하는 새로운 컬럼이 1개씩 생성된다. 이렇게 [새로 만들기]의 이름(즉, 새로 생성되는 컬럼 제목)에 [최대 클러스터 수]에서 설정한 숫자를 반영하면 나중에 K-평균 군집분석을 다른 기준(최대 클러스터 수)으로 여러 번 수행하더라도 생성된 여러 컬럼의 이름을 혼동하지 않고 편리하게 사용할 수 있다.

다음은 수행 결과 화면이다. 그림에서 필터 패널 마지막 부분을 보면 K-평균 군집분석 수행 결과 [K-평균 군집분석-20]이라는 컬럼이 생성되었고, 범례에서 [격자 표시]를 보면 새로 생성된 [K-평균 군집분석-20]이 기준으로 적용되어 있다. 각 패턴별로 유사한 것으로 분석된 결과가 군집 번호별(1~20)로 격자 표시되어 있다.

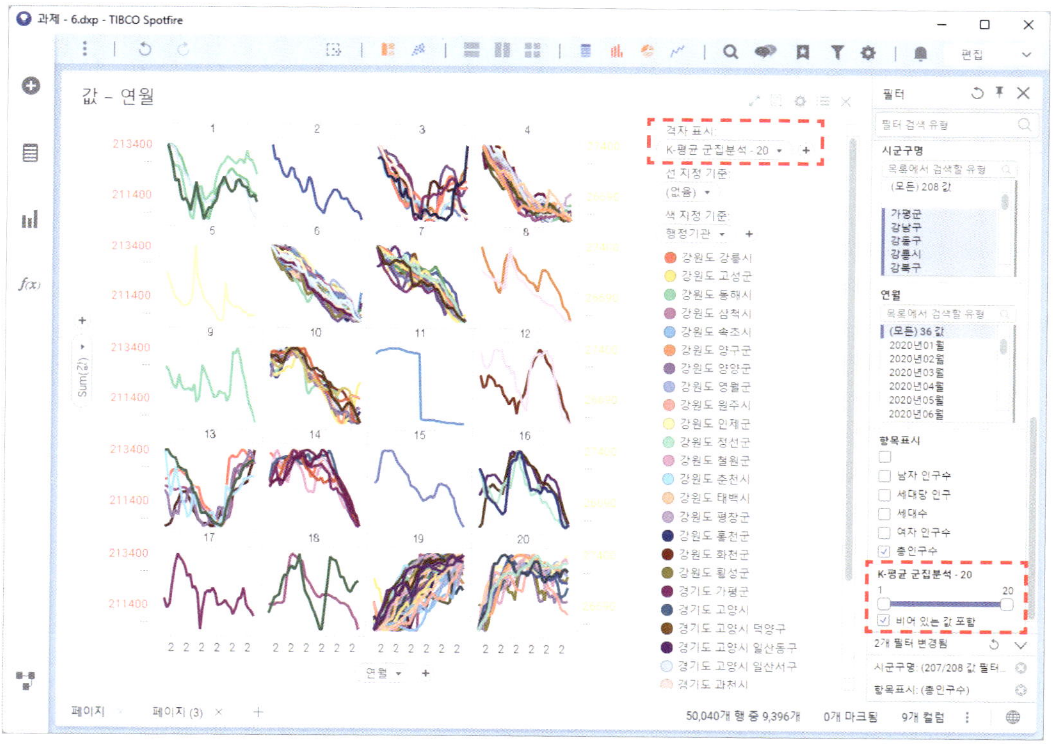

다음 화면처럼 범례와 필터를 제거하고 선 그래프만 살펴보자.

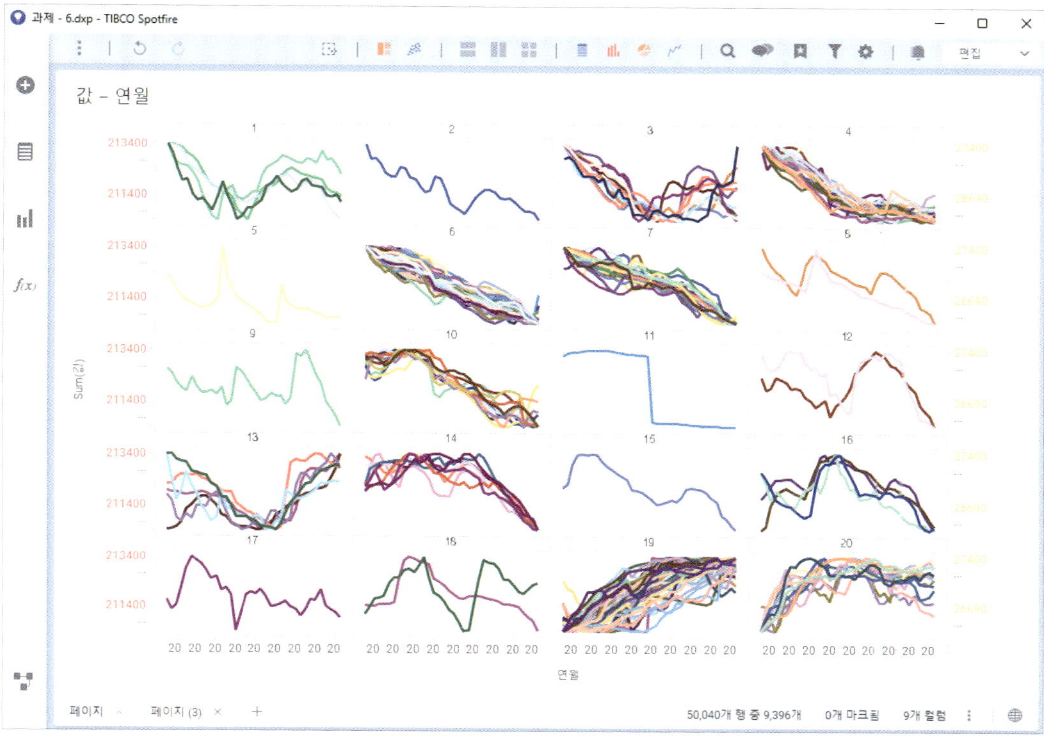

'20'개로 클러스터링한 것이 과연 적절했는지 라인의 패턴을 검토해보자. 앞서 언급하였듯이, Spotfire에서의 K-평균 군집분석은 '몇 개의 군집으로 나누는 것이 가장 적절한가?'를 프로그램이 자동으로 계산하여 알려주지 않는다. 따라서 사용자가 군집의 개수를 여러 번 바꿔가면서 분석을 수행하여 최종적으로 가장 적절한 군집의 개수를 결정해야 한다.

step 11 최대 클러스터 수를 변경해가면서 적절한 최대 클러스터 수를 결정한다.

앞서 나온 패턴들 중에서 유사한 모양을 보여 하나로 묶일 것이라 생각해볼 수 있는 패턴들을 정리하면 다음과 같다.

- 인구 추이가 감소하는 패턴들(2, 4, 6, 7번 군집)
- 인구 추이가 감소하다가 증가하는 패턴들(3, 13번 군집)
- 일정 기간 유지하다가 감소하는 패턴들(10, 14번 군집)

이들을 각각 묶으면 8개에서 3개로, 군집 개수가 5개 줄어들 것을 예상할 수 있다. 이렇게 20개로 나눴던 군집의 개수를 15개로 줄여서 다시 분석을 수행해보자.
메인 메뉴에서 [도구] → [K-평균 군집분석]을 클릭한다.

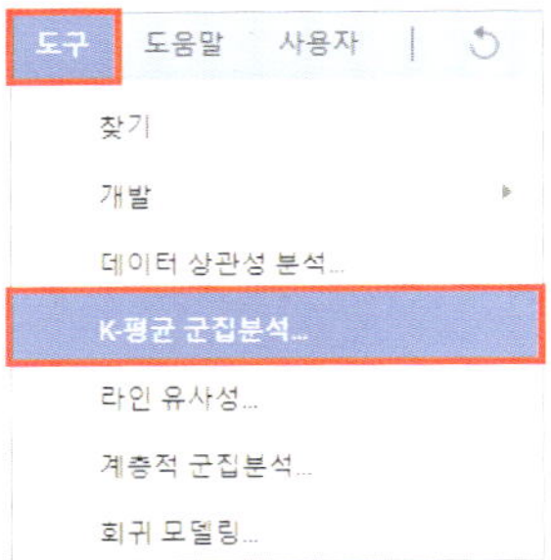

K-평균 군집분석 설정창이 나타나면 다음 그림과 같이 ①[최대 클러스터 수]를 '15'로 설정한다. ②[결과 컬럼 옵션]의 [새로 만들기] 앞 라디오버튼을 체크하고, ③입력창에 'K-평균 군집분석 - 15'라고 입력한 다음, ④[확인]을 누른다.

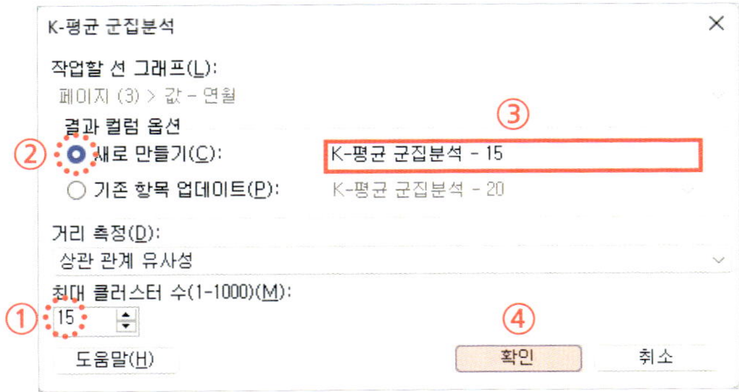

전체가 15개로 군집되었다.

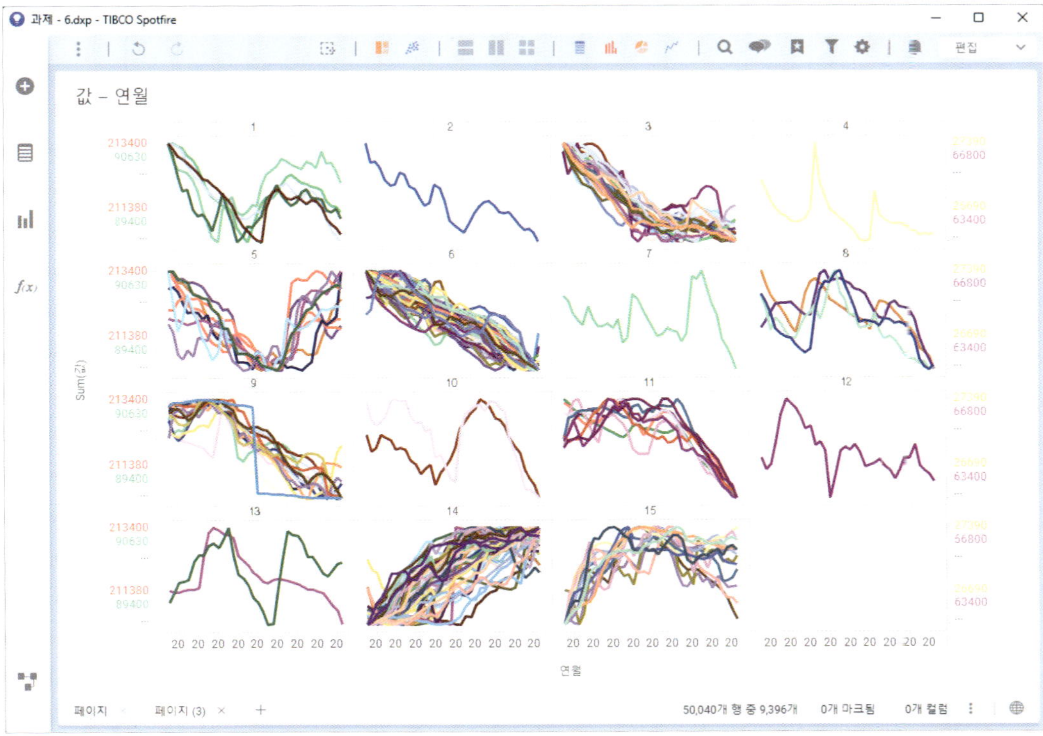

그런데 이 결과 화면으로는 초기 20개의 군집이 우리가 원하는 대로 다시 분류되었는지 확인하기 어렵다. 즉 2, 4, 6, 7번 군집들이 하나로, 3, 13번 군집들이 하나로, 10, 14번 군집들이 하나로 묶였는지, 아니면 예상하지 않았던 다른 패턴들이 다른 기준으로 어느 군집에 속하게 되었는지 알기가 어렵다. 그러므로 이를 쉽게 확인할 수 있도록, 즉 현재 군집이 이전의 어느 군집으로부터 새로 묶였는지 이해하기 쉽도록 선 그래프의 설정을 변경해보자.

먼저 범례와 필터를 표시한다.

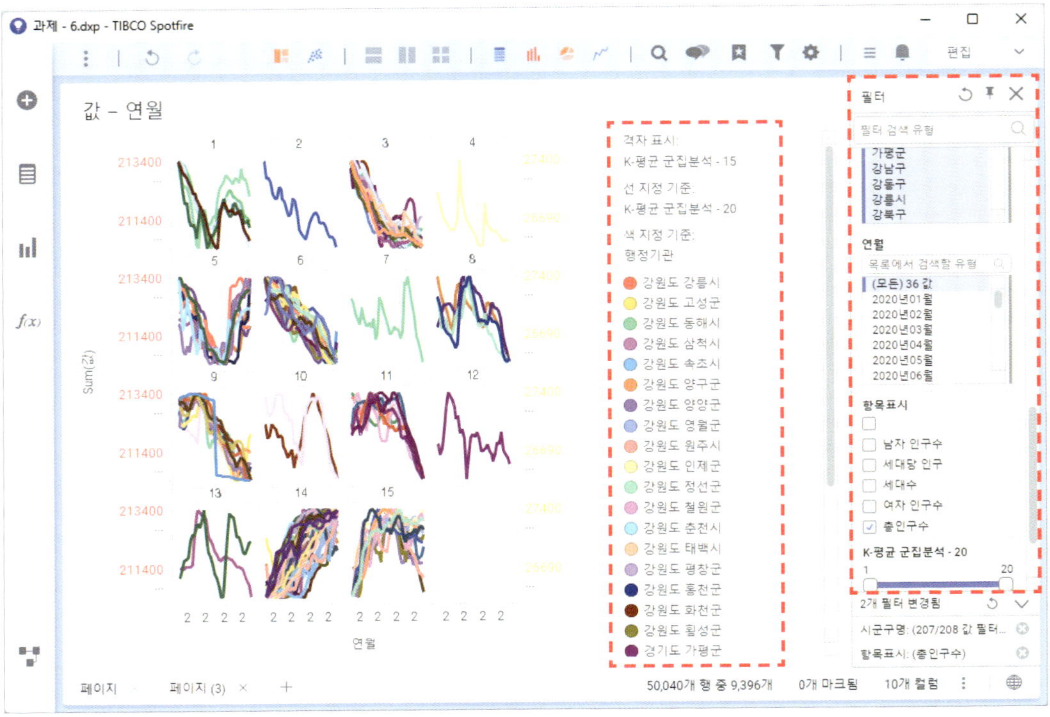

범례에서 설정을 다음과 같이 변경한다.

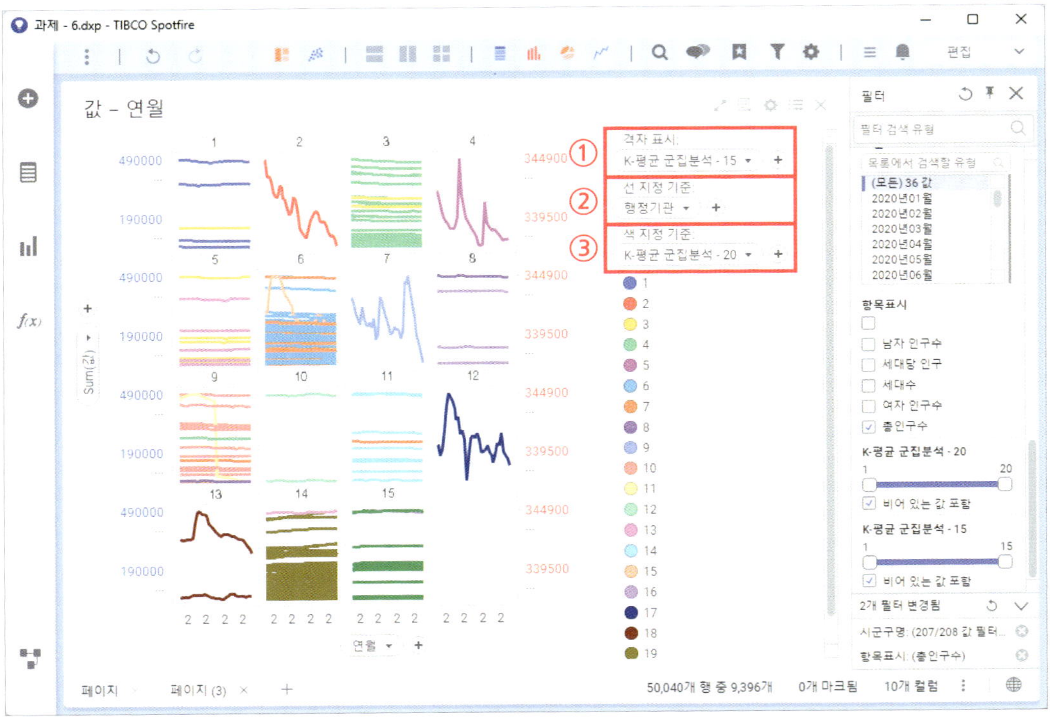

① 격자 표시: K-평균 군집분석 - 15

② 선 지정 기준: 행정기관

③ 색 지정 기준: K-평균 군집분석 - 20

선 그래프에서 마우스 우클릭 후 [속성] → [Y축] 탭을 클릭하고, [개별 크기 조정]의 [각 라인] 앞 라디오버튼을 체크한 후 [닫기]를 누른다.

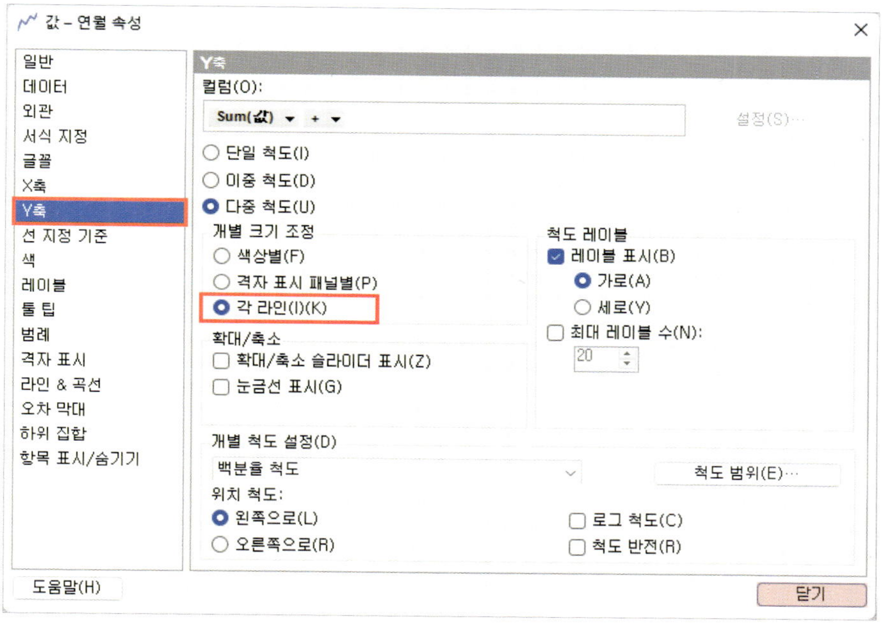

다음과 같이 선 그래프가 변경된다.

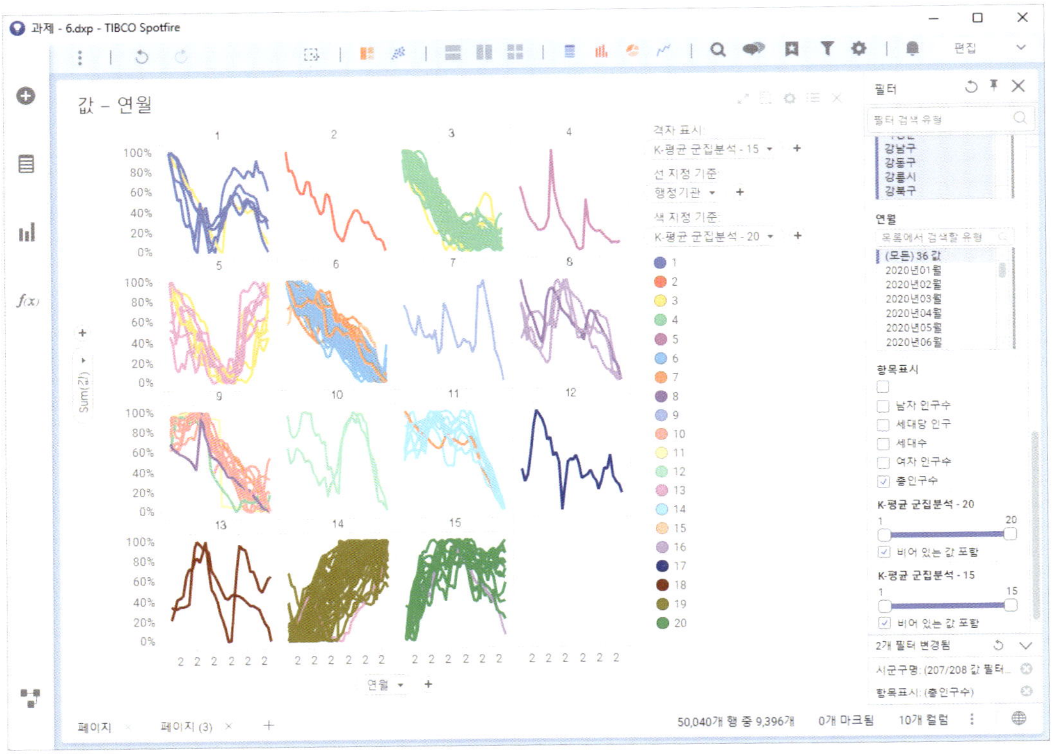

이제 우리가 예상한 대로 군집들이 묶였는지 살펴보자. 우리가 원했던 것은 다음과 같은 패턴들이 각각 하나의 군집으로 묶이는 것이었다.

- 인구 추이가 감소하는 패턴들(2, 4, 6, 7번 군집)
- 인구 추이가 감소하다가 증가하는 패턴들(3, 13번 군집)
- 일정 기간 유지하다가 감소하는 패턴들(10, 14번 군집)

먼저 'K-평균 군집분석 – 20' 군집에서 2, 4, 6, 7번 군집에 해당하던 선들을 범례 부분의 숫자를 클릭하여 살펴보자. 참고로, Ctrl 키를 누른 상태에서 숫자들을 클릭하면 여러 개를 마킹할 수 있다. 해당 선들이 하나의 군집으로 묶이지 않고 여러 다른 군집(2, 3, 6, 9, 11번)으로 흩어져 있다.

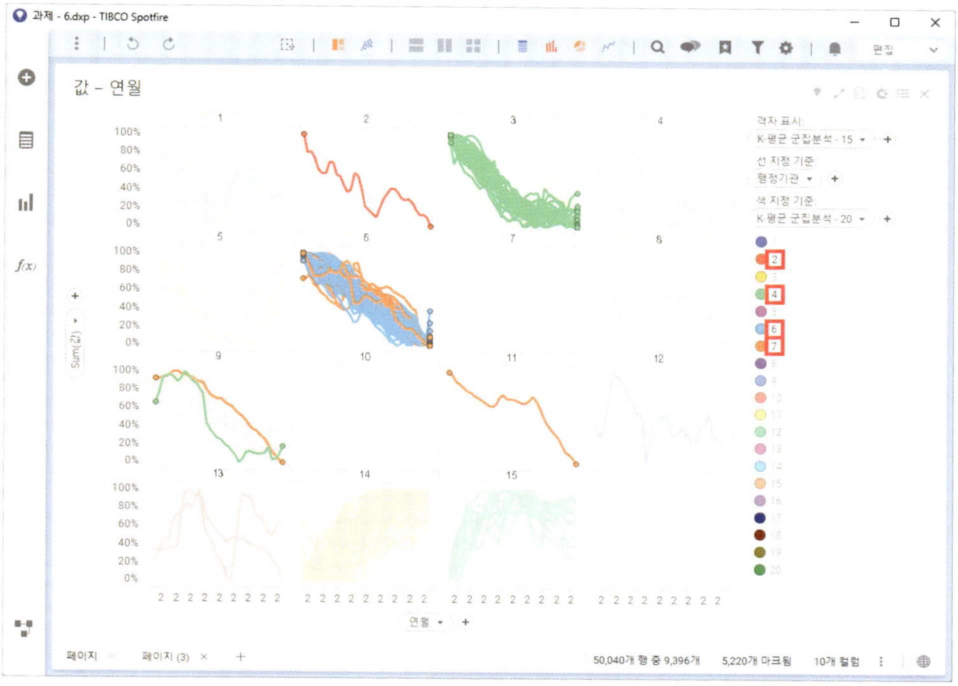

'K-평균 군집분석 - 20' 군집에서 3, 13번 군집에 해당하던 선들의 경우는 다음과 같이 1, 3, 5, 14번 군집으로 나뉘어졌으며,

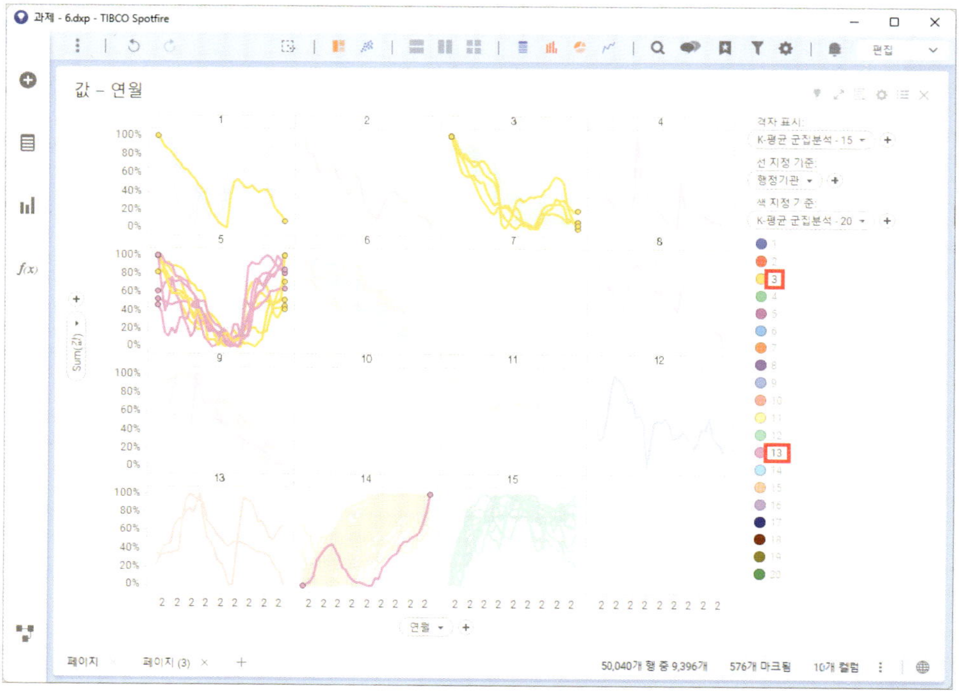

'K-평균 군집분석 - 20' 군집에서 10, 14번에 해당하던 선들의 경우는 각각 9, 11번으로 그대로 군집을 유지하고 있다.

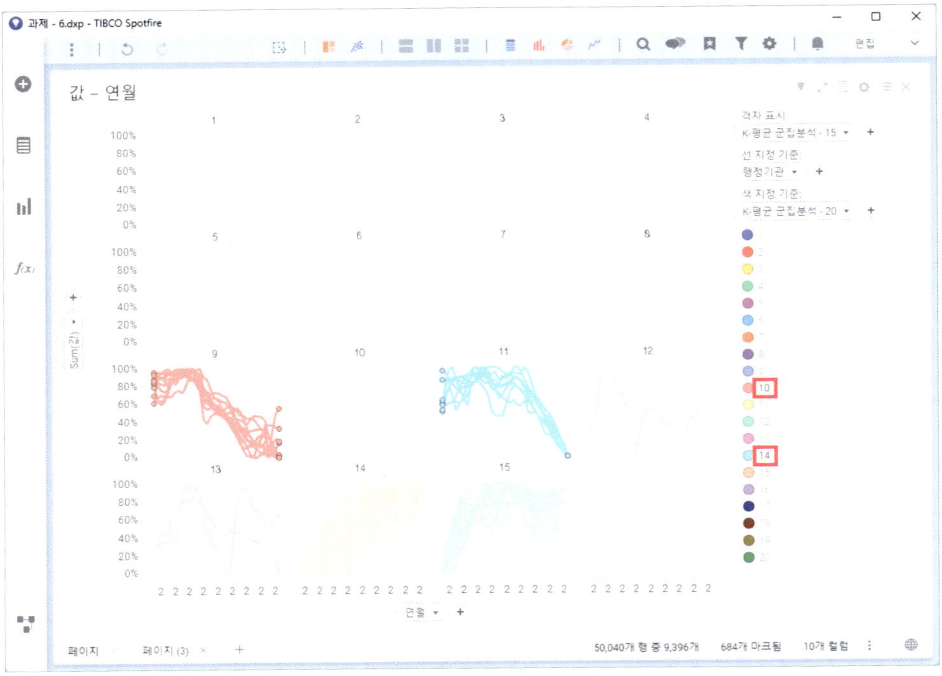

위 3가지 경우에서 알 수 있듯이, K-평균 군집분석은 일반적으로 군집 결과가 사용자의 예측대로 완벽하게 나오지 않으며, 사용자가 중간에 임의로 군집 결과를 변경할 수 없다. 또한 군집이 깔끔하게 분류되지 않는(특히 이상치가 있는 경우) 것으로도 알려져 있다. 그러나 수많은 선의 패턴들을 사용자가 일일이 군집으로 분류하는 것은 매우 어렵고 많은 시간이 소요되는 작업이기 때문에, 개략적인 패턴을 이해하는 데 도움이 되는 방법으로써 여전히 K-평균 군집분석이 이용되고 있다.

지금까지의 내용을 종합해보면 이전 군집을 추적하여 새로운 군집의 수를 분석하는 것은 크게 의미가 없다. 현재 분석된 군집 패턴들을 보고 전체적으로 유사한 패턴들이 중복되지 않는지를 살펴보면서 군집의 수를 적절한 수준까지 줄여나가는 방식이 더 합리적이다.
이러한 방식으로 분석을 수행해보기 위해서, 즉 현재 15개로 줄인 군집 개수가 최적인지에 집중할 수 있도록 다음과 같이 [색 지정 기준]을 [K-평균 군집분석 - 15]로 변경하여 격자 표시 기준과 동일하게 해보자. 각 군집별로 색상이 동일하게 표시되어 패턴을 더 쉽게 이해할 수 있다.

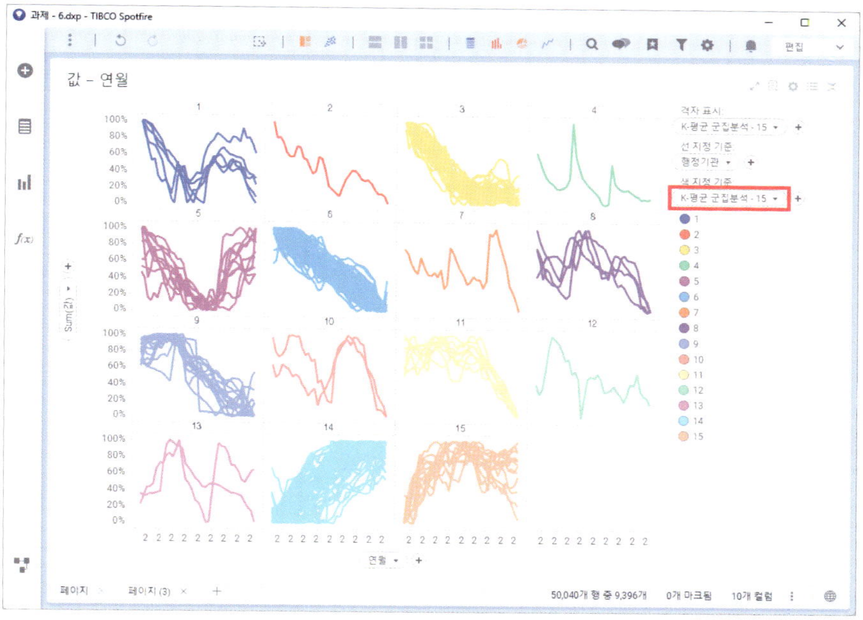

위 그림의 2, 4, 7, 10, 12, 13번 군집처럼 한두 개씩 분류된 선들을 하나의 군집으로 다시 묶으려는 시도는 바람직하지 않다. 왜냐하면 하나의 군집에 선들이 한두 개씩만 속해 있는 경우는 일종의 이상치(outlier)로 생각할 수 있기 때문이다. 이렇게 분류된 선들은 이미 프로그램에서 다른 선들과 동일하지 않다고 판단한 것이어서 다시 실행해도 하나의 군집으로 잘 묶이지 않는 경우가 많다. 따라서 한두 개씩 별도의 군집으로 분류된 선들은 일종의 이상치로 여겨 제외하고, 다수의 선들이 속해 있는 군집들 위주로 군집의 수를 줄여가는 방식이 더 합리적이다. 그러면 이제 선들이 많이 모여 있는 군집들을 중심으로 다시 살펴보자. 다음과 같이 3, 5, 6, 9, 11, 14, 15번 군집을 대상으로 생각해볼 수 있다.

- **3번 군집**: 인구가 감소하다가 유지
- **5번 군집**: 인구가 감소하다가 증가
- **6번 군집**: 인구가 계속 감소
- **9번 군집**: 인구가 유지되다가 감소
- **11번 군집**: 인구 감소와 증가를 반복하다가 감소
- **14번 군집**: 인구가 증가
- **15번 군집**: 인구가 증가하다가 감소

전체적으로는 15개 군집으로 분류하였으나, 큰 틀에서는 위와 같이 7개 정도의 군집으로 생각하면 좋을 것 같다.

step 12 최종 결정된 군집 개수를 기준으로 해당하는 시군구의 목록을 작성한다.

최종 결정된 15개의 군집별로 해당 시군구는 어느 지역에 속하는지 테이블 형태로 목록을 만들어보자.

다음과 같이 새 페이지에 [크로스 테이블]을 추가한다. 페이지 이름도 '크로스 테이블'로 변경한다.

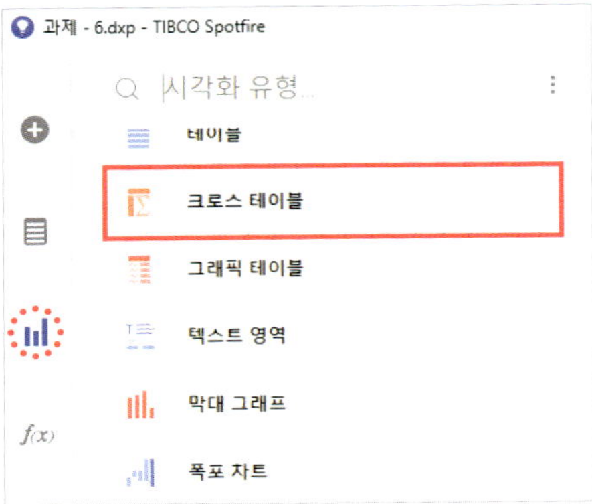

다음과 같이 크로스 테이블이 만들어진다.

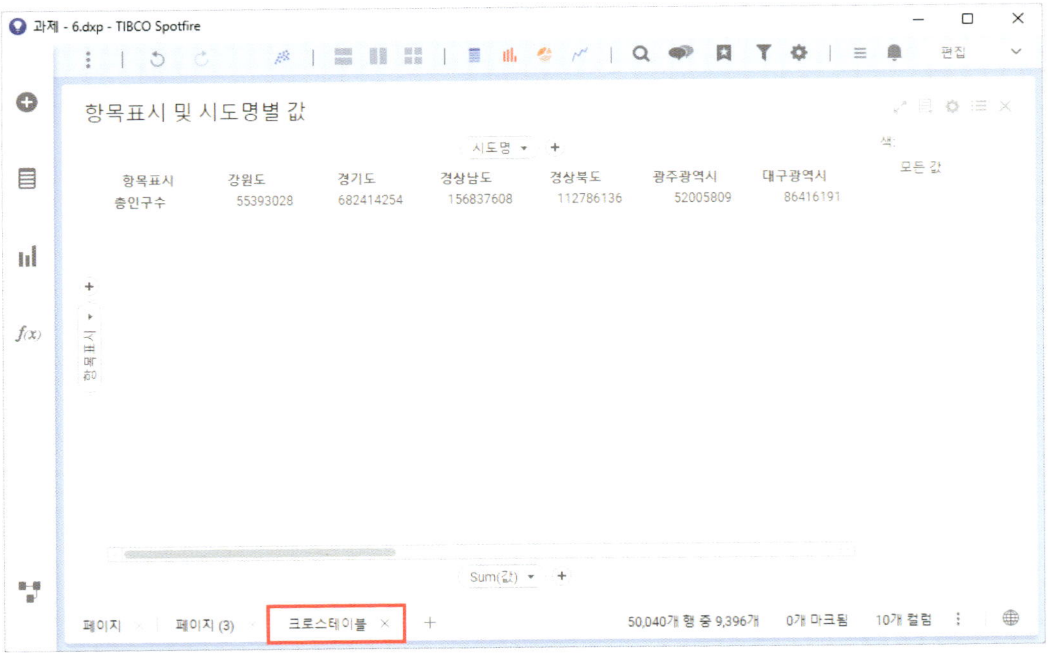

크로스 테이블의 축 설정을 다음과 같이 변경한다.

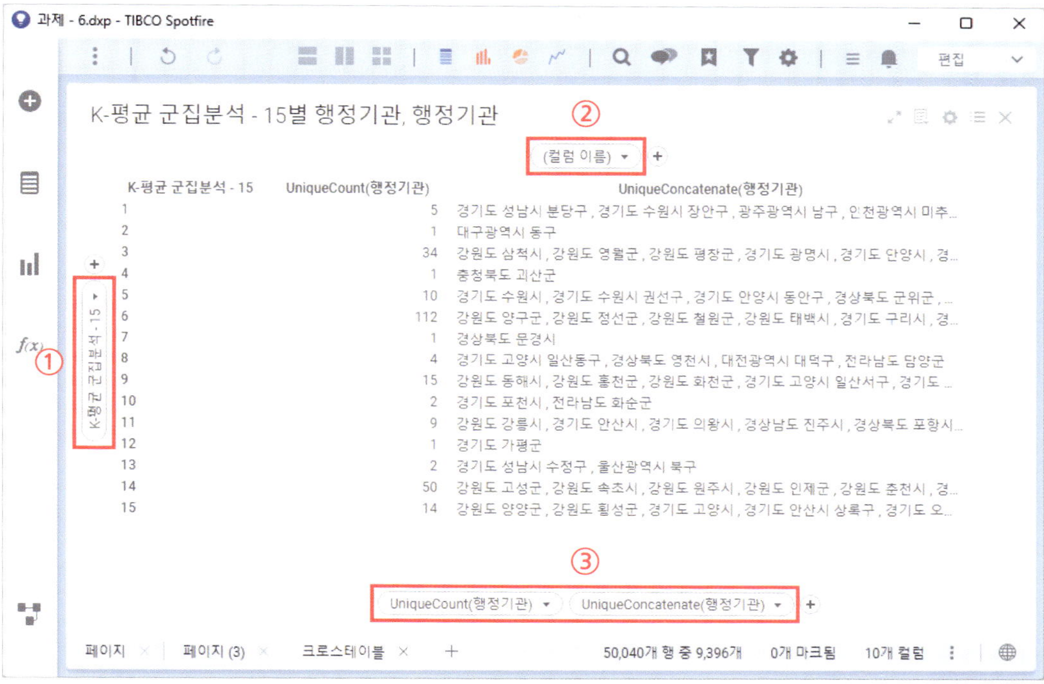

①좌측(Vertical) : K-평균 군집분석 – 15

②상단(Horizontal) : 컬럼 선택 없음('제거' 선택)

③하단(Cell Values) : UniqueCount(행정기관), UniqueConcatenate(행정기관)

하단의 'UniqueCount(행정기관)'는 각 군집 번호에 고유한 해당 시군구가 몇 개씩 속하는지 개수를 표시하는 것이고, 'UniqueConcatenate(행정기관)'는 해당 시군구들을 동일한 것은 하나로 하고 값이 다르면 모두 나열하는 것이다. 여기서는 전체 군집 중에서 6번 군집, 즉 인구가 계속 감소하는 시군구가 가장 많다(112개)는 것을 알 수 있다.

선 그래프의 패턴과 시군구 목록을 함께 확인하려면, 아래 그림처럼 선 그래프와 크로스 테이블을 나란히 표시해서 본다(Spotfire의 특정 페이지에 있는 차트를 다른 페이지로 이동하는 방법은 본문의 p. 90를 참조).

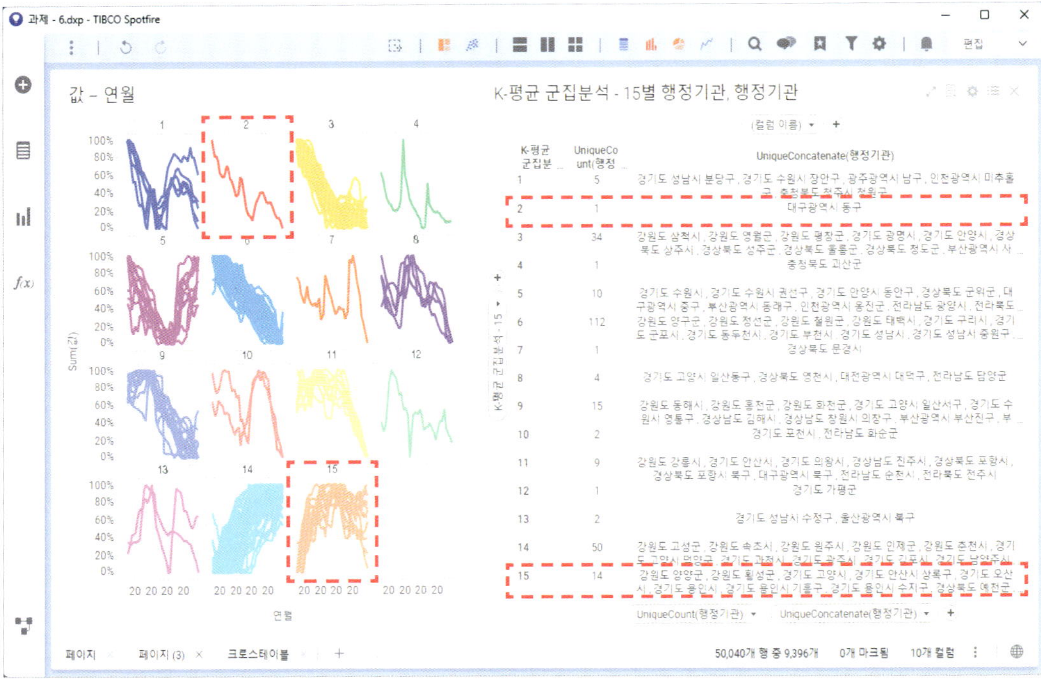

위 그림에서는 해당 군집에 몇 개의 시군구가 속하는지, 그리고 어느 시군구인지를 동시에 확인할 수 있다. 예를 들어 2번 군집을 보면, 인구가 전체적으로는 감소하는 추세지만 계속해서 증가와 감소를 반복하는 특이한 패턴을 보인다. 이 지역은 '대구광역시 동구'이다. 그리고 15번 군집을 보면, 인구가 전체적으로 증가 후 유지되다가 이후로 감소하는 추세를 보인다. 이 지역들은 '강원도 양양군, 강원도 횡성군, 경기도 고양시, 경기도 안산시 상록구, 경기도 오산시, …' 등 14개 시군구다.

step 13 선 그래프에 드릴다운으로 파이 차트를 추가하여 마킹한 군집별로 어느 시도가 비중을 많이 차지하는지 확인한다.

먼저 선 그래프를 [중복 시각화]하고, 다음으로 새 페이지를 만들어 '드릴다운'으로 파이 차트를 추가한 후, 이 페이지 이름을 변경한다.

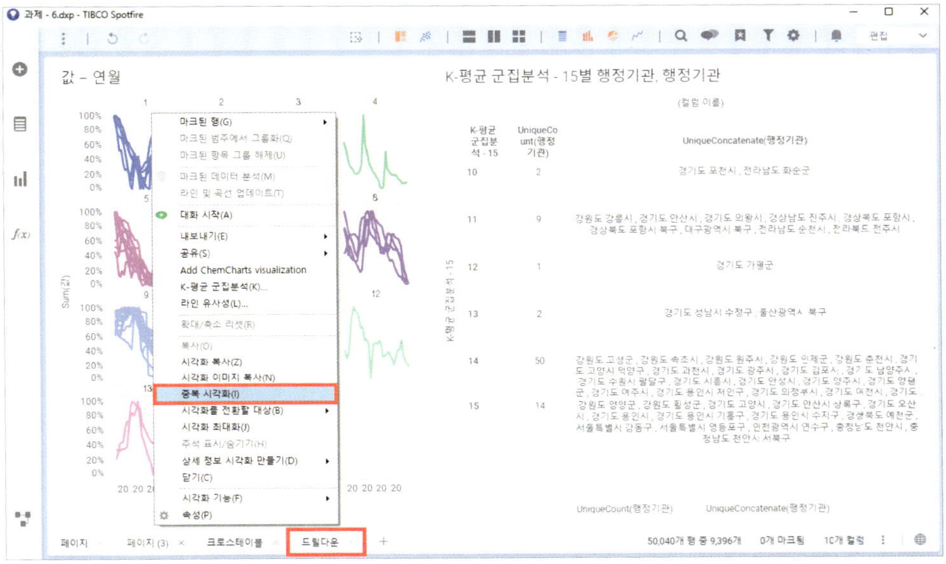

'페이지 (3)'에서 중복으로 생성해놓은 선 그래프를 '드릴다운' 페이지로 이동한다.

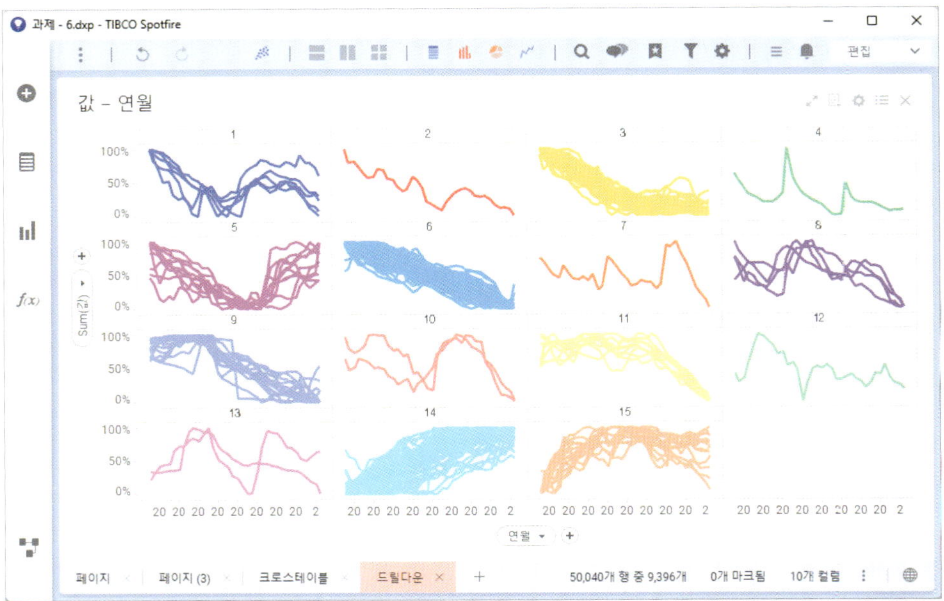

화면에서 마우스 우클릭 후 [상세 정보 시각화 만들기] → [파이 그래프]를 선택한다.

다음 그림처럼 옆으로 나란히 화면이 배치되도록 변경하고, 우측의 파이 차트에 범례를 표시한다.

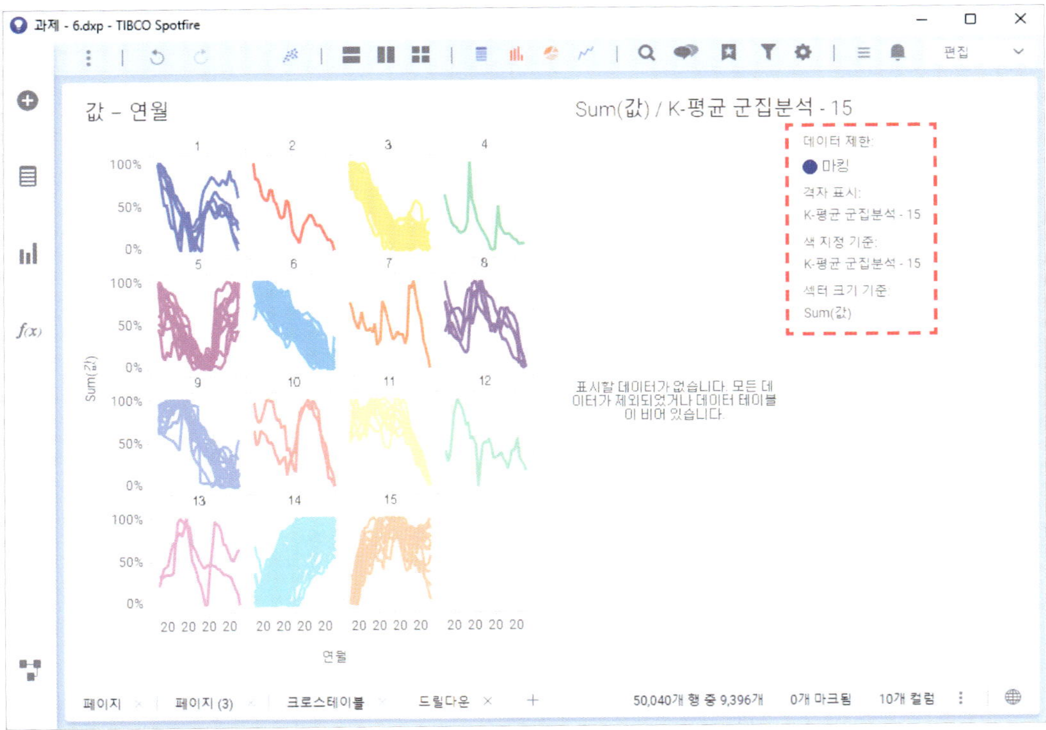

우측 파이 차트의 범례를 다음과 같이 변경한다.

①격자 표시: K-평균 군집분석 – 15

②색 지정 기준: 시도명

③섹터 크기 기준: Count(시도명)

전체 화면이 다음과 같이 설정되었다.

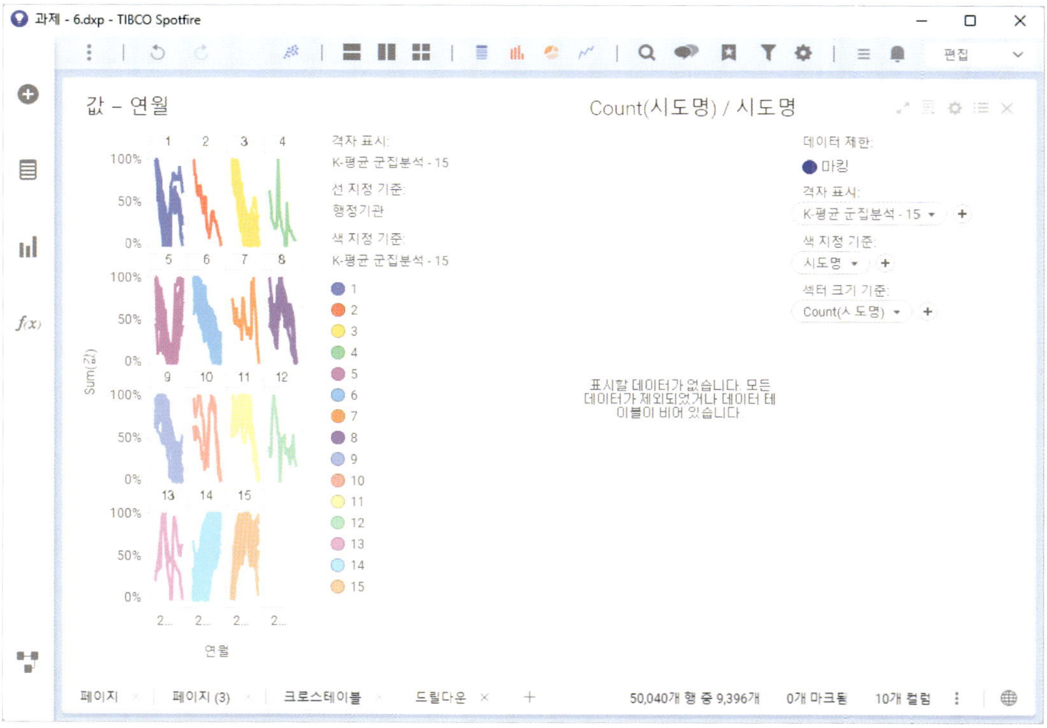

이제 화면에서 차트만 크게 보이도록 양쪽의 범례를 모두 제거하고,

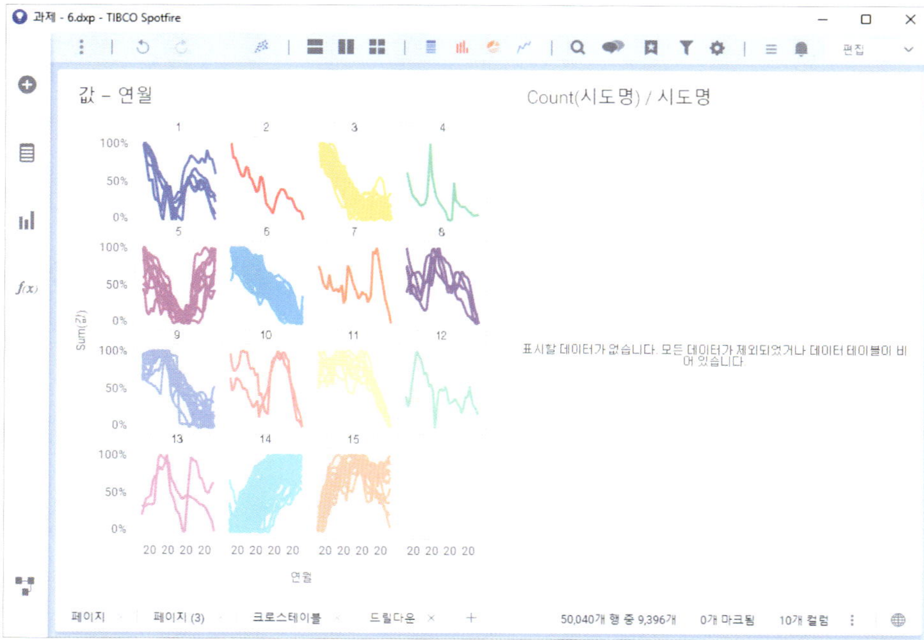

원하는 군집만 마킹해보자. 예를 들어 인구가 감소하는 지역들(군집 6)과 증가하는 지역들(군집 14)에 해당하는 시도명들을 비교해보고 싶다면 이 두 군집만 마킹한다. Ctrl 키나 Shift 키를 누른 상태에서 계속 마킹을 추가할 수 있다.

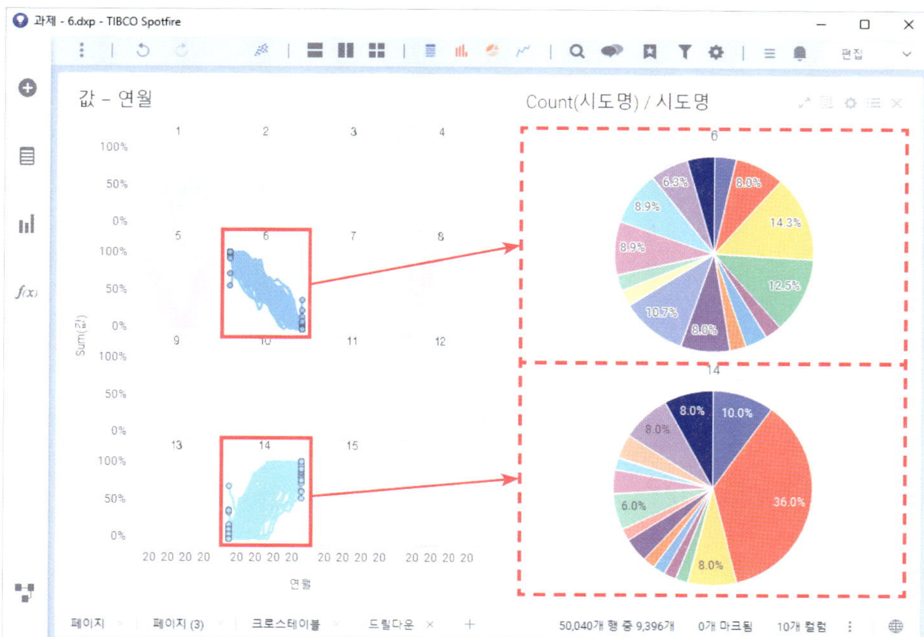

우측 파이 차트를 보면 레이블 표시가 없고, 섹터가 크기순으로 정렬되어 있지 않아 보기가 불편하다. 다음 그림처럼 파이 차트의 설정을 변경해보자.

파이 차트에서 마우스 우클릭 후 [속성] → [외관] 탭을 눌러서 [크기 별로 부문 정렬] 앞 체크박스에 체크하고,

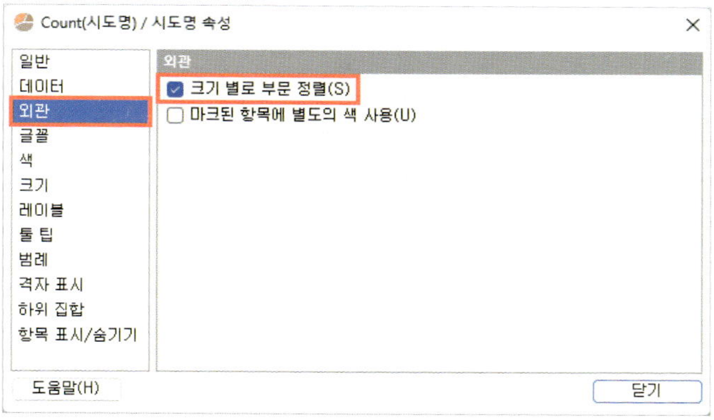

[레이블] 탭을 눌러 [레이블에 표시]의 [부문 범주] 앞 체크박스에 체크한 후 [닫기]를 누른다.

설정을 마치면 다음과 같이 화면이 표시된다.

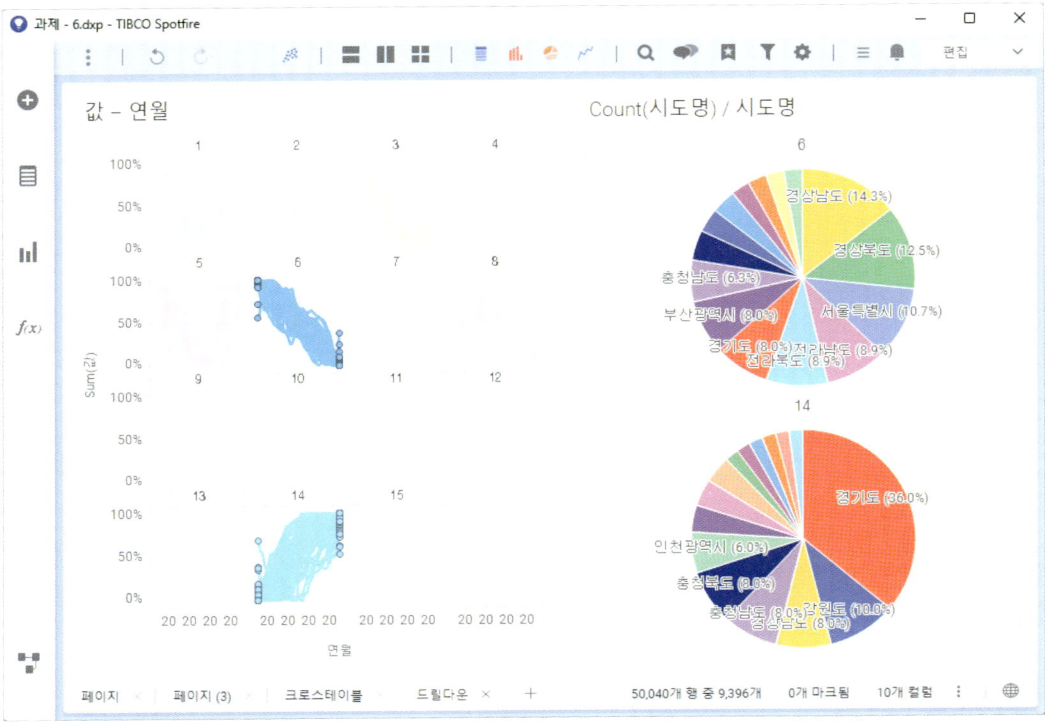

위 그림에서 전국 207개 시군구의 36개월 동안 인구 추이를 분석해보면,

- **6번 군집**
  인구가 감소하는 지역들 중에서 가장 많은 비중을 차지하는 시도는 경상남도, 경상북도, 서울특별시, 전라남도 순이다.

- **14번 군집**
  인구가 증가하는 지역들 중에서 가장 많은 비중을 차지하는 시도는 경기도, 강원도, 경상남도, 충청남도/충청북도 순이다.

위 내용을 종합해보면, 인구 증가 추세가 심한 시군구는 경기도에 속한 지역이 많고, 인구 감소 추세가 심한 시군구는 경상도에 속한 지역이 많다. 아울러 경상남도의 경우는 인구가 감소하는 곳과 증가하는 곳이 모두 속해 있어 양극화 현상을 보인다고 말할 수 있다.

과제 7 계층적 군집분석

우리나라 시군구별 인구 데이터를 이용하여 여러 시군구들 중 어느 시군구끼리 가장 유사성을 보이는지 확인해보자.

사용 데이터: 3060. 인구및세대수(2020-2022).xlsx

핵심 키워드: 언피벗(Unpivot), 컬럼 분할(Column Split), 선 그래프(Line Chart), 계층적 군집분석(Hierarchical Clustering), 계통수(Dendrogram)

전체 step 한눈에 보기

step 1	Spotfire에 데이터를 로딩한다.
step 2	새 페이지에 선 그래프를 추가한다.
step 3	언피벗을 이용하여 데이터를 변환한다.
step 4	컬럼 분할을 이용하여 [행정기관] 컬럼에서 '시도명'과 '시군구명'을 분리한다.
step 5	컬럼 분할을 이용하여 [범주] 컬럼에서 '연월'과 '항목 표시' 부분을 분리한다.
step 6	선 그래프에서 X축(연월), Y축(값), 색 지정 기준(행정기관) 설정을 변경한다.
step 7	[항목 표시] 컬럼 값들 중에서 '총인구수'만으로 필터링한다.
step 8	[시군구명] 컬럼 값들 중에서 컬럼의 값이 표시된 부분들만으로 필터링한다.
step 9	선 그래프의 Y축 설정을 '다중 척도'로 변경하여 여러 시군구들의 추세를 확인한다.
step 10	새 페이지에 히트맵을 추가하고 선 그래프에서 이용한 컬럼들을 히트맵 설정에 이용한다.
step 11	계층적 군집분석을 수행할 수 있도록 '행 계통수'와 '컬럼 계통수'를 생성한다.
step 12	히트맵의 X축에 확대/축소 슬라이더를 생성하고 확대한 다음, 거리가 가장 가까운 위치의 계통수, 즉 행정기관(시군구명)들을 확인한다.
step 13	드릴다운 차트로 선 그래프를 작성하여 계통수 군집별로 패턴의 차이를 이해한다.
step 14	페이지 이름을 '컬럼 계통수'로 변경한다.
step 15	'컬럼 계통수' 페이지를 [중복] 복사하고 복사된 새 페이지 이름을 '행 계통수'로 변경한다.
step 16	행 계통수 군집별로 패턴의 차이를 이해하기 위하여 우측 선그래프의 설정을 변경한다.
step 17	좌측 히트맵(마스터)과 우측의 선 그래프(드릴다운) 설정을 변경하여 '마스터-드릴다운' 관계 설정을 해제한다.

이번 과제에서는 앞서 **과제 4**와 동일하게 우리나라 시군구별 인구 데이터(2020.1.~ 2022.12.)를 이용하여 수행한다. 수행 과정 중 **step 1~9**까지는 **과제 4**와 동일하게 진행하므로 이 부분은 **과제 4**의 pp. 103~129를 참조하여 따라한다. 여기서는 그다음 단계부터 설명을 시작한다.

과제 4의 **step 9**까지(pp. 103~129) 진행했다면 다음과 같은 화면이 표시된다.
선 그래프에는 총 207개 시군구의 36개월간 인구수 추이가 표시되어 있다.

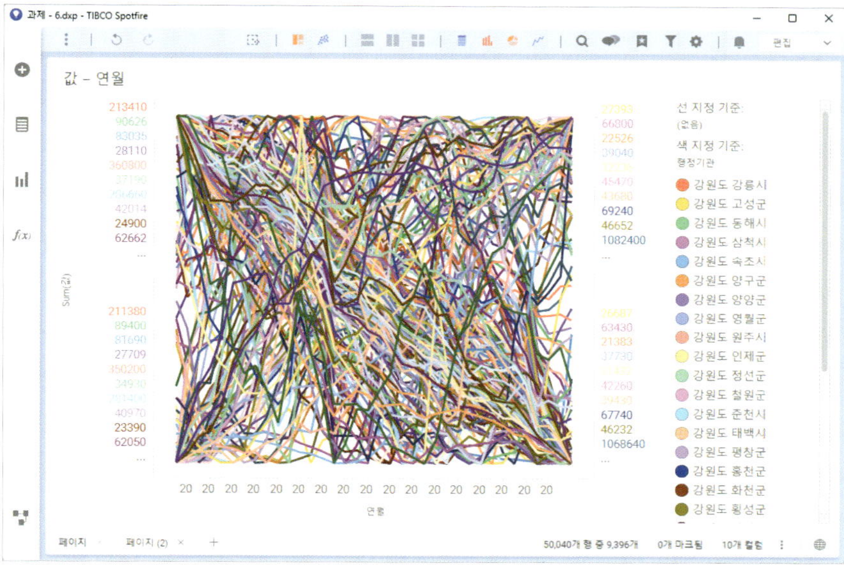

[행정기관]을 [격자 표시] 기준으로 적용하여 좀 더 자세하게 살펴보자.

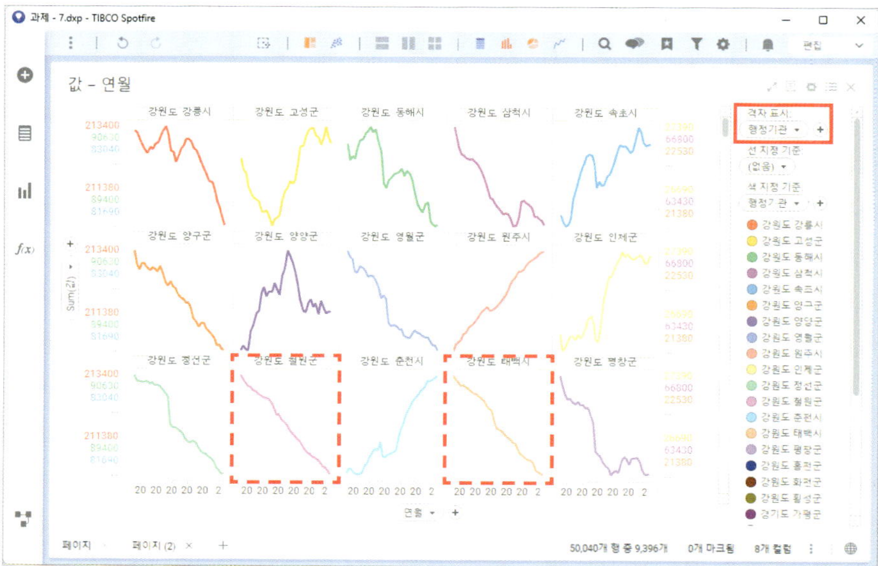

여러 행정기관(시군구)별로 다양한 패턴의 추세를 보이지만 어느 정도 유사한 모습을 보이는 부분도 있다. 예를 들어 '강원도 철원군'과 '강원도 태백시'는 하락 추세가 유사하다.
참고로, 앞의 화면은 다음과 같이 '3행×5컬럼'으로 격자 표시가 설정되어 있다.

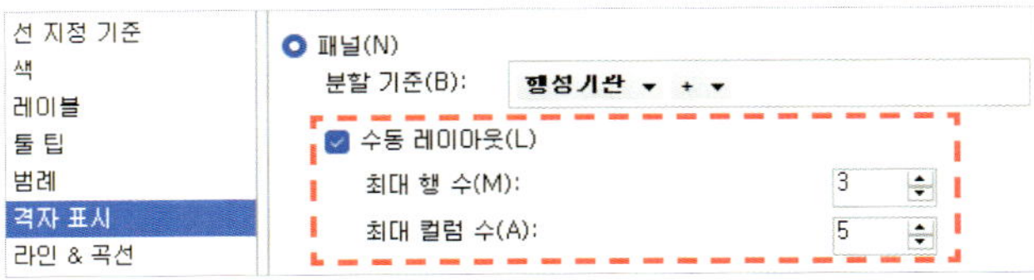

이번 과제의 목표는 여러 시군구들 중에서 어느 시군구끼리 가장 유사성을 보이는지 확인하는 것이다. 유사한 패턴들끼리 군집으로 나누는 방식 중에서 몇 개의 군집으로 나눌지 미리 정해놓고 나누는 방식(K-평균 군집분석) 대신, 군집 결과를 살펴보며 군집의 개수를 정할 수 있는 계층적 군집분석을 이용해보자. 계층적 군집분석을 용이하게 수행하는 방법은 히트맵(Heat map)을 이용하는 것이다.

step 10 새 페이지에 히트맵을 추가하고 선 그래프에서 이용한 컬럼들을 히트맵 설정에 이용한다.

새 페이지에 [히트맵]을 추가하고 설정을 변경해보자.

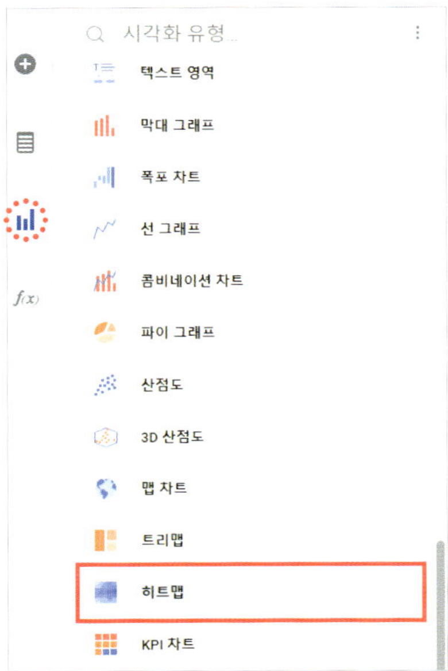

다음과 같이 초기 설정된 값으로 화면이 표시될 것이다.

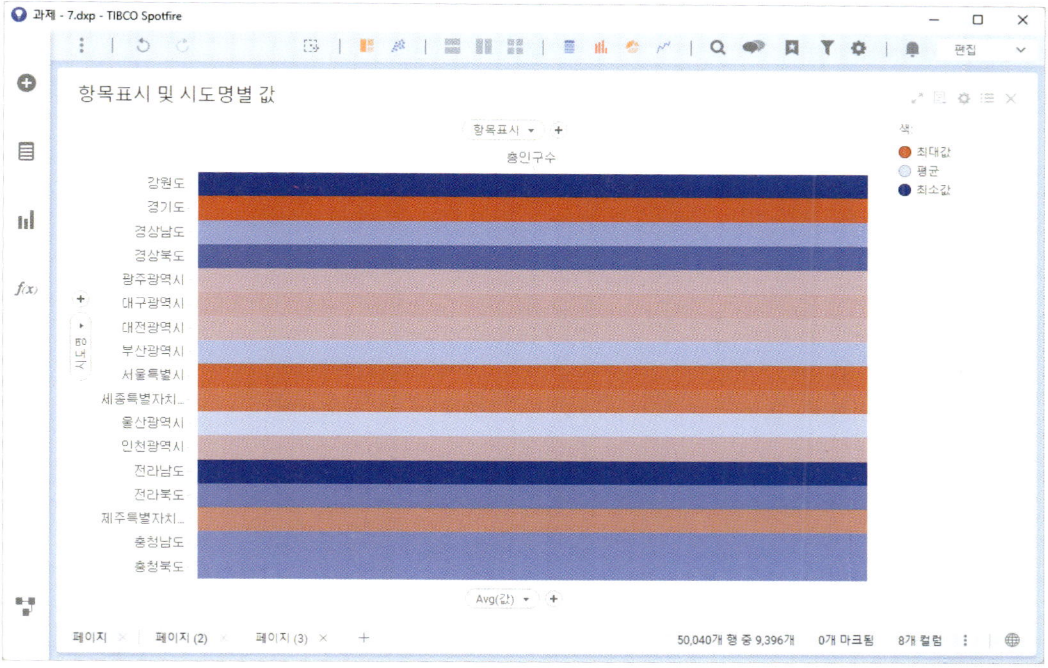

계층적 군집분석을 히트맵에서 이용할 수 있도록 선 그래프에서 이용한 컬럼 정보들을 히트맵 설정에 모두 활용해보자. 다음과 같이 설정을 변경한다.

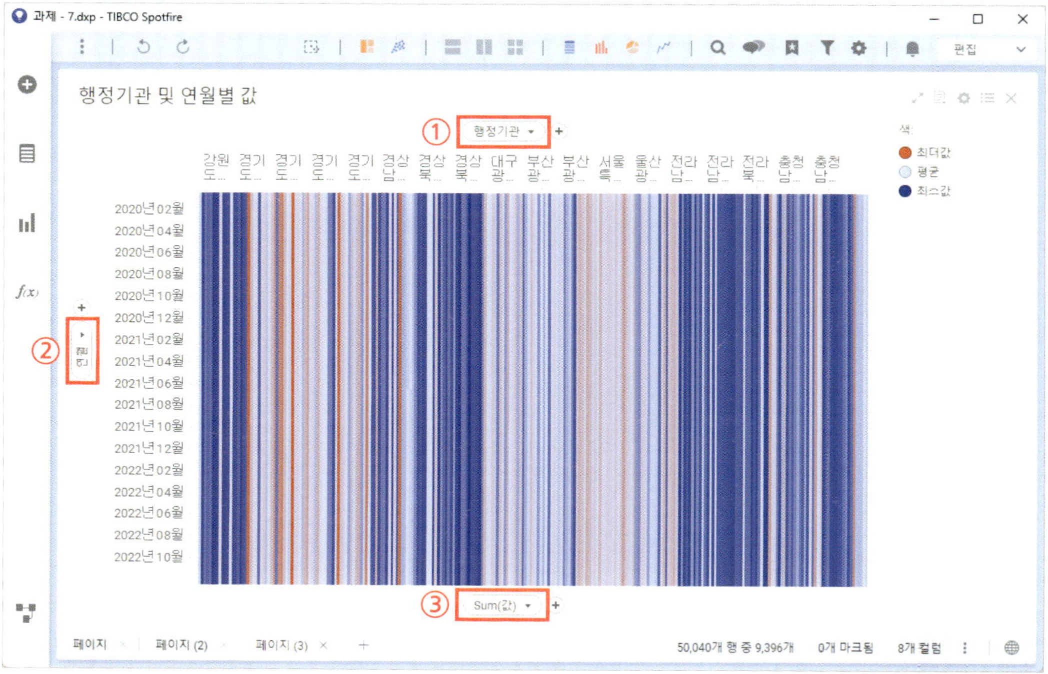

① X축(상단) : 행정기관

② Y축(좌측) : 연월

③ 셀 값(하단) : Sum(값)

행정기관(시군구)별로 36개월 동안 큰 차이가 없어서 앞의 그림에서 볼 때 한 컬럼(X축, 행정기관) 내에서 Y축(행들) 간에는 동일한 색상처럼 보이지만, 실제로 값들을 보면 조금씩 차이가 있다. 한 행(연월)만 놓고 보면 X축(행정기관들) 간에는 인구 차이가 크기 때문에 색상이 많이 다르다.

step 11 계층적 군집분석을 수행할 수 있도록 '행 계통수'와 '컬럼 계통수'를 생성한다.

어느 행정기관들끼리 그리고 어느 시기(연월)끼리 가장 유사한 패턴을 보이는지, 또는 가장 유사하지 않은 패턴을 보이는지를 계층적 군집분석을 수행하여 알아보자.

히트맵에서 [행 계통수]와 [컬럼 계통수]를 생성하는 것은 계층적 군집분석에서 가장 중요한 단계이다.

히트맵에서 마우스 우클릭 후 [속성] → [계통수] 탭을 클릭한다.

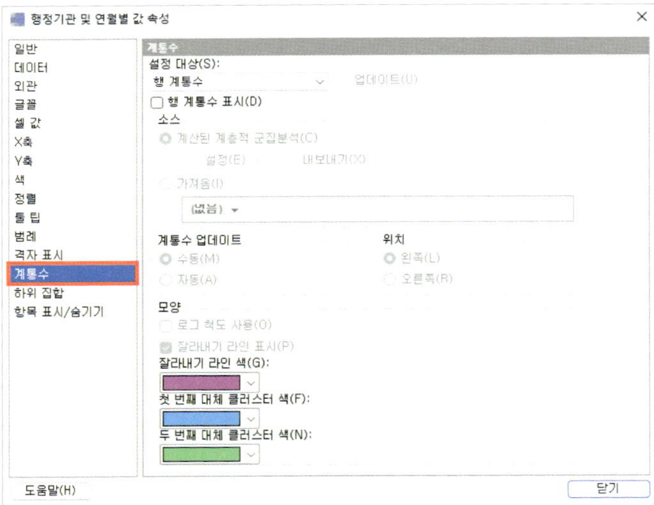

[계통수]에서 ①[설정 대상]의 '행 계통수'를 선택하고, ②바로 아래 [행 계통수 표시] 앞 체크박스를 체크한 다음, ③[업데이트] 버튼을 누른다.

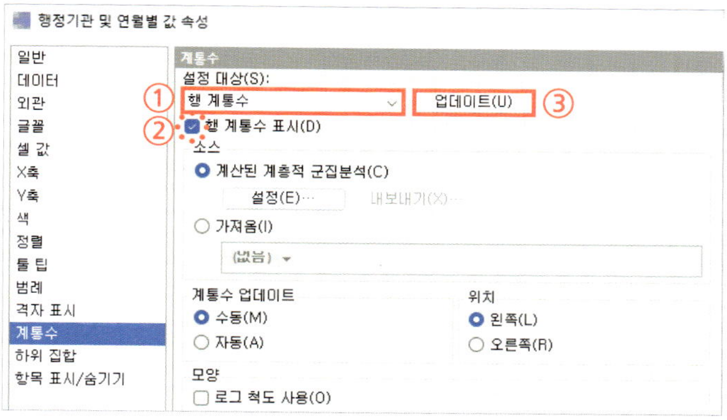

그 결과 다음과 같이 히트맵 왼쪽(Y축) 부분에 행 계통수가 생성된다.

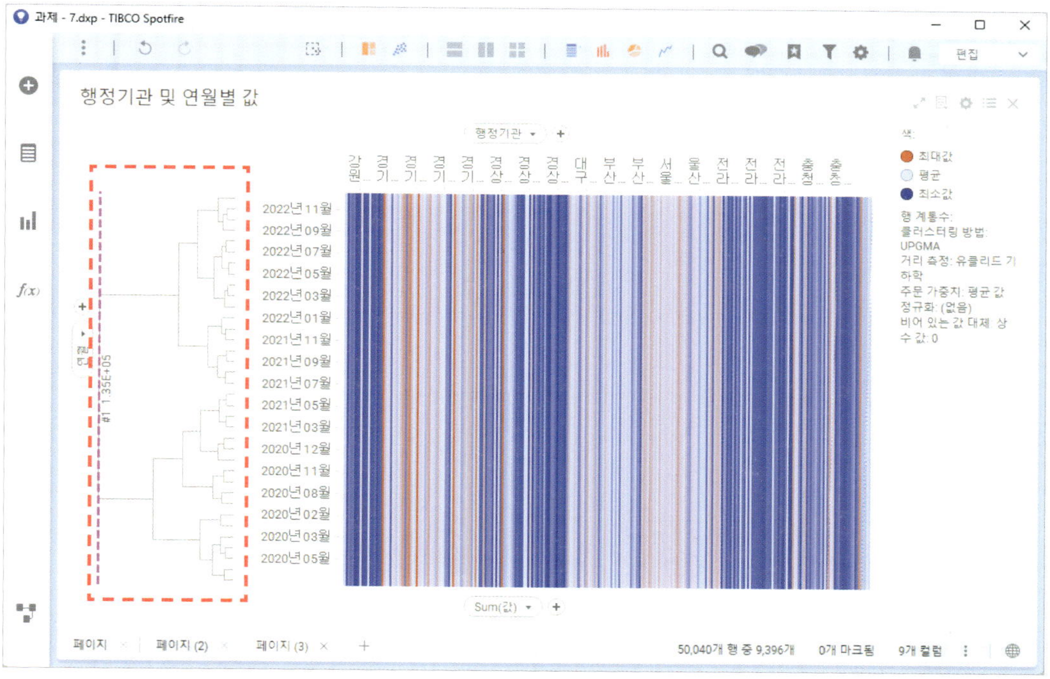

설정창을 닫지 않은 상태에서, 이번에는 '컬럼 계통수'를 변경할 차례이다. 다음과 같은 순서로 설정을 변경한다.

① [계통수]에서 [설정 대상]의 '컬럼 계통수'를 선택하고, ② 바로 아래 [컬럼 계통수 표시] 앞의 체크박스를 체크한다. ③ [업데이트] 버튼을 클릭한 후, ④ 마지막으로 [닫기]를 누른다.

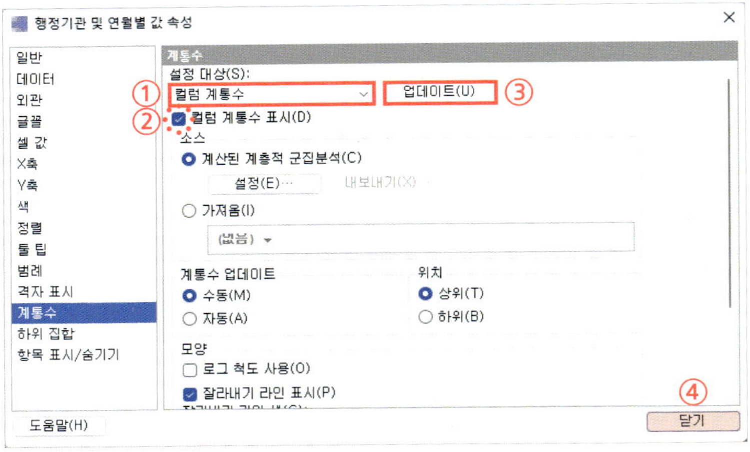

계산 작업 수행 화면이 잠시 나타나고, 곧 아래 그림처럼 위쪽(X축, 행정기관)에 컬럼 계통수가 최종적으로 추가된 결과 화면이 표시된다.

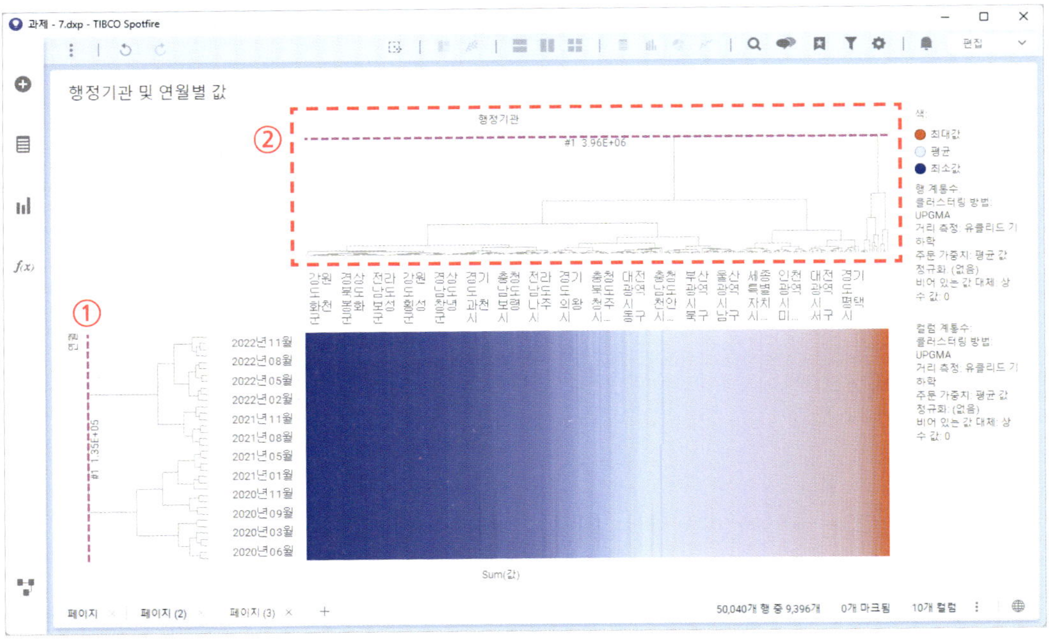

바로 앞의 히트맵(계통수 생성 전)과 비교해보면, 계통수를 생성한 후(즉, 계층적 군집분석을 수행한 후) 히트맵 색상이 행과 컬럼 모두 최소값(파란색)부터 최대값(빨간색)까지 매끄럽게(gradient) 배열되었다. 요컨대 '계층적 군집분석'은 아무렇게나 배열되어 있는 값들을 가장 비슷한 값들끼리 먼저 묶고, 순차적으로 덜 비슷한 값들을 묶어나가면서 행과 컬럼으로 재배열하는 과정이라고 말할 수 있다.

앞의 그림에서 행과 컬럼 계통수의 의미를 살펴보자.

① **행 계통수**

어느 기간(연월) 간의 인구 추이가 서로 가장 유사한 유형(패턴)을 보이는지를 단계적으로 군집분석한 결과를 보여준다.

② **컬럼 계통수**

어느 지역(행정기관)들 간의 인구 추이가 서로 가장 유사한 유형(패턴)을 보이는지를 단계적으로 군집분석한 결과를 보여준다.

이러한 계통수 분석은 컬럼과 행을 각각 별도로 생각하는 것이 아니라, 동시에 감안하여 가장 유사한 것들끼리 묶어나가는 방식으로 이해해야 한다. 즉, 각 셀들의 위치는 '연월'과 '행정기관'을 동시에 고려했을 때 가장 유사한 부분들을 감안하여 순서가 재정렬된다는 의미이다.

step 12 히트맵의 X축에 확대/축소 슬라이더를 생성하고 확대한 다음, 거리가 가장 가까운 위치의 계통수, 즉 행정기관(시군구명)들을 확인한다.

히트맵 화면 중앙에서 마우스 우클릭 후 [속성] → [X축] → [범위]의 [확대/축소 슬라이더 표시] 앞 체크박스를 선택하고 [닫기]를 누른다.

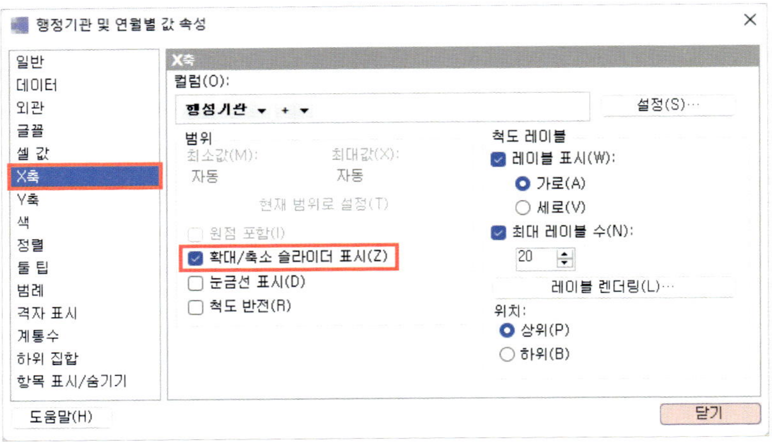

히트맵에서 범례 표시를 제거한 다음 X축의 계통수를 살펴보자.

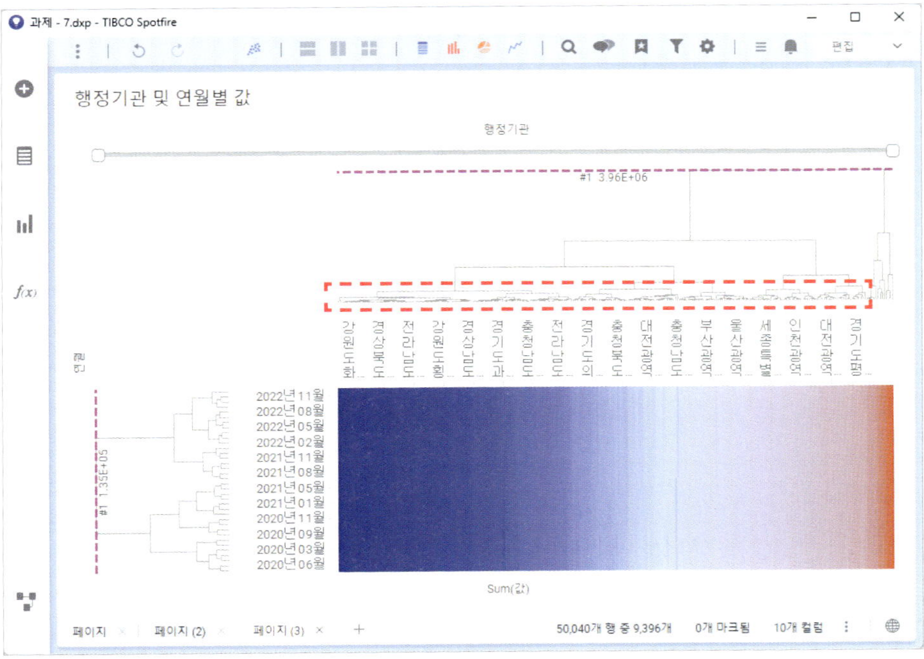

앞의 그림에서 대부분의(사각형 빨간색 점선 부분) 계통수들은 거리가 아주 가까워 보인다. 즉, 이 행정기관(시군구)들 간에는 매우 유사한 값들의 패턴을 보인다는 뜻이다. 계통수의 가장 작은 단위(가지 맨 끝부분)를 리프(leaf)라고 하는데, 앞의 그림의 빨간색 점선 사각형 안에 있는 리프들은 거의 모든 부분에서 패턴이 유사하여 거리가 가까이 있다.

➔ 리프에 대한 상세 설명은 《Spotfire 초보자 가이드 개정2판》 pp. 382~383 참조

하지만 아래 그림에서 빨간색 점선으로 표시된 부분을 보면, 컬럼 계통수 오른쪽 끝부분의 일부 리프들은 다른 리프들과 비교하여 상대적으로 거리가 멀어 보인다. 즉, 이들 행정기관(시군구)들은 대부분의 나머지에 비해서 유사하지 않은 패턴을 보인다는 뜻이다.

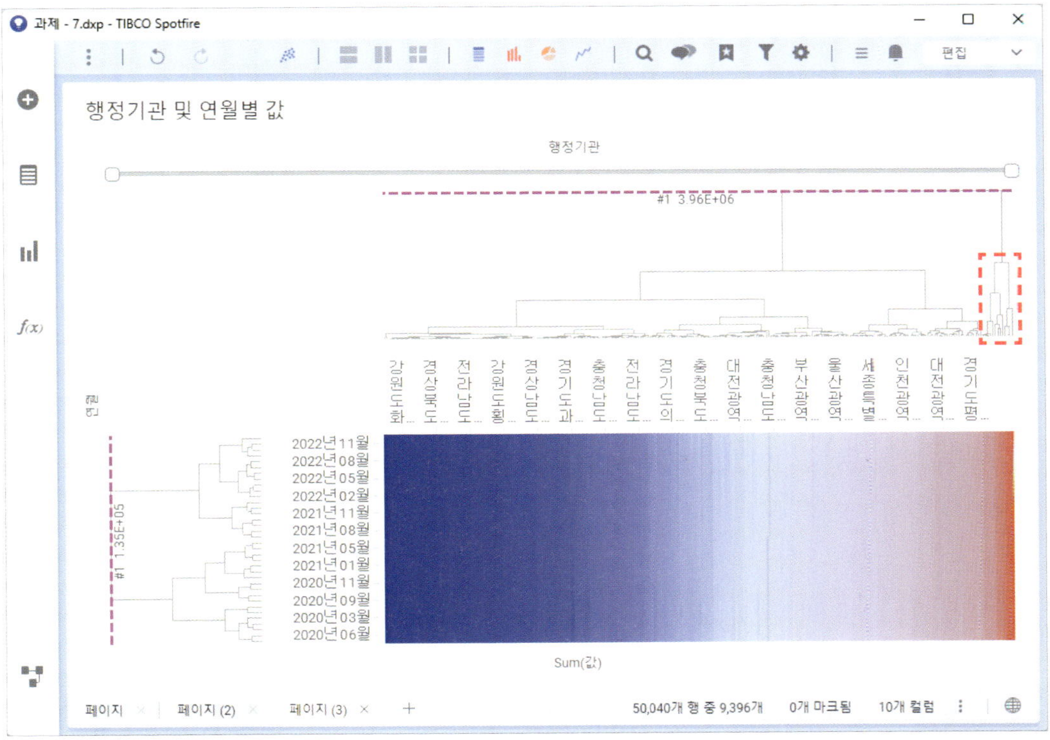

이에 해당하는 곳이 어느 지역인지 확대하여 살펴보자. 상세한 정보를 확인할 수 있도록 몇 가지 설정을 바꾼다.

먼저, X축의 척도 레이블 부분에 마우스 커서를 놓고 우클릭 후 [세로 레이블]을 선택한다.

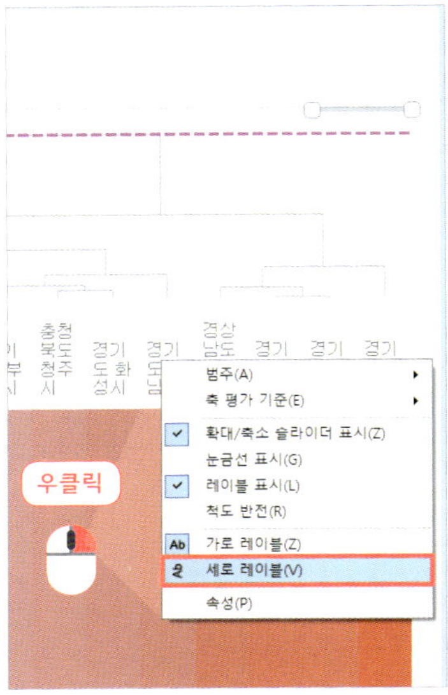

히트맵의 색상 표시가 끝나는 상단 부분과 척도 레이블 사이로 마우스 커서를 옮기면 커서 모양이 위/아래 화살표 모양으로 변하는데, 이때 마우스 왼쪽 버튼을 누른 채로 위/아래로 잡아끌어 글씨가 모두 표시되도록 한다. 계통수와 행정기관 이름들 사이에도 마우스 커서를 놓고 동일한 방법으로 위치를 조정할 수 있다.

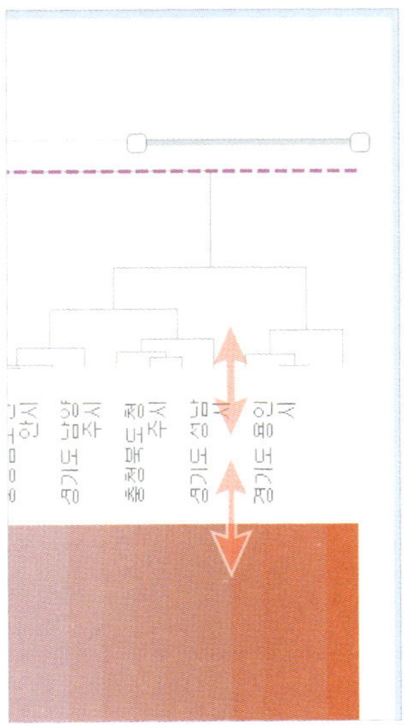

마지막으로, 화면에서 마우스 우클릭 후 [속성] → [X축] 탭을 선택한다. 레이블들이 충분히 표시되도록 [최대 레이블 수]를 '300'으로 입력한 다음 [닫기]를 누른다.

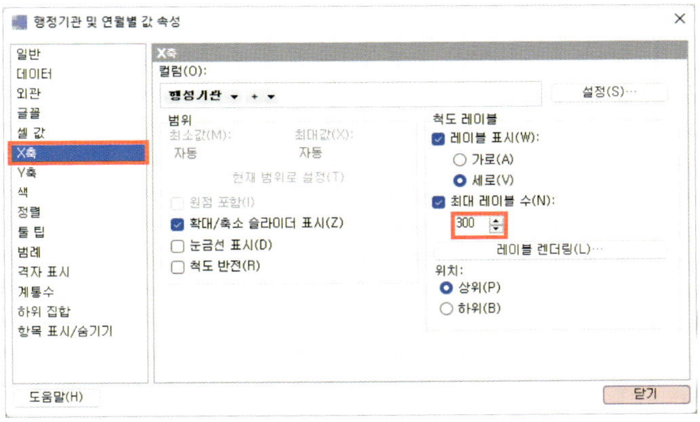

다음과 같은 화면이 완성된다.

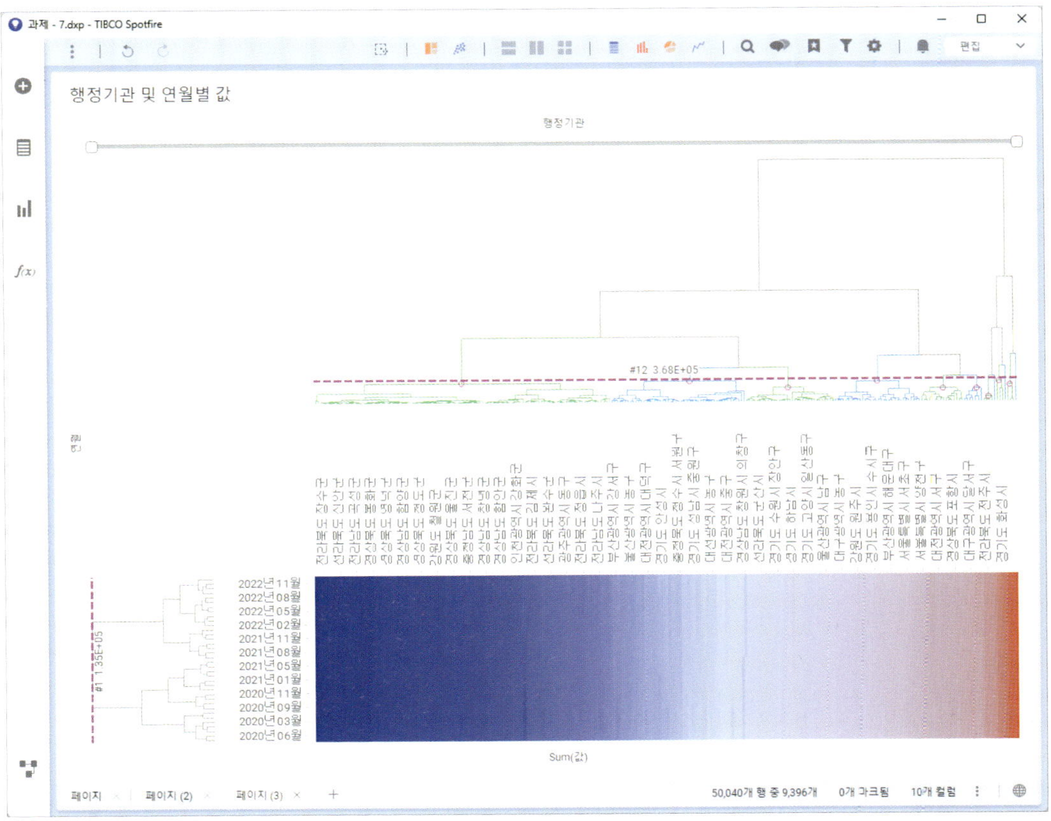

다음 그림처럼 계통수를 우측 가장자리로 확대해보자. 빨간색 점선으로 표시한 부분에 해당하는(대부분의 나머지 부분들과 다른 그룹으로 묶이는) 행정기관들을 확인할 수 있다.

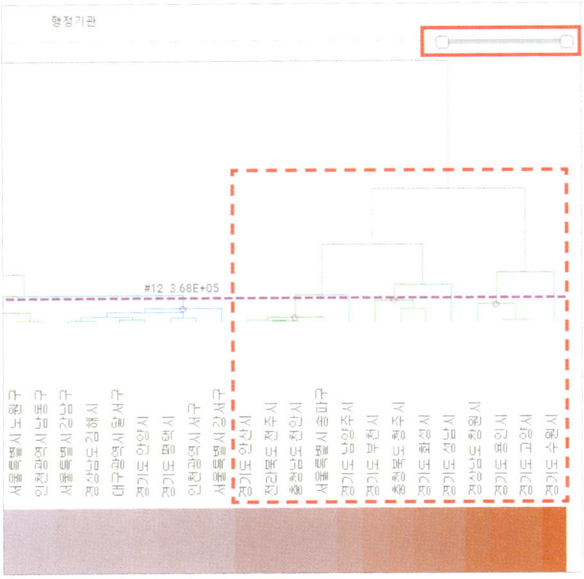

지금까지 X축을 부분적으로 상세하게 살펴보았다. 이제 전체적인 단계별 차이에 대해 알아보도록 하자.

step 13 드릴다운 차트로 선 그래프를 작성하여 계통수 군집별로 패턴의 차이를 이해한다.

X축 계통수에 분홍색 점선이 전체 계통수에 걸쳐서 표시되어 있는 것을 볼 수 있는데, 이 점선을 '잘라내기 라인, 혹은 자르기 라인(Pruning Line)'이라고 한다. 잘라내기 라인은 계통수 군집 간의 차이를 이해하는 데 활용할 수 있다.

➜ 잘라내기 라인에 대한 상세 설명은 《Spotfire 초보자 가이드 개정2판》 pp.379~380 참조

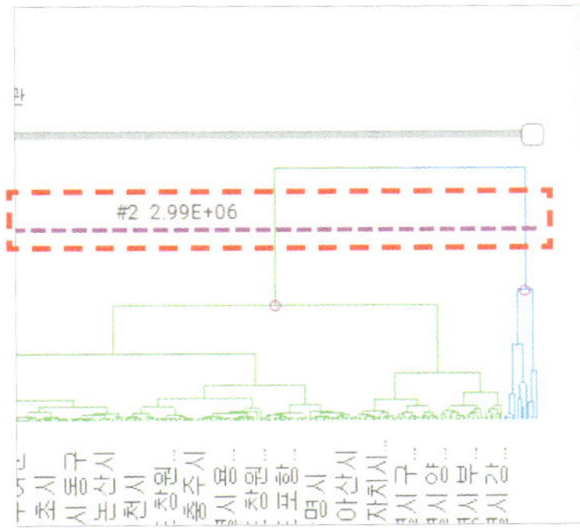

먼저 히트맵에서 마우스 우클릭 후 [상세 정보 시각화 만들기] → [선 그래프]를 클릭하여 드릴다운 차트로서 선 그래프를 생성한다. 다음과 같이 화면을 배열하고 기본 설정을 변경한다.

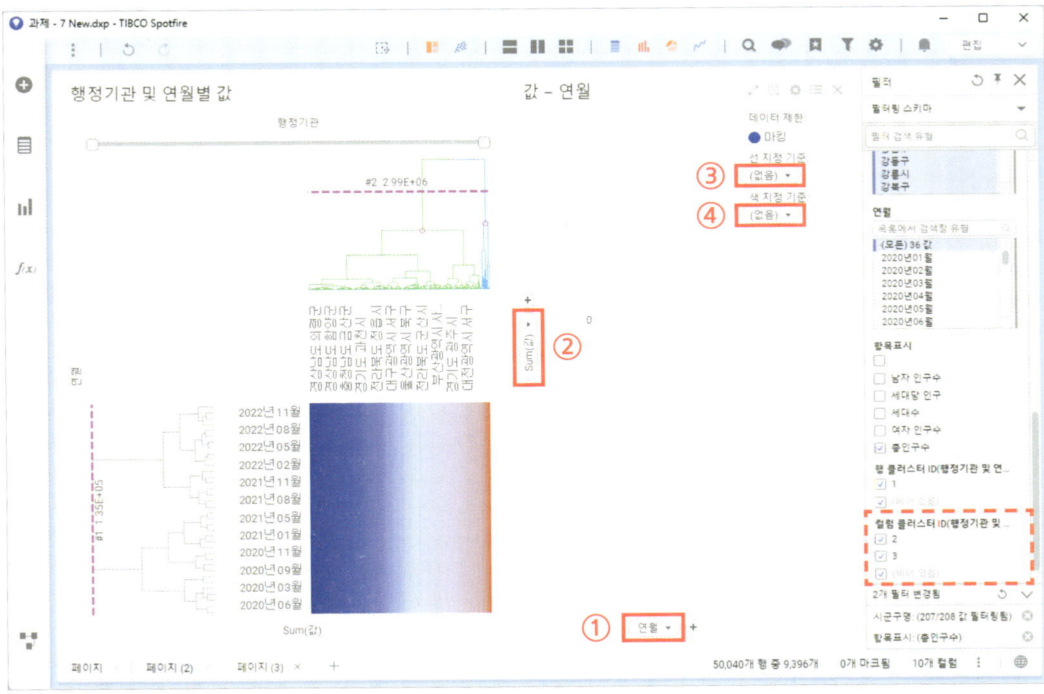

① X축 : 연월

② Y축 : Sum(값)

③ 선 지정 기준 : 없음

④ 색 지정 기준 : 없음

좌측 히트맵의 계통수 군집 간의 차이를 우측 차트에서 따로 보려면 히트맵 X축의 잘라내기 라인을 기준으로 우측의 드릴다운 차트에 격자 표시로 구분하면 된다. 이를 구현하는 방법은 우측 선 그래프에 격자 표시 기준으로 [컬럼 클러스터 ID(행정기관 및 연월별 값)] 컬럼을 이용하는 것이다.

우측 선 그래프에서 마우스 우클릭 후 [속성] → [격자 표시] 탭을 클릭한다. '패널' 앞 라디오 버튼을 선택하고, 분할 기준으로 [컬럼 클러스터 ID(행정기관 및 연월별 값)] 컬럼을 선택한 다음, [닫기]를 누른다.

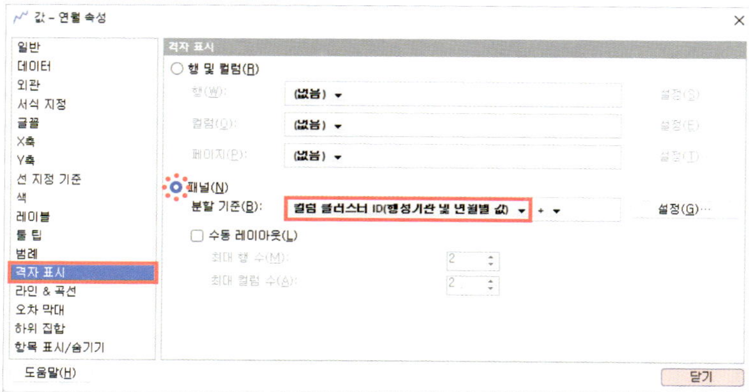

우측 선 그래프의 범례 부분을 보면 격자 표시가 잘 설정된 것을 확인할 수 있다.

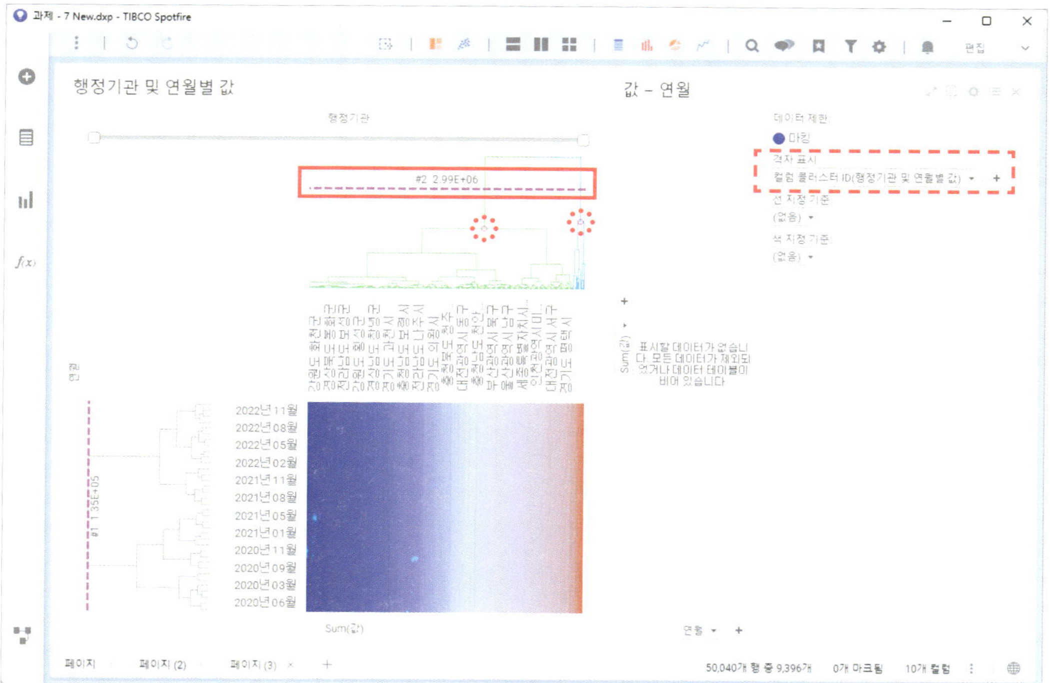

드릴다운 형태로 분석할 수 있도록 설정을 변경하였으므로 좌측 히트맵에서 잘라내기 라인을 조금 아래로 이동하여 그림처럼 선 2개가 걸치게 한다. 앞의 그림 좌측 히트맵 계통수를 보면 잘라내기 라인 아래 부분의 계통수들이 2가지 색상(녹색과 파란색)으로 표시되어 있고, 매우 작은 분홍색 원 2개가 표시되어 있는 것을 볼 수 있다. 이 원은 '클러스터링'을 의미하는데, 계통수를 생성하면 계통수를 연결한 선(계통 라인)에 '클러스터(Cluster) ID'가 자동으로 할당된다. 현재 잘라내기 라인의 위치에서는 계통수를 연결한 선 2개가 걸쳐 있고, 걸쳐 있는 선 각각이 하나의 클러스터링(군집)이 된다. 따라서 클러스터링은 2개로 되어 있다.

➜ 계통 라인에 대한 상세 설명은 《Spotfire 초보자 가이드 개정2판》 p. 379 참조

➜ 클러스터링에 대한 상세 설명은 《Spotfire 초보자 가이드 개정2판》 p. 382 참조

TIP

계통수 거리가 가까운 것들이 밀집되어 있어 가장 가까운 거리를 찾기 어려울 때는 계통수에 마우스 커서를 놓고 우클릭하여 [로그 척도 사용]을 누른다.

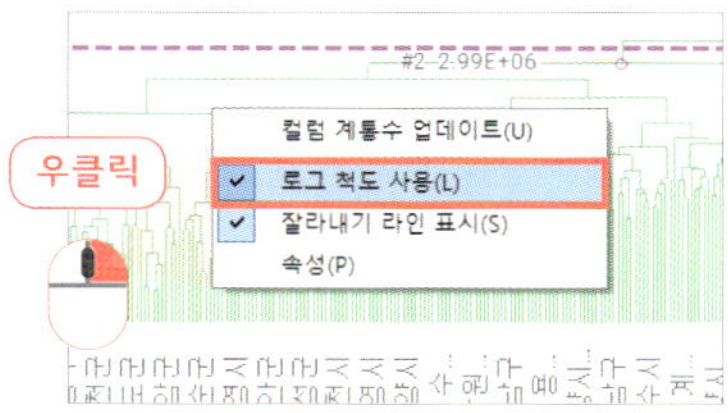

[로그 척도 사용]을 적용하지 않은 경우

계통수 간 거리가 가까워서 구분이 어렵다.

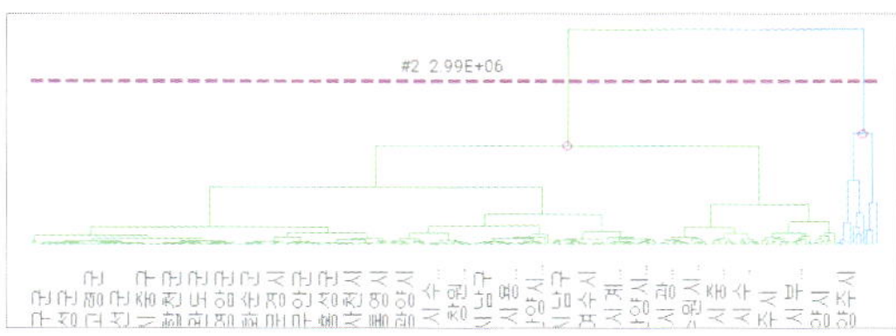

[로그 척도 사용]을 적용한 경우

계통수 간 거리가 상대적으로 멀어져서 구분이 용이하다.

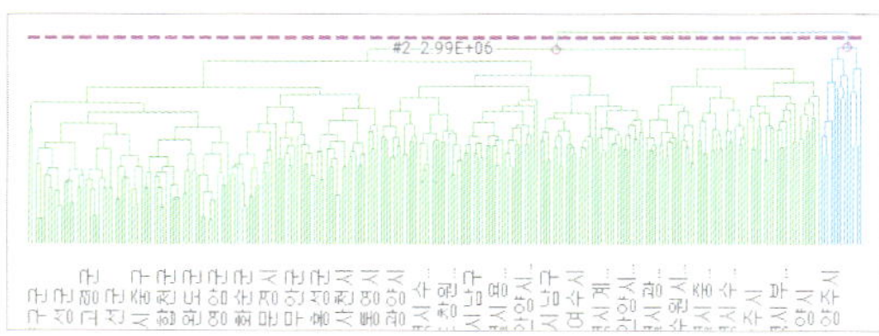

TIP

Spotfire에서 계층적 군집분석을 실행하여 계통수를 생성한 차트가 있는 파일을 저장했다가 다시 불러오면 아래 그림처럼 행과 컬럼 계통수 표시 부분에 '계통수를 표시하려면 업데이트해야 합니다'라는 경고 메시지가 표시된다.

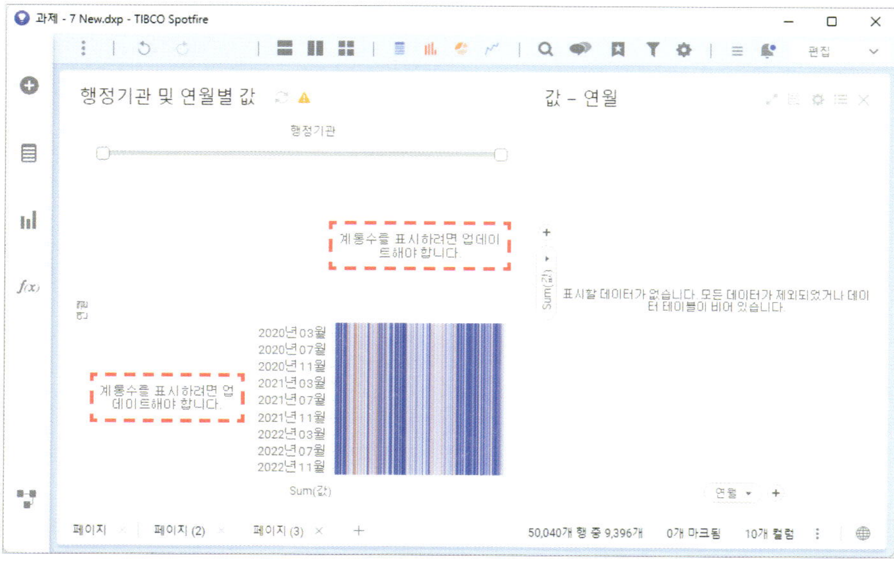

이 메시지가 나오지 않도록 기본 설정을 변경하려면 조금 복잡한데, 좀 더 간단하게 해결하는 방법이 있다. 해당 메시지가 표시된 행과 컬럼 계통수 표시 부분에 각각 마우스 커서를 놓고 우클릭하여 [행 계통수 업데이트]나 [컬럼 계통수 업데이트] 버튼을 클릭하면 된다.

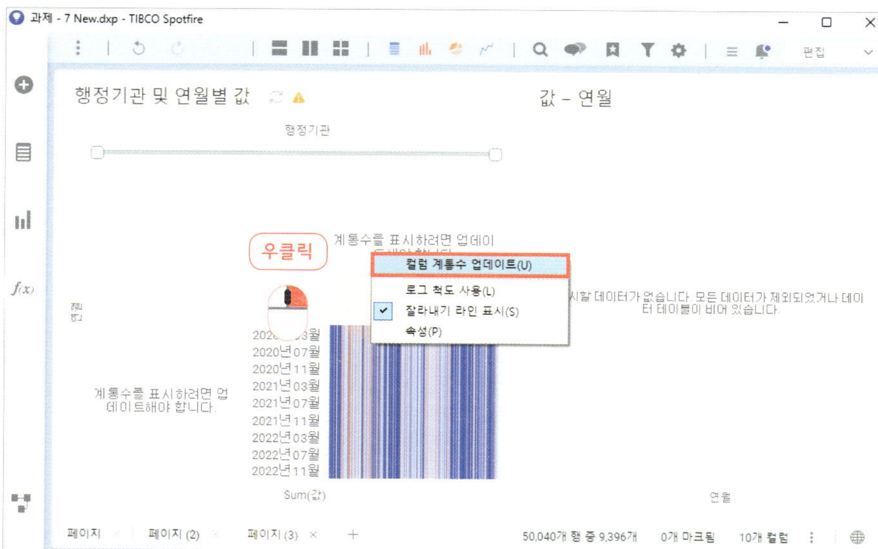

행과 컬럼에서 각각 [행 계통수 업데이트]와 [컬럼 계통수 업데이트]를 실행하면 다음과 같이 계통수가 정상적으로 표시된다.

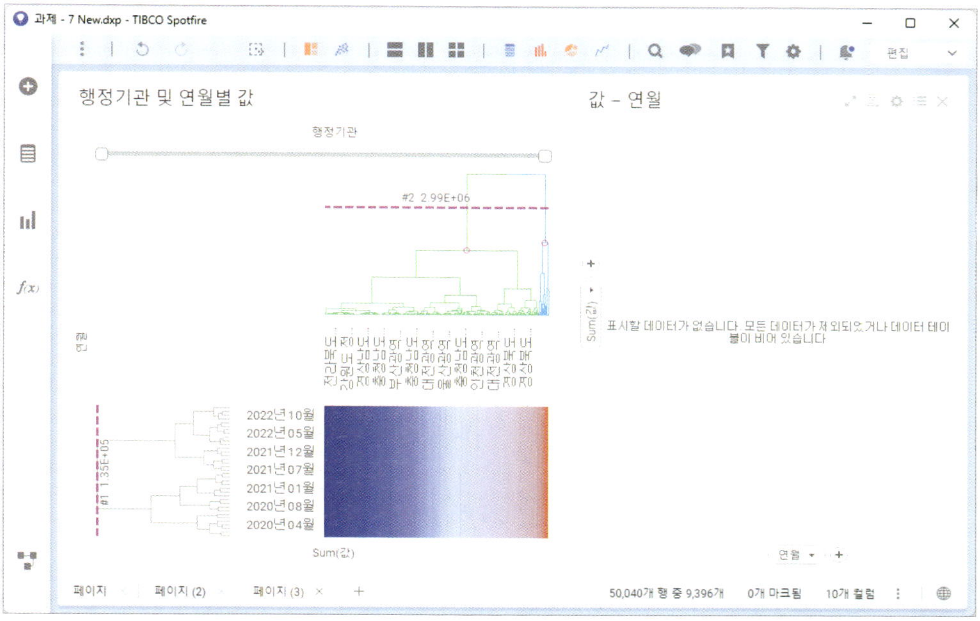

이제 좌측 히트맵의 컬럼 계통수에서 모든 계통수들을 마킹해보자. 아래 그림처럼 잘라내기 라인에 걸쳐 있는 선들(2개)만 마킹해도 전체가 마킹된다.

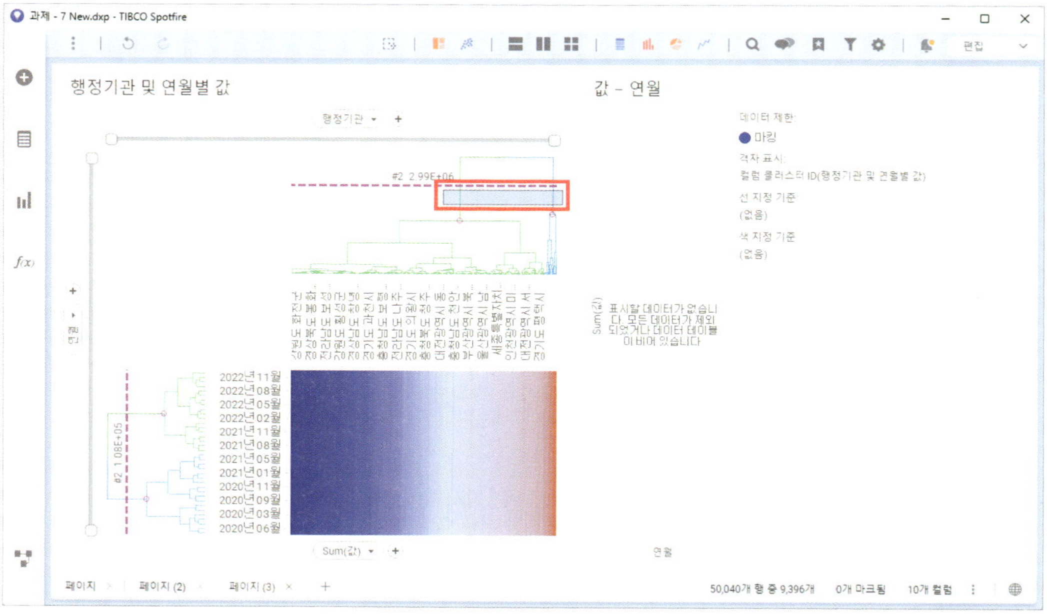

다음과 같이 결과가 우측 선 그래프에 드릴다운되어 표시된다.

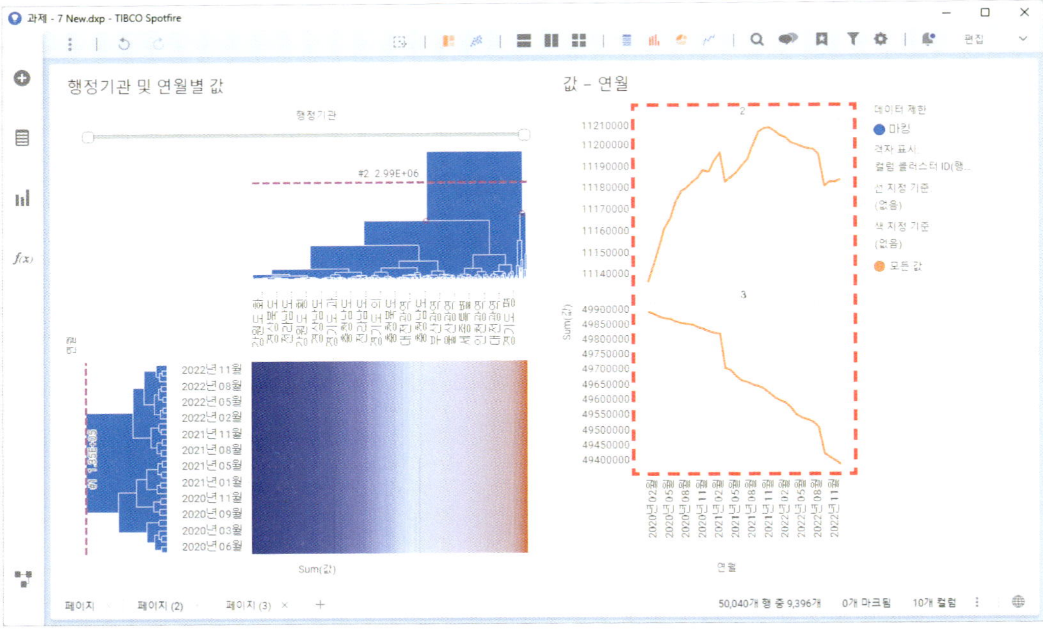

참고로 우측의 선 그래프는 Y축 척도를 [다중 척도]로 설정한 것이다.

앞의 그림에서 우측의 빨간색 점선으로 표시된 2개의 선 그래프에는 각각 2번과 3번 군집 이름(컬럼 클러스터 ID)이 나타나 있다. 이는 좌측 마스터로 사용된 좌측의 컬럼 계통수에서 잘라내기 라인에 걸쳐 있는 선이 2개이므로 2개로 컬럼 클러스터링된 것이다. 여기에서 2번과 3번은 군집의 이름을 숫자로 표시한 것일 뿐 순서의 의미는 가지고 있지 않다.

둘 중 어느 라인이 두 번째인지 알아보기 위해 다음 그림처럼 잘라내기 라인에 걸쳐 있는 2개의 선 중 하나에만 마킹해보자.

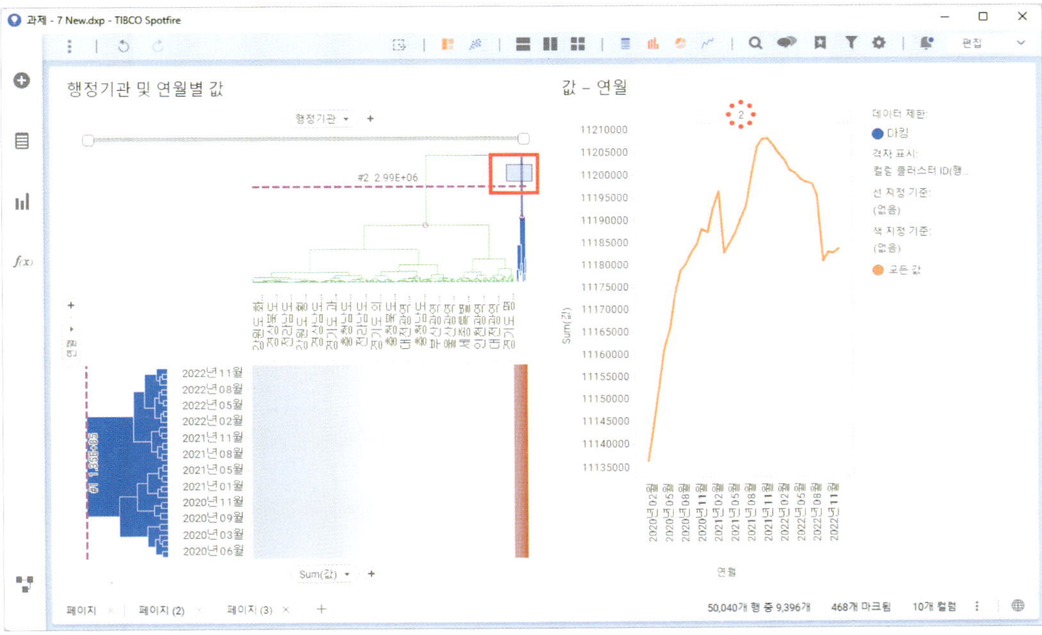

우측 선 그래프를 보면 컬럼 클러스터 ID가 2인 것을 알 수 있다. 즉, 오른쪽의 계통수에 해당하는 마킹된 군집이 인구가 증가하는 군집이다.

결론적으로, 계층적 군집분석을 수행한 결과를 2개의 군집으로 분류해본다면 다음과 같이 인구가 감소하는 대부분의 시군구들(3번 클러스터링)과 인구가 증가하는 몇몇 시군구들(2번 클러스터링)로 나눌 수 있다.

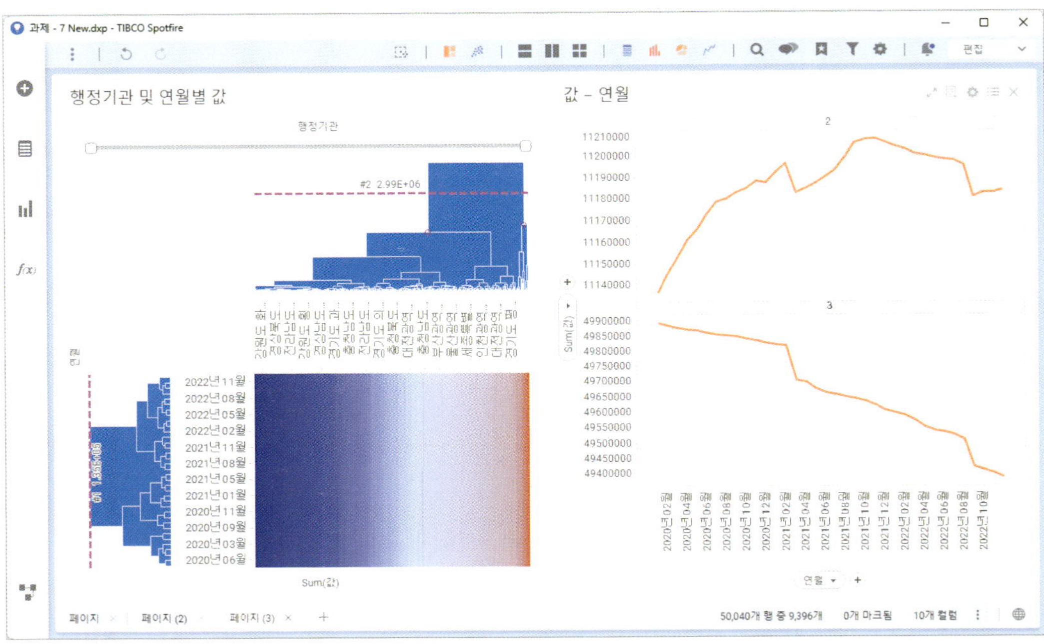

step 14 페이지 이름을 '컬럼 계통수'로 변경한다.

아래 그림처럼 현재 페이지 이름을 '컬럼 계통수'로 변경한다.

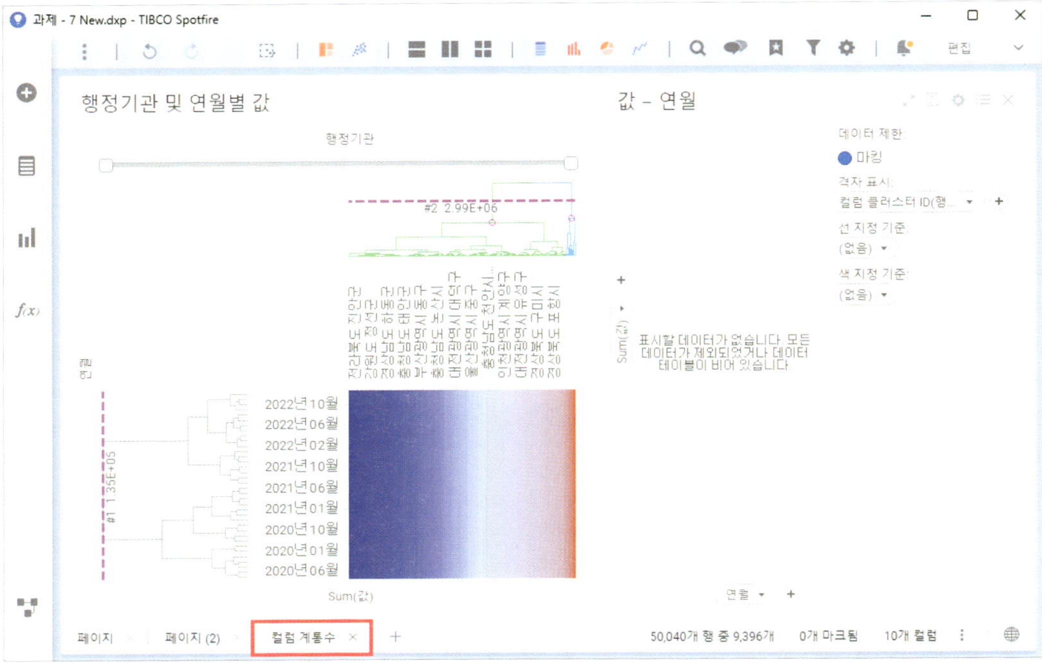

step 15 '컬럼 계통수' 페이지를 [중복] 복사하고 복사된 새 페이지 이름을 '행 계통수'로 변경한다.

앞에서 X축([행정기관]) 값들 간의 군집 관계를 살펴보았으니, 이번에는 Y축([연월])에 대한 군집 관계를 살펴보자. 즉 어떤 행정기관끼리 비슷한 패턴을 보이는지 살펴보았으니, 언제 유사한 패턴을 나타내는지 알아보자.

컬럼 계통수 페이지를 [중복]하여 복사한다.

복사된 페이지['컬럼 계통수 (2)']의 이름을 '행 계통수'로 변경한다.

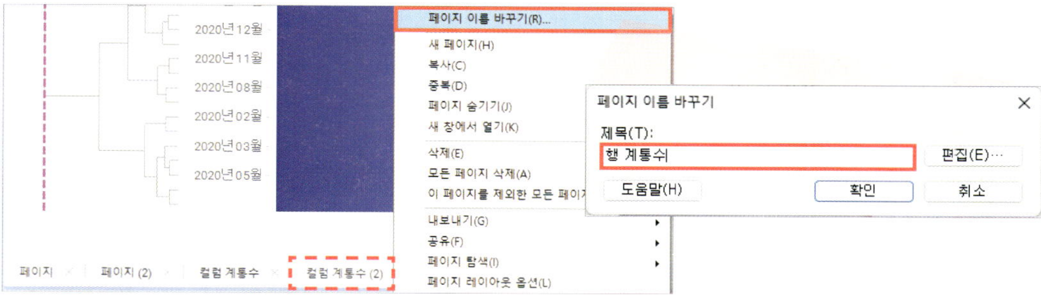

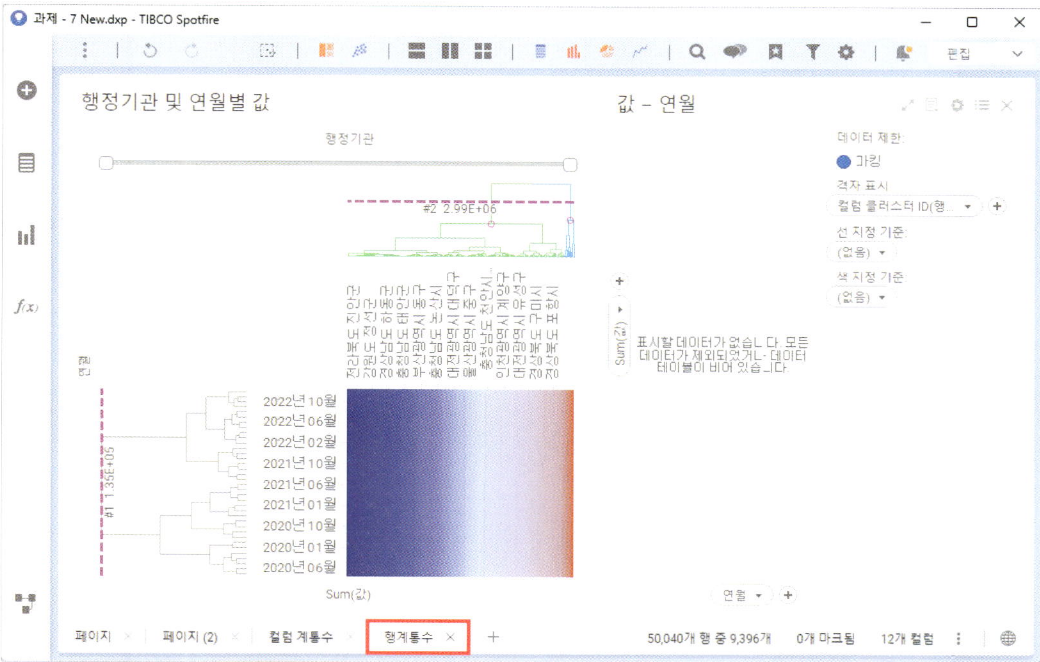

여기서 확인해야 할 중요한 한 가지는 계통수가 생성되어 있는 페이지를 중복하면 계통수 관련 컬럼도 새로 복사되어 생성된다는 것이다.

필터 패널을 표시해서 컬럼 끝부분을 살펴보자.

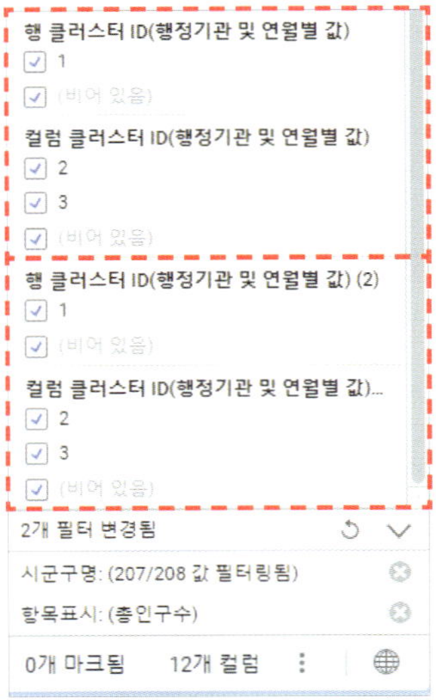

위 그림을 보면 '행 클러스터 ID'와 '컬럼 클러스터 ID'가 각각 '(2)'가 덧붙여진 이름으로 하나씩 더 생성되어 있다. 위쪽 빨간색 점선 안에 표시된 '행 클러스터 ID'와 '컬럼 클러스터 ID'는 처음에 생성된 '컬럼 계통수' 페이지와 관련된 컬럼이며, 아래쪽 빨간색 점선 안의 '행 클러스터 ID (2)'와 '컬럼 클러스터 ID (2)'는 방금 복사하면서 생성된 '행 계통수' 페이지와 관련된 컬럼이다.

step 16 행 계통수 군집별로 패턴의 차이를 이해하기 위하여 우측 선그래프의 설정을 변경한다.

다음 그림처럼 우측의 선 그래프 설정을 변경한다.

우측 차트에서 ①[격자 표시]를 제거하고, ②[색 지정 기준]을 '행 클러스터 ID(행정기관 및 연월별 값) (2)'으로 변경해보자.

범례에 [격자 표시] 부분이 사라지고 [색 지정 기준]이 변경되었다.

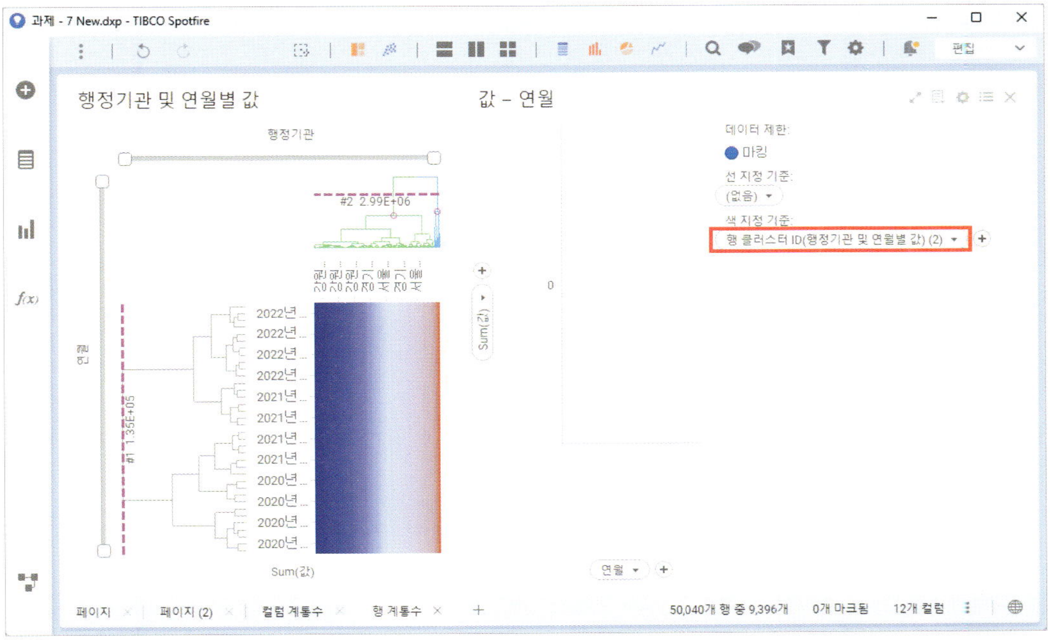

왼쪽 마스터 차트(히트맵)에서 아래 그림처럼 행 계통수 전체를 마킹한다.

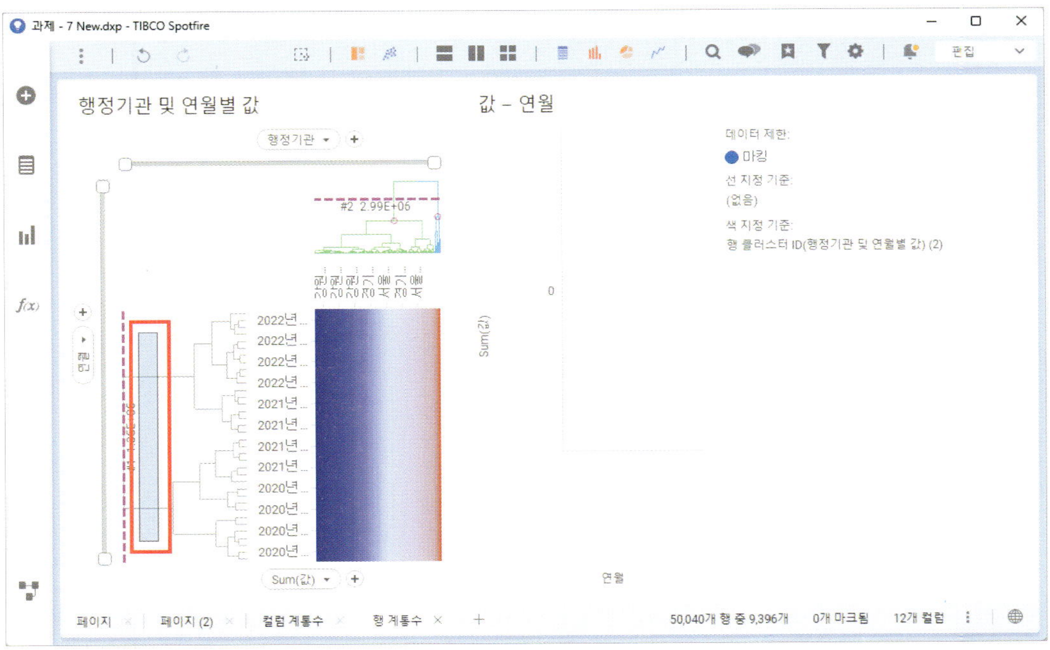

우측의 드릴다운된 선 그래프에 선이 표시된다.

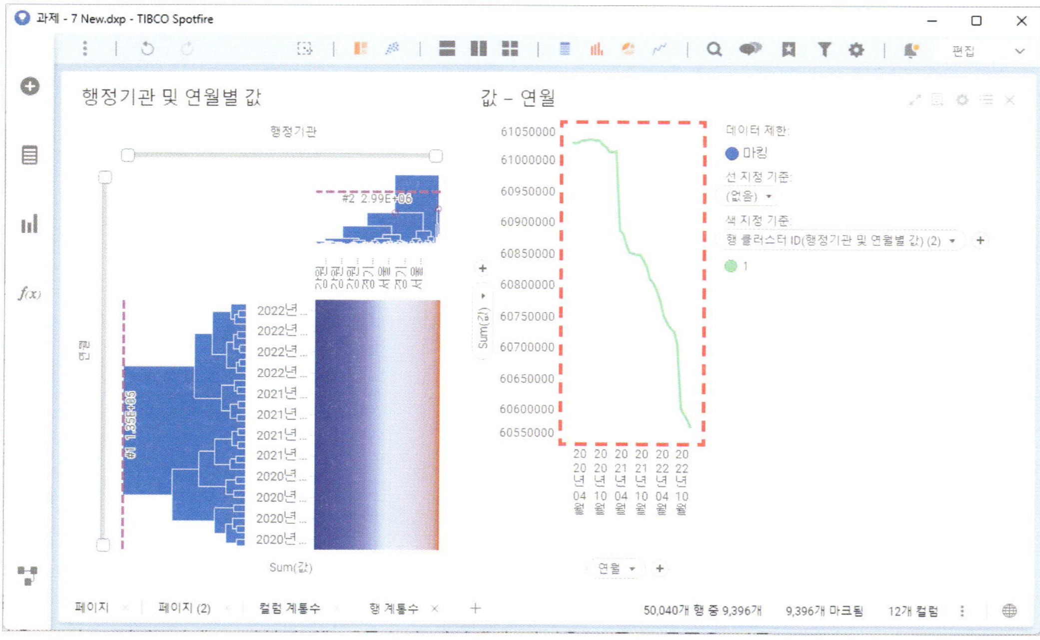

아래 그림처럼 행 계통수의 잘라내기 라인을 오른쪽으로 조금 움직여서 2개 라인이 걸치도록 한다.

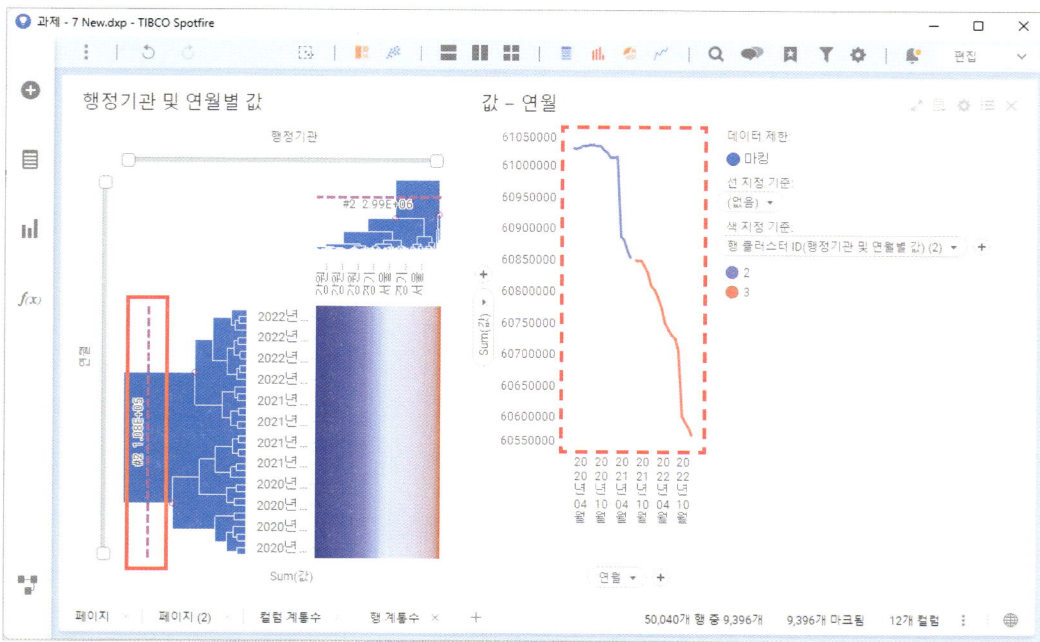

우측 드릴다운된 선 그래프가 2개 색상(파란색과 빨간색)으로 나뉜다.

현재 좌측의 히트맵과 우측의 선 그래프가 '마스터-드릴다운' 관계로 설정되어 있어 좌측을 마킹하면 우측에 선이 표시된다. 그런데 좌측 히트맵에서 행 계통수에 마킹을 하면 마킹한 부분들이 모두 똑같은 파란색이 되므로 좌측 행 클러스터링 군집과 우측 선 그래프를 연계하여 확인하기가(즉 좌측의 위, 아래 클러스터링 중에서 어느 군집이 오른쪽 선 그래프에서 파란색 혹은 빨간색 부분인지 알기가) 불가능하다.

따라서 이번 행 계통수 분석에서는 앞 페이지의 컬럼 계통수와는 달리, 두 차트 간의 '마스터-드릴다운' 관계를 해제하여 동일한 레벨로 설정을 변경하고 차트를 구성해보자. 그러면 좌측 위쪽 클러스터링이 오른쪽 선 그래프에서 파란색 선인지 빨간색 선인지 확인할 수 있다.

step 17 **좌측 히트맵(마스터)과 우측의 선 그래프(드릴다운) 설정을 변경하여 '마스터-드릴다운' 관계 설정을 해제한다.**

우측 드릴다운 차트에서 설정을 변경하면 드릴다운 관계를 간단하게 해제할 수 있다.

우측 선 그래프에서 마우스 우클릭 후 [속성]을 클릭하여 설정창이 표시되면 [데이터] 탭을 선택한다.

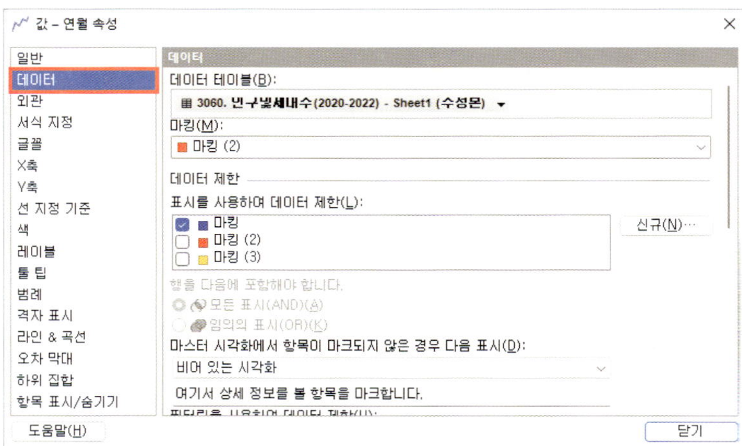

[마킹]과 [데이터 제한]의 [표시를 사용하여 데이터 제한] 부분을 아래 그림처럼 변경하고 [닫기]를 누른다.

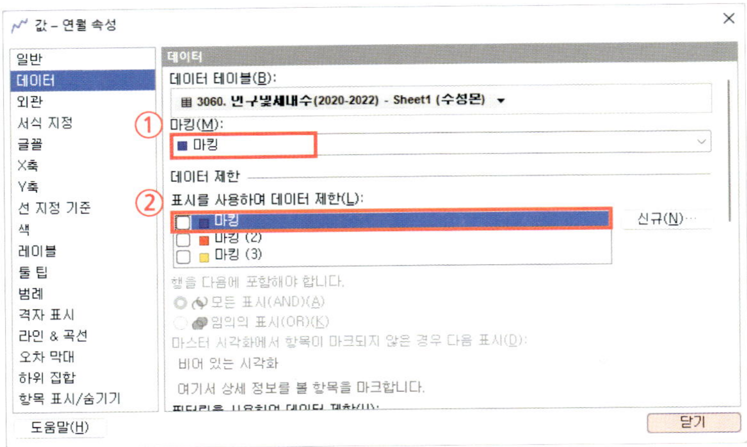

① 마킹

'마킹 (2)'를 '마킹'으로 변경한다. 이는 좌측의 히트맵과 동일한 마킹을 사용한다는 의미이다.

② 표시를 사용하여 데이터 제한

'마킹' 앞 체크박스를 해제한다. 이는 더 이상 좌측 차트에서 사용한 마킹의 제한을 받지 않는다는 의미이다. [표시를 사용하여 데이터 제한] 부분에 아무 체크가 되어 있지 않으면 이 차트는 다른 차트와 드릴다운 관계가 없고, 일반적으로 사용하는 1레벨 수준으로 차트를 사용한다는 것이다.

우측 차트의 범례 부분에서 [데이터 제한] 표시 부분이 사라지고 좌측에서 마킹을 하지 않아도 선 그래프가 표시된다.

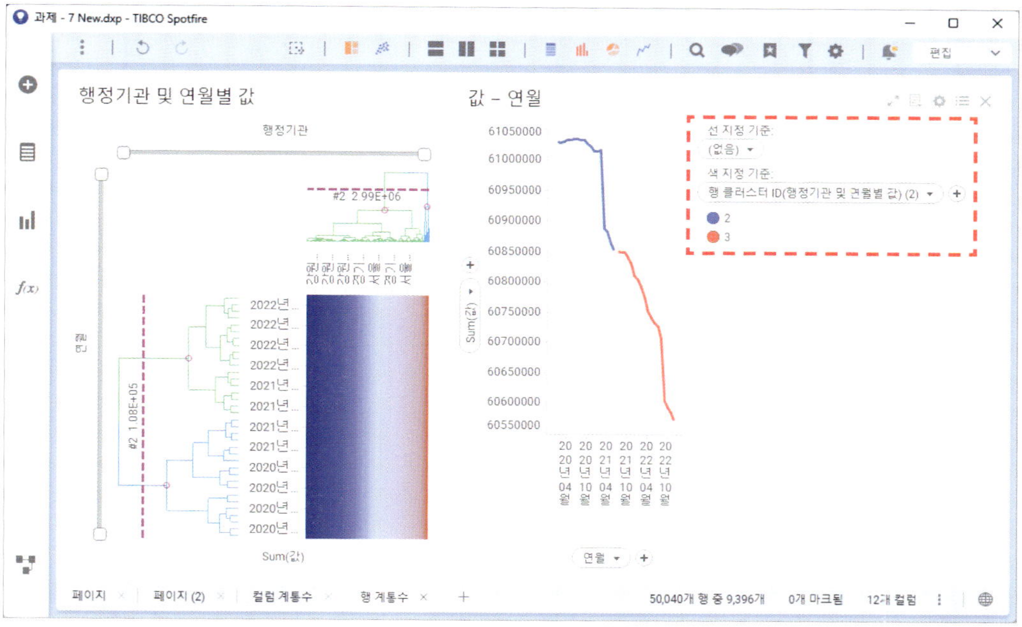

이제 좌측과 우측이 동일한 마킹을 사용하고 있다. 즉, 드릴다운 관계가 아닌 동일한 레벨의 차트 관계가 되었다. 좌측 계통수에서 마킹하지 않아도 우측에 '색 지정 기준'으로 설정한, 행 계통수에 의해 클러스터링된 군집(행 클러스터 ID)의 차이를 쉽게 확인할 수 있다.

클러스터링을 상세하게 이해하기 위하여 아래 그림처럼 우측의 선 그래프에서 파란색 선을 마킹해보자.

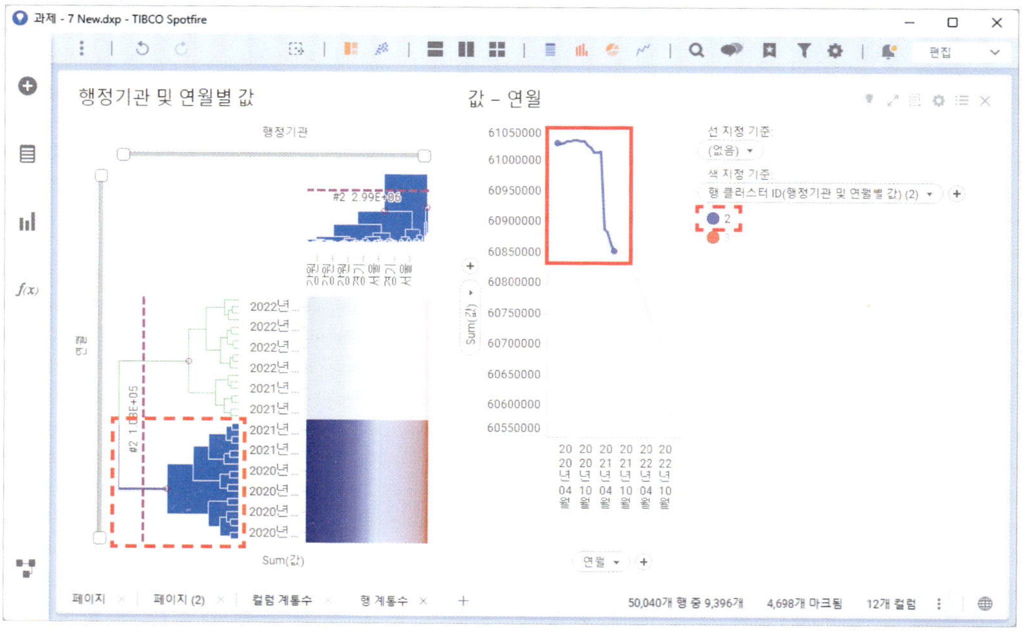

선 그래프에서 파란색 선은 '행 클러스터 ID'가 2번이며 히트맵의 계통수 부분에서 아래 클러스터링 군집(파란색으로 마킹된 부분)에 해당됨을 알 수 있다.

행 클러스터를 더 나눠보기 위하여 우측 선 그래프에서 마킹을 해제하고, 아래 그림처럼 좌측 히트맵에서 행 계통수의 잘라내기 라인을 오른쪽으로 조금 더 이동해보자.

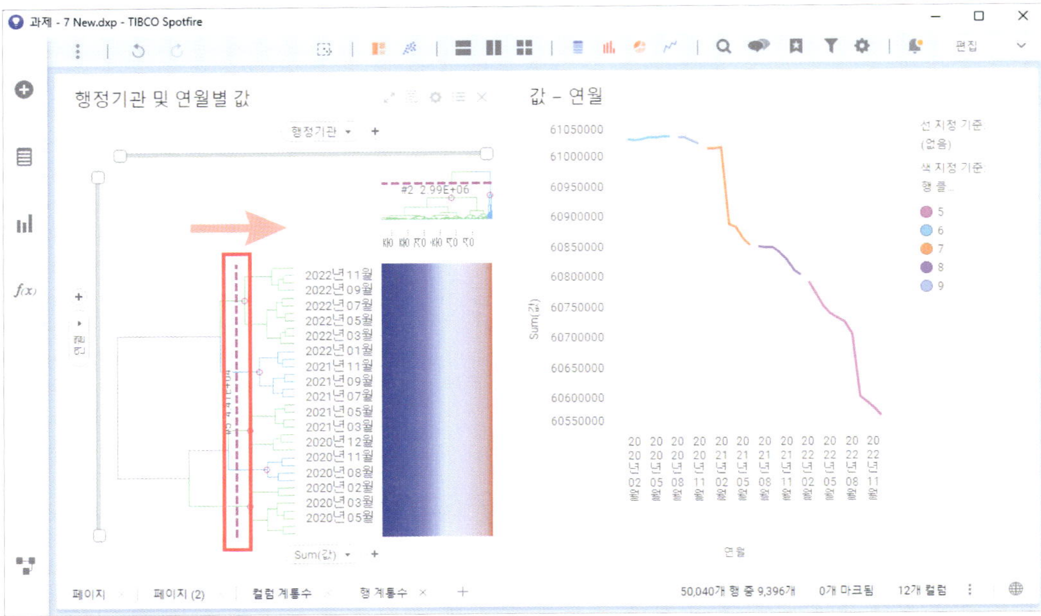

위 그림을 보면 좌측의 행 계통수에서 잘라내기 라인에 5개의 선들이 걸쳐 있으며(5개의 작은 원들도 자동으로 임시로 생성됨), 이에 우측의 선 그래프도 5가지 색으로 분할되어 그려져 있다. 필터 패널에 생성되어 있는 '행 클러스터 ID'와 '컬럼 클러스터 ID'는 계통수에서 잘라내기 라인의 위치를 이동하면 해당되는 클러스터링 개수만큼 자동으로 번호들이 생성 및 변경되는 특성을 가지고 있다.

아래 그림은 우측의 선 그래프에서 가운데 주황색 선에 마우스 커서를 올려놓은 것이다. 툴팁이 선 위에 표시되고, 좌측의 계통수에는 어느 클러스터링 그룹에 해당되는지 그 구간이 검정색 실선의 사각형으로 표시된다.

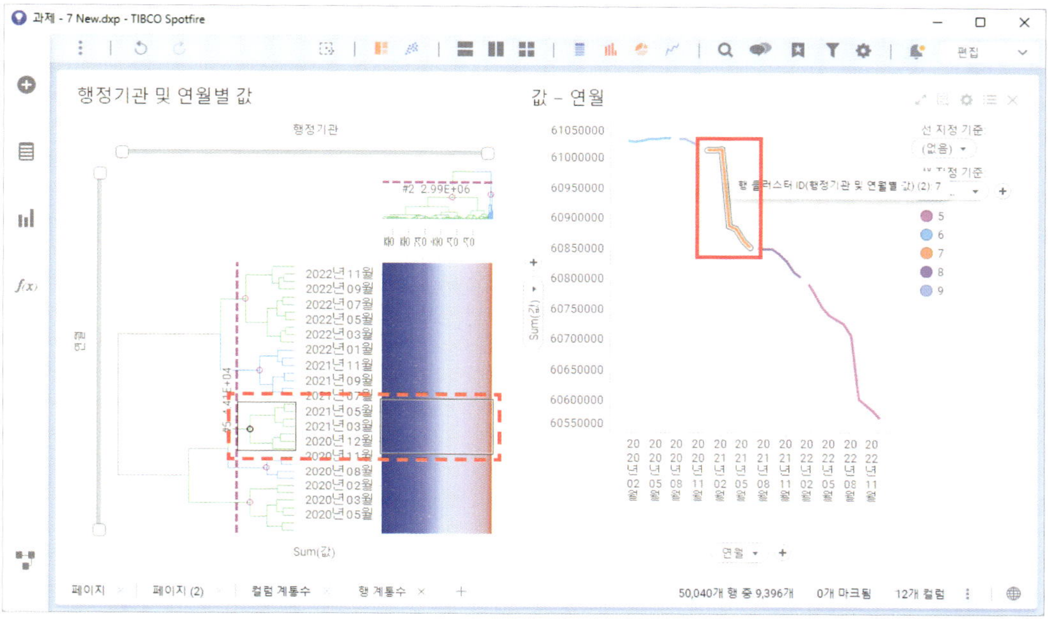

마우스 커서를 다른 색상의 선 위로도 움직여보자.

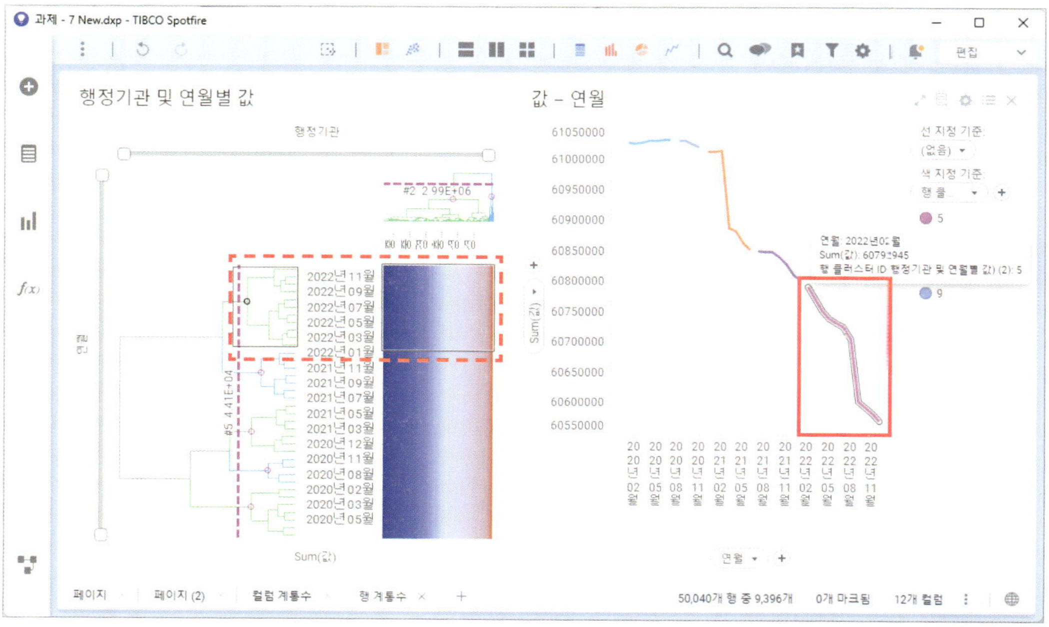

이 책에서 다룬 2가지 군집방식을 정리해보자. 'K-평균 군집분석'은 몇 개의 군집으로 나눌지를 분석 전에 정해놓고 군집을 나누는 방식이다. 반면 '계층적 군집분석'은 행과 컬럼의 계통수에서 잘라내기 라인을 이동해보며 몇 개의 군집(클러스터링)으로 나누는 것이 적절한지를 분석 후에 결정할 수 있다는 차이가 있다.

찾아보기

ㅋ

ㅍ

ㅎ